普通高等教育"十一五"国家级规划教材修订版
高等职业教育电子商务专业系列教材

电子商务安全

第 4 版

主　编　王忠诚　贾晓丹
副主编　潘维琴　李佳莹
参　编　闫永霞　迟　松　王　丹

机械工业出版社
CHINA MACHINE PRESS

本书为普通高等教育"十一五"国家级规划教材修订版,主要讲述电子商务安全的基本知识与实际应用。全书共 8 章,分别介绍了电子商务安全概述、数据加密技术、数字证书与 PKI 技术、防火墙技术、电子商务安全协议、电子商务安全支付技术、虚拟专用网技术和入侵检测系统,并根据每章的具体内容安排了相应的练习与实训题。

本书内容新颖,结构合理,讲解深入浅出,实用性强,突出对基本理论的阐释、对基本技能的训练,以及对技术应用能力的培养。

本书可作为电子商务专业、计算机应用专业、计算机信息管理专业、工商管理专业的教材,也可作为有关电子商务的培训用书以及企业管理人员用书。

为方便教学,本书配备了微课视频清单,读者只需用手机扫一扫书中二维码,就可直接观看这些视频。

本书配备电子课件等教学资源。凡选用本书作为教材的教师均可登录机械工业出版社教育服务网 www.cmpedu.com 下载。咨询电话:010-88379375。

图书在版编目(CIP)数据

电子商务安全 / 王忠诚,贾晓丹主编. —4 版. —北京:机械工业出版社,2020.6(2023.1 重印)
普通高等教育"十一五"国家级规划教材:修订版
高等职业教育电子商务专业系列教材
ISBN 978-7-111-65297-7

Ⅰ. ①电… Ⅱ. ①王… ②贾… Ⅲ. ①电子商务-安全技术-高等职业教育-教材
Ⅳ. ①F713.363

中国版本图书馆 CIP 数据核字(2020)第 063212 号

机械工业出版社(北京市百万庄大街 22 号 邮政编码 100037)
策划编辑:杨晓昱　　责任编辑:杨晓昱　刘益汛
责任校对:刘雅娜　　封面设计:马精明
责任印制:单爱军
北京虎彩文化传播有限公司印刷
2023 年 1 月第 4 版第 4 次印刷
184mm×260mm・11.25 印张・292 千字
标准书号:ISBN 978-7-111-65297-7
定价:39.00 元

电话服务　　　　　　　　网络服务
客服电话:010-88361066　　机　工　官　网:www.cmpbook.com
　　　　　010-88379833　　机　工　官　博:weibo.com/cmp1952
　　　　　010-68326294　　金　书　网:www.golden-book.com
封底无防伪标均为盗版　　　机工教育服务网:www.cmpedu.com

前 言

本书第 1 版、第 2 版、第 3 版自出版后，受到了多家高职高专院校电子商务专业及其他相关专业师生的广泛好评。

在广泛吸纳各方建议的基础上，编者在保留前几版教材的主体框架和基本特色的前提下，根据电子商务领域的最新研究成果，对全书内容进行了修订，整合了理论知识，新增了技术应用等相关内容。第 4 版教材主要内容包括电子商务安全概述、数据加密技术、数字证书与 PKI 技术、防火墙技术、电子商务安全协议、电子商务安全支付技术、虚拟专用网技术和入侵检测系统，并根据每章的具体内容安排了相应的练习与实训题。

本书主要讲述电子商务安全的基本知识与实际应用。理论内容从案例分析入手，进行了深入浅出的讲解，实用性强，突出对基本理论的阐释、对基本技能的训练以及对技术应用能力的培养。实操内容基于工作过程进行设计，结构合理，所设计的每个实训项目都涵盖了完成该类项目涉及的知识点和操作技能，每个实训项目都有可拓展性，学生在完成该实训项目后，可拓展完成其他相关实训项目。

为方便教学，本书配备了微课视频清单，读者只需用手机扫一扫书中二维码，就可直接观看这些视频。

本书力求内容丰富、形式简练，既考虑学生的自我学习，也给教师教学留下一定的空间。本书既可作为高职高专院校的教材，也可作为电子商务人士的学习用书及专业培训用书。

本书由辽宁机电职业技术学院王忠诚、贾晓丹担任主编，辽宁机电职业技术学院潘维琴和英国曼彻斯大学博士李佳莹任副主编，具体分工如下：王忠诚编写了第 1 章，潘维琴编写了第 2 章，李佳莹编写了第 5 章，贾晓丹编写了第 3、4、6 章，闫永霞、迟松、王丹编写了第 7、8 章。全书由王忠诚负责统稿、修改、补充、定稿。贾晓丹对全书进行了校对。

本书在编写过程中参考了大量专家学者的论著、图书及网站资料，作者已尽可能在参考文献中列出，谨在此对他们表示衷心的感谢，若有疏漏，也在此表示歉意。由于编者水平所限，书中难免有不妥之处，敬请读者批评指正。

编 者

微课视频清单

名称	图形	名称	图形
PGP 加密解密文件		VPN1-Windows 下构建 VPN 服务	
VPN2-客户端 VPN 连接		支付宝个人数字证书的申请	
什么是防火墙		端口扫描工具的使用	
防火墙的配置管理			

目 录

前言
微课视频清单

第1章 电子商务安全概述 /1
1.1 电子商务及其系统构成 /1
  1.1.1 电子商务的内涵 /1
  1.1.2 电子商务系统构成 /5
1.2 电子商务安全概况 /9
  1.2.1 电子商务安全的概念与特点 /9
  1.2.2 电子商务的风险与安全问题 /11
  1.2.3 电子商务系统安全的构成 /15
1.3 电子商务安全的保障 /20
  1.3.1 电子商务安全国际规范 /20
  1.3.2 电子商务安全法律要素 /21
1.4 实训项目 /23
练习与实训题 /27

第2章 数据加密技术 /29
2.1 概述 /29
  2.1.1 密码学的基本概念 /29
  2.1.2 网络加密方式分类 /30
2.2 加密算法 /31
  2.2.1 对称加密体制 /31
  2.2.2 非对称加密体制 /33
  2.2.3 公钥密钥与对称密钥技术的综合应用 /36
  2.2.4 密钥管理与自动分配 /37
2.3 实训项目 /38
练习与实训题 /45

第3章 数字证书与PKI技术 /47
3.1 数字签名 /47
  3.1.1 数字签名概述 /47
  3.1.2 数字签名的实现方法 /48
  3.1.3 数字签名的算法 /49
  3.1.4 数字签名的过程 /49
3.2 数字证书的应用 /51
3.3 认证中心 /52
3.4 PKI技术 /54
  3.4.1 PKI系统的常用信任模型 /54
  3.4.2 PKI工作原理 /57
  3.4.3 PKI组成 /57
  3.4.4 PKI技术标准 /58
3.5 实训项目 /60
练习与实训题 /64
案例分析 /66

第4章 防火墙技术 /67
4.1 防火墙概述 /67
4.2 防火墙关键技术 /70
  4.2.1 包过滤技术 /70
  4.2.2 应用代理技术 /72
  4.2.3 状态检测技术 /73
4.3 防火墙系统的实现 /74
  4.3.1 过滤路由器防火墙结构 /74
  4.3.2 双宿主主机防火墙结构 /74
  4.3.3 主机过滤型防火墙结构 /75
  4.3.4 屏蔽子网型防火墙结构 /75
4.4 防火墙选择原则 /76
4.5 实训项目 /77
练习与实训题 /82

第5章 电子商务安全协议 /85
5.1 SET协议概述 /85
  5.1.1 SET的由来 /85
  5.1.2 网上购物与现实中购物的比较 /86
  5.1.3 SET的主要目标 /87
  5.1.4 SET协议中的相关成员 /88
5.2 SET的相关技术 /89
  5.2.1 SET的双重签名技术 /89
  5.2.2 SET的认证技术 /90
5.3 SET购物流程概述 /90
  5.3.1 SET购物流程 /90
  5.3.2 支付处理流程 /92
5.4 SSL协议概述 /94

5.4.1　SSL 协议 /94
　　5.4.2　SSL 协议的安全交易过程 /95
　　5.4.3　SSL 协议的安全通道 /95
　　5.4.4　SSL 协议的基本安全服务 /96
　5.5　SSL 协议的原理 /96
　　5.5.1　SSL 握手协议 /97
　　5.5.2　SSL 记录协议 /99
　5.6　实训项目 /100
　练习与实训题 /110
　案例分析 /112

第6章　电子商务安全支付技术 /113
　6.1　支付技术及其发展 /113
　6.2　电子支付 /113
　6.3　电子现金 /117
　　6.3.1　电子现金的分类 /117
　　6.3.2　电子现金使用密码技术 /118
　　6.3.3　电子现金支付模型 /118
　　6.3.4　电子现金支付流程 /119
　6.4　电子信用卡与电子钱包 /120
　　6.4.1　电子信用卡 /120
　　6.4.2　电子钱包 /124
　6.5　电子支票 /125
　　6.5.1　电子支票的定义 /125
　　6.5.2　电子支票的使用 /126
　　6.5.3　电子支票系统的安全问题 /128
　6.6　微支付 /130
　6.7　实训项目 /131
　练习与实训题 /133
　案例分析 /134

第7章　虚拟专用网技术 /135
　7.1　虚拟专用网概述 /135
　　7.1.1　虚拟专用网的定义 /135
　　7.1.2　虚拟专用网的结构组成 /135
　7.2　虚拟专用网的基本功能要求 /136
　7.3　虚拟专用网技术分类 /136
　7.4　虚拟专用网基本技术 /138
　　7.4.1　隧道技术 /139
　　7.4.2　安全技术 /140
　7.5　IPSec 协议 /141
　　7.5.1　IPSec 体系结构 /141
　　7.5.2　鉴别首部 AH /143
　　7.5.3　封装安全有效载荷 ESP /144
　　7.5.4　互联网密钥交换 IKE /145
　7.6　实训项目 /146
　练习与实训题 /151

第8章　入侵检测系统 /153
　8.1　入侵检测系统概述 /153
　8.2　入侵检测系统的分类 /156
　　8.2.1　基于主机的入侵检测系统（HIDS）/156
　　8.2.2　基于网络的入侵检测系统（NIDS）/157
　　8.2.3　IDS 其他分类 /159
　8.3　入侵检测关键技术 /159
　8.4　入侵检测系统的部署 /161
　8.5　入侵检测技术发展趋势 /163
　8.6　实训项目 /164
　练习与实训题 /171

参考文献 /174

第1章 电子商务安全概述

- 电子商务的内涵及系统构成
- 电子商务的安全问题及系统构成
- 电子商务安全保障问题

20 世纪 90 年代以来，计算机网络技术取得了快速发展，网络化和全球化成为不可抵挡的世界潮流。计算机网络技术一直在寻求除文字处理和信息传递领域外的更大、更直接的发展空间，商业领域成为首选，而迅速增长的网络用户也为网上更广泛的商业拓展提供了基础。

Web 技术的广泛应用，不仅使计算机网络具有通信和交换信息的功能，还开辟了一种新的商业交易方式，即在互联网上进行商业交易，实现电子交易处理。

随着信息网络技术的飞速发展，电子商务逐渐成为人们关注的焦点。如今，电子商务几乎涉及人类生活的各个层面和领域。电子商务正在迅速发展，它推动了商业、贸易、营销、金融、广告、运输、教育等社会经济领域的创新发展，并因此形成了一个新的产业，给各国企业和经济带来新的机遇。截止到 2016 年 6 月，我国电子商务服务企业直接从业人员超过 285 万人，由电子商务间接带动就业人数已超过 2100 万人。

由此可见，作为网络与商业的结合，电子商务是网络化发展的必然产物，是信息时代的商务模式，它必将有更广阔的发展前景。但由于互联网的开放性和其他因素的影响，如何保障电子商务安全，如何保护敏感信息和个人信息的机密性、完整性和不可否认性，成为电子商务发展中急需解决的问题。

1.1 电子商务及其系统构成

1.1.1 电子商务的内涵

近几十年来，商业领域中使用了多种电子通信工具来完成各种交易活动。银行使用电子资金转账（EFT）技术在全球范围内转移资金；各种企业使用电子数据交换技术，利用增值网（VAN）发出订单和各种凭证；零售商针对各种商品做电视广告以吸引顾客来通过电话订货。因而，从更广的意义上来说，电子商务可以通过多种电子通信手段来完成，电子商务早已有之；从狭义上来说，电子商务则是指利用互联网络进行的商务活动。

电子商务的定义至今仍不是一个很清晰的概念。各国政府、学者、企业界人士都根据自己所处的地位和对电子商务的参与程度，给出了许多表述不同的定义。比较这些定义，有助于读者更全面地了解电子商务的内涵。

1. 电子商务的定义

1）世界电子商务会议对电子商务的定义　1997 年 11 月 6～7 日在法国首都巴黎，国际商会举行的世界电子商务会议,将电子商务的概念阐述为:对整个贸易活动实现电子化。

从交易媒介上说,电子商务的交易各方以电子交易方式而不是通过当面交换或直接面谈方式进行的任何形式的商业交易;从技术角度分析,它是一种多技术的集合体,包括交换数据(EDI、电子邮件),获得数据(共享数据库、BBS)以及自动捕获数据(Bar Code)等技术;从其涵盖范围来看,包括信息交换、售前售后服务、销售、电子支付、运输配送、组建虚拟企业、公司和贸易伙伴共同拥有的商业方法等。

2)经济合作和发展组织(OECD)对电子商务的定义 经济合作和发展组织(OECD)是较早对电子商务进行系统研究的机构,它将电子商务定义为:电子商务是发生在开放的网络上的保护企业之间、企业和消费者之间的商业交易。

3)权威学者对电子商务的定义 美国学者瑞维·卡拉科塔和安德鲁·B.惠斯顿在他们的专著《电子商务的前沿》中提出:广义地讲,电子商务是一种现代商业方法。这种方法通过改善产品和服务质量、提高服务传递速度,满足政府组织、厂商和消费者的低成本需求。这一概念也用于通过计算机网络寻找信息以支持决策。一般地讲,今天的电子商务通过计算机网络将买方和卖方的信息、产品和服务器联系起来,而未来的电子商务通过构成信息高速公路的无数计算机网络将买方和卖方联系起来。

4)IT(信息技术)行业对电子商务的定义 IT(信息技术)行业是电子商务的直接推动者(设计者和设备制造者),出于各自的商业目的,它们各自提出了自己的定义。

IBM公司认为,电子商务指的是采用数字化电子方式进行商务数据交换和开展商务业务活动;在互联网的广阔联系与传统信息技术系统的丰富资源相结合的背景下应运而生的一种相互关联的动态商务活动。通过电子商务系统将商务活动各方(商店、消费者、银行、信息公司、企业、政府等)连接起来,利用计算机网络技术全面实现在线交易。

IBM公司关于电子商务的描述,可以用一个公式来概括,即电子商务 = Web + IT。它强调的是在网络计算环境下的商业化应用,是把买方、卖方、厂商及其合作伙伴在互联网(Internet)、企业内部网(Intranet)和企业外部网(Extranet)结合起来的应用。

企业内部网是将互联网技术应用于公司内部事务,将公司内部工作计算机化,从而达到公司内部资源共享的目的。企业外部网(商际网络)则是指一个企业对企业的 Intranet。通过存取权限的控制,允许合法的使用者存取远程公司的内部网络资源,达到企业与企业间资源共享的目的。

HP公司提出电子商务是跨时域、跨地域的电子化世界 E-World,EW = EC(Electric Commerce) + EB(Electric Business) + EC(Electric Consumer)。E-World 就是电子化连接世界,就是通过电话、电缆、卫星、无线载波等一切通信介质,将数据、声音、图像和视频等一切信息传向每一台 PC、每一个公用电话亭、每一种个人通信设备,传向世界的每一个有人的角落。HP公司将所有可能的贸易伙伴(用户、商品和服务的供应商、承运商、银行、保险公司,以及所有其他外部信息源的受益人)包括在电子商务的范畴内。

在我国,上海市电子商务安全证书管理中心给电子商务下的定义是指采用数字化电子方式进行商务数据交换和开展商务业务活动。电子商务主要包括利用电子数据交换(EDI)、电子邮件(Email)、电子资金转账(EFT)及 Internet 的主要技术在个人间、企业间和国家间进行无纸化的业务信息的交换。

以上定义是不同协会、公司、政府和专家在实践应用的基础上,从不同角度做出的各自的总结。

1997年10月，欧洲经济委员会在比利时布鲁塞尔举办了全球信息社会标准大会，明确提出了一个关于电子商务的比较严密完整的定义。这可被视为一个经全球化权威机构认定的标准化定义：电子商务是各参与方之间以电子方式而不是以物理交换或直接物理接触方式完成任何形式的业务交易。这里的电子方式包括电子数据交换（EDI）、电子支付手段、电子订货系统、电子邮件、传真、网络、电子公告系统条码、图像处理、智能卡等。

编者认为，在考察关于电子商务的定义时，应注意 E-Business 和 E-Commerce 的区别，并由此得到广义和狭义电子商务的概念，这有助于人们更好地理解电子商务的概念。

狭义电子商务也被称作电子交易，是指利用互联网开展的销售和购买信息、产品和服务等交易行为。其包含的要素为互联网和交易（Transaction）。可以理解为现代信息技术和商务的一个交集，如图1-1所示。

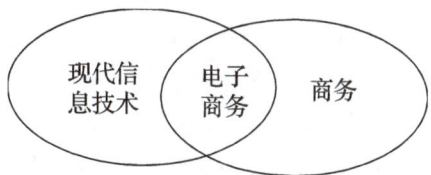

图1-1 电子商务是"现代信息技术"和"商务"两个子集的交集

电子商务不仅仅局限于在线买卖，它将从生产到消费各个方面影响商务活动。因此它具有广告宣传、咨询洽谈、网上订购、网上支付、服务传递、意见征询及交易管理等功能。

广义电子商务指的是企业利用现代化信息技术开展的一切商务活动，如市场分析、客户联系、物质调配等。它既包括网上交易，还包括企业内部业务活动（如计划、生产、财务管理等）以及企业之间的协作与协调。其可利用的网络平台包括不同形式的各类网络。

利用包括 Internet、Intranet、Extranet 等各种不同形式网络在内的一切计算机网络以及其他信息技术进行的所有的企业活动都归属于电子商务。

也有人把广义的电子商务系统称为企业电子商务系统，这个电子商务系统是以实体企业的基本职能和业务模块为背景构造和运行的。

2. 电子商务的内涵

无论广义或狭义的电子商务定义，它们应当具有比较一致的内涵：

1）电子商务的本质是"商务"，是在"电子"基础上的商务。"商务"解决做什么的问题，而"电子"则解决怎么做的问题。对于高科技的应用是电子商务的手段和效果，而非目的。

2）电子商务的前提是商务信息化。计算机应用和信息化建设是其基础。它不只是在网上销售商品，还应和企业内部管理、售后服务支持等结合起来，这样的连接必须依靠企业管理信息化。

3）电子商务的核心是人。电子商务是一个社会系统，它的中心必然是人。电子商务的出发点和归宿是商务，商务的中心是人或人的集合。电子工具的系统化应用也只能靠人。电子商务涉及的人员目前可以分为三类：第一类是技术人员，他们主要负责电子商务系统的实现和技术支持；第二类是商务人员，他们主要负责各种商务活动具体业务的处理；第三类是中高级管理人员，他们的职责是电子商务战略规划、业务流程管理、安全管理等。

4）电子商务是对传统商务的改良而不是革命。从本质上来说，电子商务并没有脱离传统商务的业务流程，而是将传统商务赖以生存的实物市场交易移到了虚拟的网络空间，在传统环境下开展商务活动的关键因素仍然不可缺少。

5）电子工具必定是现代化的。所谓现代化工具是指当代技术成熟、先进、高效、低成本、安全、可靠和方便操作的电子工具。

6）对象的变化也是至关重要的。以往的商务活动主要是针对实物商品进行的商务活动，电子商务则首先要将实物的商品虚拟化，形成信息化（数字化和多媒体化）的虚拟商品，进而对虚拟商品进行整理、存储、加工、传输。

广义电子商务和狭义电子商务的关系如图1-2所示。

图1-2　广义电子商务和狭义电子商务的关系

3. 电子商务的特征

正如前文所述，电子商务是将企业的业务方式进行改造、业务流程进行改良，即是将信息流、实物流、商流、资金流进行分类和重组，以电子化方式通过网络来实现。这一切都必然要依赖于电子商务所蕴含的技术特征和应用特征。

（1）电子商务的技术特征

1）信息化。电子商务是以信息技术为基础的商务活动，它的进行必须通过计算机网络系统来实现电子化信息的交换和传输。电子商务的发展与信息技术的发展密切相关，正是信息技术的发展推动了电子商务的发展。

2）虚拟性。电子商务是在数字化的虚拟电子市场（Electronic Marketplace）进行的。电子商务不受物理时空概念的限制。

3）集成性。电子商务是一种新兴产物，其中用到了大量新技术，但并不是说新技术的出现就必须导致老设备的淘汰。互联网的真实商业价值在于协调新老技术，使用户能更加行之有效地利用他们已有的资源和技术，更加有效地完成他们的任务。

电子商务的集成性，还在于事务处理的整体性和统一性，它能规范事务处理的工作流程，将人工操作和电信息处理集成为一个不可分割的整体。这样不仅能提高人力和物力的利用，也提高了系统运行的严密性。

4）可扩展性。要使电子商务在变化的商业环境里正常运行，必须保证其可扩展性。电子商务中，耗时仅2分钟的重新启动也可能导致大量客户流失，因而可扩展性可谓极其重要。

5）安全性。安全性是电子商务中的核心问题。缺乏安全性的电子商务不可能吸引顾客，也会限制企业运用计算机网络传递商业信息。欺骗、窃听、病毒和非法入侵等攻击行为时时刻刻都在威胁着电子商务，这就要求电子商务经营者能够提供一种端到端的安全解决方案。安全技术包括加密解密机制、认证技术、安全交易协议、计算机网络系统的安全管理（存取管理、防火墙、安全服务器等）。目前，有代表性的安全电子交易协议主要有SSL（安全套接层）和SET（安全电子交易）等。电子商务安全技术发展和标准制定，逐步使电子商务企业能够建立起安全的电子商务环境。

6）系统性。电子商务系统的实施必须考虑企业外的合作伙伴或政府如何加入到已有的电子商务系统中。

（2）电子商务的应用特征

1）商务性。电子商务最基本的应用特性为商务性，即提供买、卖交易的服务、手段和机会。网上购物提供一种客户所需要的方便途径。因而，电子商务对任何规模的企业而言，都是一种机遇。

就商务性而言，电子商务可以扩展市场，增加客户数量；通过将互联网信息连至企业后端的数据库，企业能记录下每次访问、销售、购买形式和购货动态以及客户对产品的偏爱，这样企业就可以通过统计这些数据来获知客户最想购买的产品是什么。

2）服务性。电子商务时代企业越来越重视客户的需求，这种需求不仅仅是产品方面的，也包括服务方面的。互联网的应用使得企业能自动处理商务过程，并不再像以往那样强调公司内部的分工。企业通过将客户服务过程移至互联网上，使客户能以一种较过去简捷的方式获得服务。显而易见，电子商务提供的客户服务具有一个明显的特性：便利。例如，银行通过电子商务，使得客户能全天候地存取资金，快速及时地阅览相关利率信息，这使得服务质量大为提高。

3）协调性。商务活动是一种需要各方协调的过程，许多组织都提供了交互式的协议，电子商务活动可以在这些协议上完成。

传统的电子商务解决方案能加强公司内部相互作用，电子邮件就是其中一种。但那只是协调员工合作的一小部分功能。利用互联网将供货方连接至客户订单系统，这样公司就节省了订单处理时间，消除了纸张文件带来的麻烦并提高了效率。

4）社会性。从宏观上讲，电子商务是计算机网络的第二次革命，是通过电子手段建立一个新的经济秩序。它不仅涉及电子技术和商业交易本身，还涉及诸如金融、税务、教育等社会其他层面，以及使用电子虚拟市场的法律和竞争规则形成等。电子商务的发展和应用是一个社会性的系统工程，缺少一个环节都势必影响它的发展，如电子商务交易的税收等敏感问题。

5）全球性。互联网是一个公共开发的平台，根据美国互联网协会的定义，互联网是一种"组织松散、国际合作的互联网络"，是一种由TCP/IP组织起来的国际互联网络。电子商务面对的是一个全球性统一的电子虚拟市场，它为企业跨国发展提供了平等的竞争机会。

1.1.2 电子商务系统构成

1. 电子商务系统的分类

在了解了电子商务的内涵后，本节进一步讨论电子商务的分类和构成。对于不断发展的各类电子商务系统，可以从不同的角度进行分类。

1）按照商业活动的运作方式分类　可以将电子商务分为纯电子商务和部分电子商务。人们从商务涉及的产品（Product）、过程（Process）、交付代理（Delivery Agent）三个维度上分析电子商务，会发现传统商务在所有维度上都是物理的（Physical），而纯电子商务在所有维度上都是数字的（Digital），除此之外，都属于部分电子商务，它们是以数字和物理维度的结合来完成整个商务活动。

2）按照使用网络的类型分类　基于EDI网络的电子商务，就是利用EDI网络进行电子交易。简单地说，EDI就是按照标准协议，将商业文件标准化和格式化，并通过网络在贸易伙伴的计算机网络系统之间进行的数据传输和自动处理。

基于内联网的电子商务，就是利用企业内部网络进行电子交易。Intranet是企业为实现内部业务处理、管理和通信的目的，在采用互联网技术的基础上发展起来的企业内部专用网络，如同企业内部的Internet。

基于互联网的电子商务，就是利用互联网进行电子交易。互联网电子商务是国际现代商业的最新形式。它以计算机、通信、多媒体、数据库技术为基础，通过互联网实现营销、购物服务。它突破了传统商业生产、批发、零售及进销存的流转程序与营销模式，真正实现了少投入、低成本、零库存、高效率。

3）按照交易对象分类　企业对企业的电子商务（B2B：Business-to-Business）：在开放网

络中对每笔交易寻找最佳伙伴,并与伙伴进行从订购到结算的全部交易活动。

企业对消费者的电子商务(B2C:Business-to-Consumer):等同于零售电子化,可销售诸如书籍、鲜花、计算机、汽车等。

企业对政府的电子商务(B2G:Business-to-Government):覆盖企业与政府之间的各项事务如政府采购、企业税收征收等。

消费者对政府的电子商务(C2G:Consumer-to-Government):涉及电子福利支付、电子资料库、电子身份认证等。

消费者对消费者的电子商务(C2C:Consumer-to-Consumer):消费者之间在网上彼此进行一些多数为小额的交易,如通过互联网进行个人物品的拍卖活动等。

2. 电子商务的一般框架

电子商务是由计算机、通信网络及程序化、标准化的商务流程和一系列安全、认证法律体系组成的集合;是一种以互联网为基础、以交易双方为主体、以银行电子支付和结算为手段、以客户数据为依托的全新商务模式。

电子商务的一般框架是指实现电子商务的技术保证和电子商务应用所涉及的领域。电子商务的技术支持分为三个层次和两个支柱。从最基础的技术层次到电子商务的应用层次分成网络基础设施层、消息和信息发布层、一般业务服务层三个层次,它们构成电子商务系统的基础设施,三个层次之上是特定的电子商务应用;两个支柱是技术标准及安全网络协议、公共政策及法律,它们构成了电子商务的基础环境,如图1-3所示。

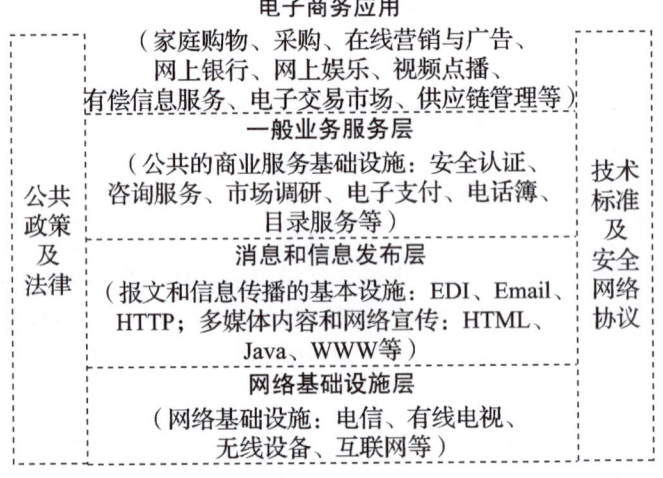

图1-3 电子商务的一般框架

1)网络基础设施层 网络基础设施层是实现电子商务的最底层的基础设施,人们曾形象地把它称为"信息高速公路"。它是信息传输系统,包括远程通信网、有线电视网、无线通信网和互联网。

2)消息和信息发布层 信息传送有非格式化(非结构化)数据和格式化(结构化)数据两种通信方法。非格式化的数据传送方法有传真(FAX)、电子邮件(Email)和文件传输服务(FTP)。

格式化的数据传送的典型方法有电子数据交换(EDI)等,它的传递和处理过程是自动化的,无须人为干预。

超文本传输协议(HTTP)是互联网上通用的消息传播工具,它以统一的显示方式,在多种环境下显示非格式化的多媒体信息。HTML 将这些多媒体内容组织得易于检索和富于表现力。

3) 一般业务服务层　这个层次是为了方便交易所提供通用的业务服务，是所有企业、个人在网上进行交易时都会用到的服务，所以也被作为基础设施。主要包括安全认证、电子支付、目录服务、咨询服务等。业务服务的关键是安全电子支付，为了保证网上支付是安全的，就必须保证交易是保密的、真实的、完整的和不可抵赖的。

对于电子商务来说，通常参与各方是互不见面的，因此身份确认与安全通道变得非常重要。解决的方案是建立公正、权威、各方信赖的电子商务认证中心——CA，用以确保安全和提供认证，在有争议的时候还可以提供证据；同时通过加密的方法实现网上安全的信息交换和安全交易。

4) 电子商务应用　在上述三个层次的基础上，建立面向企业的具体的电子商务应用，即构成广义的电子商务系统。它涉及企业商务活动的各个方面，包括供应商、客户、银行或金融机构、信息公司以及政府等。例如，家庭购物、企业的网上采购、在线营销与广告、网上银行、网上娱乐、视频点播、有偿信息服务、电子交易市场和供应链管理等。

5) 支柱一：公共政策及法律　与电子商务有关的公共政策涉及电子商务的税收制度、信息的定价、信息访问权、隐私保护等问题。国际上，各国对电子商务的框架立法工作十分重视。美国政府在《全球电子商务的政策》中，对法律问题做了专门论述；1996 年联合国贸易组织通过了《电子商务示范法》；我国于 2018 年 8 月 31 日正式通过了《电子商务法》，于 2019 年 1 月 1 日起施行。

互联网的跨国界性还要求电子商务企业开展跨国业务时，除了要注重研究各国不同的国情、体制外，还要考虑它们的文化和道德规范，否则发生了冲突，便会对电子商务的开展产生负面影响。

6) 支柱二：技术标准及安全网络协议　技术标准定义了用户接口、传输协议、信息发布标准、网络安全协议等技术细节，是信息发布、传递的基础，是网络上信息一致性的保证。

由于电子商务的全球性，非国际化的技术标准将会带来严重的问题，所以，许多企业和国际组织都已经意识到技术标准的重要性，正致力于联合开发统一的国际技术标准，如 EDI 标准、SET 协议、TCP/IP、XML 标准、HTTP 等技术标准和协议的制定就是例子。

我国目前的信息化建设主要集中在信息化基础建设方面，在立法等方面还稍有滞后。企业信息化程度高，基础设施完备，社会信用体制完善，人们的法律意识逐渐增强，这都有益于电子商务的发展。在电子商务的推动下出现的金融电子化趋势、信息安全的方案、基于互联网应用方案等，反过来又给信息技术带来新的发展机遇。

3. 电子商务系统的基本组成

电子商务系统的基本组成有计算机网络、用户、配送中心、认证中心、网络银行、商家等，如图 1-4 所示。计算机网络包括 Internet、Intranet、Extranet；用户分为个人用户和企业用户；认证中心（CA）是受法律承认的权威机构，负责发放和管理电子证书，使网上交易的各方能互相确认身份；

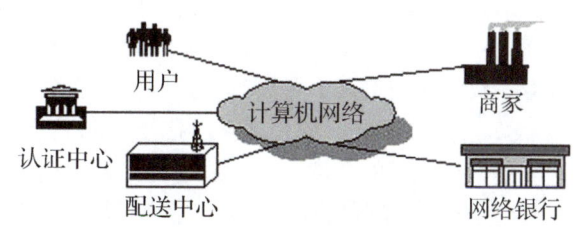

图 1-4　电子商务系统的基本组成

配送中心接收商家的送货要求,组织运送无法从网上直接得到的商品,跟踪商品的流向,将商品送到消费者手中;网络银行在 Internet 上实现传统银行的业务,为用户提供 24 小时实时服务。

4. 电子商务系统的结构

(1) 客户机/服务器(C/S)结构

进入 20 世纪 80 年代以后,随着局域网技术的发展,以客户机/服务器(Client/Server,C/S)为核心的软件系统体系逐渐成熟起来。C/S 结构通过将任务合理分配到 Client 端和 Server 端,降低了系统的通信开销,可以充分利用两端硬件环境的优势。在 C/S 结构中一般配有高性能的专用服务器,服务器端安装数据库软件,负责对数据的存储和管理;客户机安装客户端程序,负责信息系统的图形显示、数据录入、业务处理等。数据库服务器软件运行在专用服务器上,大量的数据处理在服务器端完成,客户端主要提供与用户的交互功能,这样就提高了处理速度又减少了网络传输量,大幅提升了整个系统的性能。

其主要的缺点是开发的中心主要在客户端,即所谓胖客户机,造成系统维护和管理的困难。

(2) B/W/S 三层结构

进入 20 世纪 90 年代以后,随着互联网的快速发展,基于 Web 的软件系统体系结构逐渐发展起来,即 B/W/S(Browser/Web Server/Database Server)三层结构,有时也简称 B/S(Browser/Web Server)结构。B/W/S 结构的主要特点是"瘦客户机",即客户端(一般就是一个浏览器)主要负责与用户的交互,而系统的绝大部分处理功能都在中间层(Web Server)上完成。B/W/S 结构实现了系统的分散应用和集中管理,任何经授权且装有标准浏览器的网上用户均可作为系统的客户端,基本无须维护的代价,极大地方便了应用管理,不必像 C/S 结构那样在每个客户端安装应用软件。B/W/S 结构无疑体现了互联网时代的优势。

目前大多数应用性软件系统都是 Client/Server 形式的两层结构,开发工具先进,应用成熟,其对于复杂的事务处理具有较大优势,但是其功能受限于软件实现;B/W/S 三层结构则十分利于即时发布信息,以及与广泛客户的交互式沟通。在企业信息化的实际应用中,可采取二者结合的体系结构,各自担负其有优势的部分。如今,越来越多的应用系统向 Web 架构转换。

(3) 电子商务系统结构

电子商务系统充分利用计算机和网络领域的先进技术,在典型的情况下,基于 B/W/S,又和企业后端的信息管理系统,如企业资源计划(ERP)连接起来,构成一个多层的结构。

1)客户层。客户层直接面向用户。用于为用户提供企业电子商务系统的操作界面。

2)Web 服务层。Web 服务层向客户层提供满足用户需求的、画面美观、布局合理的 Web 页面,还可以根据用户的具体要求而创建个性化和专业化的 Web 页面等。Web 服务层接受来自客户层的用户输入,并将其发送到应用服务层以得到处理。

3)应用服务层。应用服务层接受 Web 服务层发来的请求,进行适当的业务处理,并访问企业信息系统层的资源。这一层通常是采用基于组件的方法,将业务逻辑封装于其间。

4)企业信息系统层。企业信息系统层是指电子商务系统所对应的企业的后端信息系统。在一个简单的电子商务系统中,它对应的可能是一个关系型数据库,存储了必要的业务处理信息。

5. 电子商务发展现状

电子商务产业具有市场全球化、交易连续化、成本低廉化、资源集约化等优势。随着互联网的快速发展，以及中小企业应用电子商务进程的推进和国家对电子商务发展的重视，电子商务已经开始影响人们的生活观念，改变人们的消费模式。

中国电子商务始于 1997 年。中国商品订货系统（CGOS）、中国商品交易中心（CCEC）、虚拟"广交会"等大型电子商务项目在 1997 年相继推出，拉开了中国电子商务的序幕。1998 年"首都电子商务工程"的展开和 1999 年"8848 网上超市"的出现，标志着中国电子商务开始进入快速发展时期，中国电子商务由此"正式启动"。2014 年，"鼓励电子商务创新发展"更是被写入政府工作报告。2015 年 3 月 5 日，李克强总理在政府工作报告中提到，制订"互联网+"行动计划，推动移动互联网、云计算、大数据、物联网等与现代制造业结合，促进电子商务、工业互联网和互联网金融健康发展，引导互联网企业拓展国际市场。2015 年 3 月 12 日，中国（杭州）跨境电子商务综合试验区获批，这对我国电子商务发展具有重要的意义。

电子商务作为一种新的营销手段，从发展趋势来看，它的外延在不断扩散，以金融产品、旅游产品、精品消费为代表的电子商务将成为整个市场的重要补充力量。同时，政府相关部门围绕促进发展网络购物、网上交易和支付服务出台了一系列政策、规章与标准规范，为构建适合我国国情和发展规律的电子商务政策法制环境做出了积极探索。

随着互联网的快速发展，我国电子商务行业发展迅猛，产业规模迅速扩大，从事电子商务信息、交易和技术等服务的企业不断涌现。2016 年 9 月，中国电子商务研究中心发布《2016 年（上）中国电子商务市场数据监测报告》。报告显示，2016 年上半年，中国电子商务市场交易额达 10.5 万亿元，同比增长 37.6%。其中，B2B 电子商务交易额达到 7.9 万亿元，同比增长 36.2%。

电子商务已进入一切以大数据为出发点的时代，在大数据技术的推动下，商业互联网将向产业互联网升级。未来中国电子商务创新发展要做到"融合传统、培育新兴、走向国际"。

1.2 电子商务安全概况

1.2.1 电子商务安全的概念与特点

在互联网早期，电子邮件是最常用的服务之一。在电子邮件出现后，人们一直担心电子邮件信息会被竞争者获取，从而对企业不利；公司的员工会担心与工作无关的邮件被公司或上司读到后会对自身不利。这些都曾是很现实的问题。

1988 年 11 月 3 日，美国的康奈尔大学 23 岁的研究生小罗伯特·莫里斯（Robert Morris Jr.）在网上放了一个互联网"蠕虫"病毒，导致美国数千台计算机运行速度极慢或干脆不工作，制造了互联网有史以来最臭名昭著的攻击事件，所谓"蠕虫"病毒是将自己的复制版本传给其他计算机，这个程序之所以能够在互联网迅速传播，主要是由于 UNIX 电子邮件程序上有一个缺陷。"蠕虫"病毒侵入和感染了 6200 多台计算机（占当时互联网上计算机的 10%），导致大面积的停机事件。由于媒体对这次事件大肆渲染，一些未被感染的网站也干脆切断了互联网连接。

2000 年，居住在俄罗斯车里雅宾斯克的 24 岁瓦西里·戈尔什科夫和 21 岁的阿列克谢·伊万诺夫在当地用自己的计算机上网时，找到了业务系统有薄弱环节的一家美国公司，他们先闯入目标公司的计算机系统，然后向公司发电子邮件，以散布或破坏包括财务记录在内的敏感资料作为交换条件进行敲诈。2000年6月，美国联邦调查局（FBI）在西雅图成立了一家名为Invita的虚构的公司，一步步引诱伊万诺夫和戈尔什科夫去"黑"该公司的计算机系统。当两个黑客从俄罗斯成功得手后，FBI假扮公司雇员邀请他们来西雅图"共商"发展大计，进一步展示其黑客攻击威力。2000年11月10日，不知早已落入陷阱的俄罗斯黑客欣然奔赴西雅图，向Invita公司演示他们"高超的"黑客技术。当黑客戈尔什科夫操作Invita公司的计算机时，FBI利用一个名叫"嗅探器"的秘密程序记录下戈尔什科夫每一次敲击计算机键盘的内容。利用从这个秘密程序得到的密码，FBI成功进入戈尔什科夫在俄罗斯用来保存资料和下载各种信息的计算机。在"会谈"结束后，戈尔什科夫立刻被逮捕。FBI指控他利用计算机网络欺诈达20次，戈尔什科夫被判刑3年，赔偿西雅图Speakeasy Network公司和加利福尼亚PayPal of Palo Alto公司69万美元，以补偿他借助互联网犯罪给这两家公司造成的损失。

2014年，比特币交易站受到攻击，携程漏洞事件，OpenSSL漏洞，eBay数据的大泄露，BadUSB漏洞，500万谷歌账户信息被泄露等网络安全事件依然层出不穷。

2016年10月，美国公共服务、社交平台、民众网络服务器等都遭到前所未有的严重攻击，包括社交网络Twitter、网上支付服务网站PayPal、音乐服务商Spotify，以及娱乐、社交及新闻网站Reddit等。

随着互联网+的广泛应用，很多不安全不成熟技术的应用使得信息泄露事件频频发生，网络面临的安全问题越来越严峻，随之而来的电子商务的安全问题也变得越来越突出。调查公司曾对电子商务的应用做过在线调查，当问到人们为什么不愿意进行在线支付时，大多数人的回答是因为担心受到计算机黑客的侵袭而导致信用卡信息失窃。据统计，美国每年因电子商务安全问题所造成的经济损失约达75亿美元。如何建立一个安全、便捷的电子商务应用环境，对信息提供足够的保护，已经成为商家和客户普遍关心的话题。

电子商务安全就是保护在电子商务系统里的企业或个人资产（物理的和电子化的）不受未经授权的访客访问、使用、篡改或破坏。它覆盖整个电子商务链的各个环节：由客户机到通信通道到电子商务服务器，以及相关的企业后端信息系统的安全等。电子商务安全是电子商务的关键和核心。

以前，人与计算机之间的交互主要局限在连在大型计算机上的哑终端，当时还没有别的同计算机连接的方式，而且那时计算机安全只涉及能访问终端的少数人。那时安全是很简单的问题。

随着计算机用户的范围和访问计算机资源的手段发生巨大变化，现在成千上万的人都能访问连接了数以万计的计算机网络上的资源，但要确定是谁在使用某一资源是很不容易的事情，安全问题日益凸显。

可见，电子商务安全是一个不断变化的过程，它要对付各种威胁，当威胁改变时，它也要相应地改变，这是一个持续的过程。同时安全问题本身是复杂的，网络世界是在协议和规则的基础上建立起来的，而规则并不是总能够得到遵守；计算机系统和软件系统的复杂性常常导致一些系统漏洞的产生，这些漏洞产生的威胁仅凭网络规则根本无法预料。

对电子商务安全的认识应注意以下几点：

1）安全不仅仅是安全管理部门的事情　安全不是少数人的事情，也不是一个时髦的名词，更不要把安全看作是网络警察的工作，企业应该对全体员工进行安全意识的教育，制定全面的安全策略。

2）电子商务安全具有全面性、普遍性　安全不仅仅是针对一些平常人看似艰深的高级安全问题，当人们把注意力放在这些问题上时，往往忽略那些更普遍的安全问题，诸如密码的管理、现实的入口等。

密码是如今人们大量使用的一种保密信息，密码的设置需要避免被人猜测到，一般好记的密码意味着更大的风险。一些企业使用强认证方法来加强验证身份的可靠性，即除了一般的密码外，还需要持有如智能卡等特殊令牌。

没有足够的现实安全体系，一般懂得技术的犯罪分子，就可以设法走进办公室并开始使用计算机系统。在国内，曾发生过罪犯装成员工的模样走进一家证券公司，然后使用无安全措施的终端来影响上海证券市场的股票价格和市场稳定。

3）安全是一个系统概念　电子商务系统是建立在 Internet 上的复杂的系统，它往往包含数据庞大的构成要素，每个构成要素自身运行的同时要和其他的构成要素相互作用；系统之间也彼此相互关联，形成更大的系统；系统中包含有 Bug（臭虫）或缺陷（Fault），它们是系统设计过程中遗留下来的漏洞，当有 Bug 时，会产生可能无法重复、无法解释的现象，它们往往是黑客攻击系统的途径。

4）安全是相对的、发展变化的　正如上文所述，安全是一个随着时间不断发展变化的课题，今天安全，明天却不一定安全；安全是相对的，不是绝对的，我们无法追求一个永不会被攻破的系统。因此，需要不断地评估、研究安全对策。没有一劳永逸的安全，安全是一个过程化的概念。

5）安全是有代价的　企业在从事电子商务活动时，必须考虑安全的成本问题。如果只注重速度，就必定要以牺牲安全作为代价；如果要考虑到安全，速度就会慢一些。尤其涉及支付系统等敏感环节时，对安全的要求就要高，所投入的成本就会更大一些。

同所有计算机系统一样，电子商务安全必须具有如下三个特征：

1）保密性（Confidentiality）　保密性是指防止保密的数据暴露并确保数据源的可靠性，应该仅能由被授权的人员读取，这里的"读取"包括读、执行、打印或仅知道该资源实体的存在。

2）完整性（Integrity）　完整性是指防止未经授权的人员修改数据，应只能由被授权人员修改，这里的"修改"包括写、改变、删除及创建等。

3）可用性（Availability）　可用性是指防止延迟或拒绝服务，一旦用户得到访问某一资源的权限，该资源就应该能够随时为他使用，而不应该将其保护起来使用户的合法权益受到损害。在电子商务系统中，提高系统可用性有时还意味着用户仅需经一次登录就可以访问任何他有权访问的资源，避免重复登录访问不同的服务。

1.2.2　电子商务的风险与安全问题

1. 电子商务的风险

电子商务中看来商机无限，但也存在无数挑战。电子商务市场最基本的动力——客户和市场、竞争者和联盟、政策和规则、新兴技术和业务流程等都在不断的变化之中，而电子商务正是这些变化的核心。以往的经验说明，在任何商业活动、复杂计划、挑战和变化中都会产生风险，在电子商务中这一点最为明显。一个企业开展电子商务需要考虑风险的三个主要方面：危害性、不确定性和机遇。

(1) 危害性

传统的风险管理趋于将注意力集中于危害性，也就是潜在的消极事件。在电子商务领域中，需要考虑的主要危险包括：

1) 安全性。传统的盗窃诈骗犯罪正从现实世界转移到电子世界，互联网犯罪逐年成增长趋势。为了应对这种情况，企业必须设置有效的安全程序并定期进行入侵测试来保证其安全。

2) 法律和规则问题。网站上发布不适合的内容构成的潜在危险是明显的。一旦开始处理交易，危险性就会扩大。规范数字交易的法律体制尚不成熟，这就使得某些合同、签名和承诺的合法性难以保证。

3) 税收。由于电子商务具有跨地域交易的特点，所以电子商务税收是一个十分重要和复杂的问题。例如，因操作原因将互联网服务器置于某个地区，可能会意外得到一份税单。电子商务平台提供者们应该及时了解最新的相关税法，并保证在决策前一定要考虑税收因素。

4) 电子商务的弹性。客户希望电子商务能够全天候进行服务，运行上的故障可能引起严重后果。例如，一家在线拍卖行的股票市值会在其网站五天内遭遇三次故障（包括一次22小时的运行中断）后下跌了18%。

(2) 不确定性

不确定性管理涉及规划、决策制定、实施和监控，以保证日常操作能够提供有效果的和有效率的预计结果。在电子商务领域，需要管理的主要不确定性包括：

1) 消费者的信心。电子商务获得成功的一个主要障碍是消费者对安全性和个人隐私安全缺乏信心。

2) 与广告商的关系。随着网站的成熟，互联网广告在保证合适的客户访问正确的网站方面变得越来越重要。由于互联网上的广告费用持续增长，网站也逐渐需要将单独核实的预计购买产品的网民数量和通信量统计数字提供给广告商，这样会令他们相信他们的钱花得明智。

3) 改变流程。研究表明，企业进行明显修改的流程很少能够完全成功，而许多都是一败涂地。因此通过成功建立正确的企业驱动程序来管理修改程序自身的风险就成为关键。这些驱动程序包括设置正确的项目管理程序、结构和技术，也要建立正确的程序文化（通过高级管理层给团队的信号）并保证企业的所有部门都是团结一致的。

(3) 机遇

通过确定市场中的商机来规避风险可以获得有效的竞争优势并增加收益。在电子商务领域，需要考虑的商机包括：

1) 建立客户忠诚度。电子商务企业可以利用互联网来更好地服务他们的客户并与客户建立更加密切的关系。必须建立强大的客户关系，因为现在的消费者更加灵活，轻易地就可以转到其他在线竞争者的网站。例如，路透社已经开发出一种基于浏览器的客户自助工具，它与路透社的信息产品可以实现无缝集成，并提供订货处理、计费和客户服务等在线应用，提升了客户的满意度。

2) 优化业务流程。电子商务通过支持企业及其客户以及合作伙伴间的实时信息交换和程序自动化来提供新的机遇，并且更快更有效率。

3) 创造新的产品和服务。互联网使现在的企业可以用过去根本不可能的方式来服务客户，借助新的方式企业能够创造出以往不存在的产品和服务。

在电子商务市场中，快速的变化使风险也在增加。从电子商务的交易实施过程的角度来看，存在着诸如产品识别、质量控制、网上支付、物流配送和信息传递等风险，对以上的风险因素进行详细的分析：

1）产品识别风险　由于网络的虚拟性，买方有可能得到不真实的样品，在把一件立体的实物变成平面图片的过程中，商品本身的一些基本信息会丢失，买方不能从网站的图片和文字描述中得到产品全面、准确的资料。这会给买方带来产品识别的风险，这种风险会延伸到产品的性能、质量等诸多方面。

2）质量控制风险　电子商务中的卖方可能并不是产品的制造者，质量控制便成为风险因素之一，如果卖方选择了不当的外包方式，就有可能使买方承担这一风险。

3）网上支付风险　作为电子商务的一部分，支付手段也会有所变化，目前安全问题仍然制约着电子商务的发展。许多企业或顾客仍然面临支付安全问题，因此，支付问题是电子商务的主要风险因素之一。

4）物流配送风险　电子商务需要建立远程运输方式，到底是先付款还是货到付款，也成为难以把握的问题点。物权转移过程中也会产生相应的风险管理问题。

5）信息传递风险　电子商务的主要业务过程是建立在互联网基础上的，许多信息要在网络上传送。网络安全或信息安全是另一个风险因素，如果遭受计算机黑客的攻击，重要的企业信息甚至支付权限被窃取，其后果将是异常严重的。

由此可见，电子支付、物流配送和采购习惯仍然是电子商务的瓶颈和风险的最大的产生点，特别是对于需要大宗交易的 B2B 电子商务应用，必须要建立起一套完善的商业认证和信用体系，在使买卖双方都能规避不必要的风险时，电子商务才能向前推进。

2. 电子商务安全问题

分析电子商务面临的安全问题，主要通过对电子商务整个运作过程涉及的各个节点进行考察，确定电子商务流程中可能出现的各种安全问题，分析其危害性，发现电子商务过程中潜在的安全隐患和安全漏洞，从而使电子商务安全的管理确有成效。

电子商务是买方（客户机）与卖方（服务器）之间通过互联网进行信息交换的过程，在客户机—互联网—服务器构成的电子商务链中，每个环节都存在着风险和威胁，而且电子商务潜在的风险和威胁有多种形式。

电子商务的安全问题主要涉及信息安全问题、信用安全问题、安全的管理问题以及电子商务的法律保障问题。具体表现在以下几个方面：

（1）信息安全问题

从技术上看，电子商务面临的信息安全问题，主要来自下面几个方面：

1）信息泄密。黑客为了获取重要的商业秘密、资源和信息，常常采用欺骗攻击，以窃取信息，造成电子商务中的商业机密的泄密。主要包括两个方面：一是交易双方进行交易的内容被第三方窃取；二是交易一方提供给另一方使用的文件被第三方非法使用。

如入侵者伪装成源自一台内部主机的一个外部地点传送信息包（这些信息包中含有内部系统的 IP 地址）；在 Email 服务器使用的报文传输代理（Message Transfer Agent，MTA）中冒名他人，窃取信息等。

2）信息篡改。攻击者未经授权进入电子商务系统，使用非法手段删除、修改、重发某些重要信息，如电子交易的信息在网络传输过程中被第三方获悉，或者电子商务系统遭到非法入侵者的入侵，信息被恶意窜改，这样使得商业信息失去真实性和完整性。

3）信息丢失。电子交易信息的丢失，主要包括三个方面：一是因为计算机软件系统、硬件系统、网络线路等问题造成信息丢失；二是因为安全措施不当而丢失信息；三是在不同的操作平台上转换而丢失信息。

4) 信息破坏。一方面由于非人为因素，如网络硬件或软件等计算机系统的故障，可能会使交易信息丢失或者发生错误等，带来对交易过程和商业信息安全的破坏；另一方面则是人为因素，主要是一些恶意程序对计算机网络系统的攻击，如计算机病毒程序，从而对电子商务信息造成破坏。

从参与电子商务的买卖双方自身来考察，电子商务交易中的信息风险还来源于用户以合法身份进入系统后，买卖双方都可能在网络上发布虚假的供求信息，或以过时的信息冒充现时的信息，以骗取对方的货物或钱款。

(2) 信用安全问题

信用安全问题主要来自三个方面：

1) 来自买方的信用安全问题。对于个人消费者来说，有可能存在在网络上使用信用卡进行支付时的恶意透支，或使用伪造的信用卡骗取卖方的货物行为；对于集团购买者来说，存在拖欠货款的可能。

2) 来自卖方的信用安全问题。卖方不能按质、按量、按时寄送消费者购买的货物，或者不能完全履行签订的订单合同，给买方带来安全风险。

3) 买卖双方的抵赖行为。传统的商务活动在很大程度上是建立在商业信用基础上的，在电子商务中，交易双方常常互不见面，只有数字化交往，用电子方式谈判、签合同、结账，当贸易一方发现新的情况出现后原先的交易对自己不利时，可能就会企图否认已做出的电子交易行为。

交易对象虚假的身份及虚假的订单合同、贸易对象的抵赖，如拒绝承认双方已经商定的价格、数量、订单、合同，以及拒绝承认收到的货款或商品等，这些是电子商务交易安全中十分棘手的问题。

(3) 安全的管理问题

严格管理是降低电子商务风险的重要保证，安全管理的目的其实就是提供从事商务活动的可信的运行环境，需要有完善的管理制度和相关的技术支持。

如在网络商品中介交易的过程中，客户进入交易中心，买卖双方签订合同，交易中心不仅要监督买方按时付款，还要监督卖方按时提供符合合同要求的货物。在这些环节上，都存在着大量的管理工作。防止此类安全风险的发生就需要有完善的制度设计，形成一套相互关联、相互制约的制度，同时制度的有效执行必须依靠相应的技术手段。

人员管理常常是电子商务安全管理上最薄弱的环节。近年来我国计算机犯罪大都属于内部犯罪，其主要原因就是内部管理和安全教育松懈、存在管理漏洞、工作人员职业道德修养不高等；另外，电子商务管理上的漏洞也带来较大的交易安全问题。

此外，现有的信息系统绝大多数都缺少安全管理员，缺少信息系统安全管理的技术规范，缺少定期的安全测试与检查，更缺少安全监控。

(4) 电子商务的法律保障问题

电子商务的技术设计是先进的、超前的、具有强大的生命力，但同时也必须清楚地认识到，在网上交易可能会承担由于法律滞后而带来的安全风险。

此外，电子商务给传统税收也造成了冲击，各国之间的税收平衡问题也突显出来，可能会引发新的税收风险。

1.2.3 电子商务系统安全的构成

从某种意义上说,电子商务系统就是一种建立在网络环境里的计算机信息系统。计算机信息系统的一般定义是指由计算机及其相关的和配套的设备、设施(含网络)构成的,按照一定的应用目标和规则对信息进行采集、加工、存储、传输、检索等处理的人机系统。由此可知,电子商务系统安全应包括系统实体安全、系统运行安全和系统信息安全这三个部分。其中系统实体安全和系统运行安全可以看作是物理安全,系统信息安全可看作是逻辑安全。

1. 系统实体安全

系统实体安全,是指保护计算机设备、设施以及其他媒体免受自然灾害和其他环境事故(如电磁污染等)破坏的措施、过程。保证计算机信息系统的所有设备和机房及其他场地的实体安全,是整个系统安全的前提。如果实体安全得不到保证,则整个计算机信息系统的安全也就不可能实现。影响计算机系统实体安全的主要因素有:计算机系统自身存在的脆弱性因素;各种自然灾害导致的安全问题;由于人为的错误操作及各种计算机犯罪导致的安全问题。

电子商务系统的实体安全由三个部分组成:环境安全、设备安全和媒体安全。

(1) 环境安全

环境安全就是要对电子商务系统所在的环境加以安全保护,主要包括灾害保护和区域保护。

灾害保护就是系统要具有灾害报警、灾害恢复等功能,目的是保护电子商务系统免受水、火、有害气体、地震、雷电、静电和电磁的危害。其功能可归纳为:灾难发生前的检测和报警;灾难发生时的应急处理,对现场的实时保护;灾难发生后的灾后恢复。

区域保护就是要对特定的区域制定某种形式的保护和隔离措施。

(2) 设备安全

设备安全是指对电子商务系统的设备(包括网络)进行安全保护,主要包括设备防盗、设备防毁、防电磁信息泄漏、防线路截获、抗电磁干扰以及电源保护。

设备防盗:一般可采用移动报警器、数字探测报警和部件上锁等手段,以提高系统设备和部件的安全性。

设备防毁:包括防自然力的破坏,即使用一定的防毁措施(如最常见的接地保护等);还包括对抗人为破坏,使用一定的防毁措施(如防外壳损坏)来保护电子商务系统设备和部件。

防电磁信息泄漏:电子商务系统的电磁信息泄露,会暴露系统内部的敏感信息,为防止发生此类事件,可采用防止电磁信息泄露的各种涂料、材料和设备,具体技术手段:一是建立屏蔽室防止电磁辐射引起的信息泄露;二是利用电磁干扰对泄露信息进行置乱;三是通过特殊涂料或材料来吸收泄露的电磁信息,最终达到防止电磁信息泄露的目的。

防线路截获:主要是要防止对电子商务系统通信线路的截获和外界对电子商务系统的通信线路的干扰,主要涉及四个方面的功能:

1) 预防线路截获,使线路截获设备无法正常工作。
2) 探测线路截获,发现线路截获并报警。
3) 定位线路截获,发现线路截获设备工作的位置。
4) 对抗线路截获,阻止线路截获设备的有效使用。

抗电磁干扰:主要是防止对电子商务系统的电磁干扰,从而保护系统内部的信息,主要涉及两个方面：

1）对抗外界对系统的电磁干扰。

2）消除来自系统内部的电磁干扰。

电源保护：主要是指为电子商务系统设备的可靠运行提供的能源保障，包括对工作电源的工作持续性的保护，如采用不间断电源；对工作电源的工作稳定性的保护，如波纹抑制器。

(3) 媒体安全

实体安全中的媒体安全是指对媒体数据和媒体本身实施安全保护。

媒体数据的安全主要是提供对媒体数据的保护，实施对媒体数据的安全删除和媒体的安全销毁，目的是为了防止被删除或者被销毁的敏感数据被他人恢复。媒体数据的安全涉及三个方面：媒体数据的防盗，如防止媒体数据被非法复制；媒体数据的销毁，包括媒体的物理销毁（如媒体粉碎等）和媒体数据的彻底销毁（如消磁等），防止媒体数据删除或销毁后被他人恢复而泄漏信息；媒体数据的防毁，防止意外或故意的破坏而使媒体数据丢失。

媒体本身的安全主要是提供对媒体的安全保管，目的是保护存储在媒体上的信息，涉及媒体的防盗和媒体的防毁，如防霉和防砸等。

2. 系统运行安全

电子商务系统安全的第二个部分是运行安全，运行安全是指为保障系统功能的安全实现，提供一套安全措施来保护信息处理过程的安全。电子商务系统的运行安全涉及四个方面：风险分析、审计跟踪、备份与恢复和应急措施。

(1) 风险分析

风险分析就是要对电子商务系统进行人工或自动的风险分析。

首先要对系统进行静态的分析，尤其是系统设计前和系统运行前的风险分析。在系统设计前，主要分析系统固有的脆弱性，目的在于发现系统设计前的安全隐患；系统运行前的风险分析，根据系统试运行期的运行状态和结果，分析系统的安全隐患，目的在于发现系统设计的安全漏洞。

其次要对系统进行动态的分析，即在系统运行过程中测试、跟踪并记录其活动，旨在发现系统运行期的安全漏洞，并及时处理。

最后要对系统进行运行后的分析，分析系统运行记录，旨在发现系统的安全隐患，为改进系统的安全性提供分析报告。

(2) 审计跟踪

审计跟踪就是要对电子商务系统进行人工或自动的审计跟踪，保存审计记录和维护详尽的审计日志。审计跟踪涉及三个方面的安全功能：记录和跟踪各种系统状态的变化，如提供对系统故意入侵行为的记录和违反系统安全规则的记录；实现对各种安全事故的定位，如监控和捕捉各种安全事件；保存、维护和管理审计日志。

(3) 备份与恢复

备份与恢复就是要提供对系统设备和系统数据的备份与恢复。对系统数据进行备份和恢复所使用的介质可以是磁介质、纸介质、光碟、缩微载体等。备份与恢复涉及三个方面的安全功能：提供场点内高速度、大容量、自动的数据存储，进行备份和恢复；提供场点外的数据存储，进行备份和恢复，如通过专用安全记录存储设施对系统内的主要数据进行备份；提供对系统设备的备份，如采用备份服务器等。备份不仅在网络系统硬件故障或人为失误时起到保护作用，也在入侵者非授权访问或对网络攻击及破坏数据完整性时起到保护作用，同时亦是系统灾难恢复的前提之一。

(4) 应急措施

应急措施是为了在紧急事件或安全事故发生时，提供保障电子商务系统继续运行或紧急恢复所需要的策略。应急措施包括应急计划和应急设施两方面。

应急计划是指在紧急状态下，使系统能够尽量完成原定任务的计划。应急计划辅助软件主要是为了制订应急计划而提供的计算机辅助程序，包括：紧急事件或安全事故发生时的影响分析；应急计划的概要设计或详细制订；应急计划的测试与完善。

应急设施主要是在紧急事件或安全事故发生时，提供电子商务系统实施应急计划所需要的设施，包括：提供实时应急设施，实现应急计划，保障电子商务系统的正常安全运行；提供非实时应急设施，实现应急计划。

3. 系统信息安全

电子商务系统安全的第三个组成部分是信息安全。所谓信息安全是指防止信息财产被故意地或偶然地非授权泄漏、更改、破坏或使信息被非法的系统辨识、控制，信息安全要确保信息的完整性、保密性、可用性和可控性。信息安全由七个部分组成：

(1) 操作系统安全

信息安全中的操作系统安全，是指对计算机信息系统的硬件和软件资源的有效控制，能够为所管理的资源提供相应的安全保护。它们或是以底层操作系统所提供的安全机制为基础构建安全模块，或者完全取代底层操作系统，目的是为了建立安全信息系统，提供一个可信的安全平台。操作系统的安全由两个部分组成：

1) 安全操作系统。安全操作系统是指从系统设计、实现和使用等各个阶段都遵循一套完整的安全策略的操作系统。这样的操作系统为系统所管理的数据和资源提供了安全保护，从而有效地控制硬件和软件的功能。

2) 操作系统安全部件。操作系统安全部件的目的是增强现有操作系统的安全性。其安全功能可归纳为两个方面：

- 通过构建安全模块，增强现有操作系统的安全性。
- 通过构建安全外罩，增强现有操作系统的安全性。

(2) 数据库安全

数据库安全是对数据库系统所管理的数据和资源提供安全保护。它一般采用多种安全机制与操作系统相结合，实现数据库的安全保护。

1) 安全数据库系统。安全数据库系统是指从系统设计、实现、使用和管理等各个阶段都遵循一套完整的系统安全策略的数据库系统。

2) 数据库系统安全部件。数据库系统安全部件是以现有数据库系统所提供的功能为基础构建安全模块，旨在增强现有数据库系统的安全性。其安全功能可归纳为两个方面：

- 通过构建安全模块，增强现有数据库系统的安全性。
- 通过构建安全外罩，增强现有数据库系统的安全性。

(3) 网络安全

网络安全是指提供访问网络资源或使用网络服务的安全保护。

1) 网络安全管理。网络安全管理是指为网络的使用提供安全管理。其安全功能可归纳为四个方面：
- 帮助协调网络的使用，预防安全事故的发生。
- 跟踪并记录网络使用，监测系统状态变化，如提供对网络系统故意入侵行为的记录和对违反网络系统安全管理行为的记录。
- 实现对各种网络安全事故的定位，探测网络安全事件发生的确切位置。
- 提供某种程度的对紧急事件或安全事故的故障排除能力。

2）安全网络系统。安全网络系统对网络资源的访问和网络服务的使用提供一套完整的安全保护，即从网络系统的设计、实现、使用和管理各个阶段，遵循一套完整的安全策略的网络系统。

3）网络系统安全部件。网络系统安全部件是对网络系统的某个过程、部分或服务提供安全保护，旨在增强整个网络系统的安全性。其安全目标包括：
- 对网络资源访问的某一过程提供安全保护，如身份认证是对登录过程的保护，旨在防止黑客对网络资源的访问。
- 对网络资源的某一部分提供安全保护，如防火墙是对网络资源的某个部分（本地网络资源）的保护。
- 对网络系统的某种服务提供安全保护，如安全电子邮件服务是对网络系统电子邮件服务的保护。

（4）计算机病毒防护

计算机病毒防护就是对计算机病毒的防护，即通过建立系统保护机制，预防、检测和消除病毒。病毒防护包括单机系统的防护和网络系统的防护。

单机系统的防护侧重于防护本地计算机资源，而网络系统的防护侧重于防护网络系统资源。

1）单机系统病毒防护。单机系统的病毒防护，既可以通过软件实现，也可以通过硬件来实现，主要包括以下五个方面：
- 预防病毒侵入系统。
- 检测已侵入系统的病毒。
- 定位已侵入系统的病毒。
- 防止系统中病毒的传染。
- 清除系统中已发现的病毒。

2）网络系统病毒防护。网络系统的病毒防护可归纳为以下五个方面：
- 预防病毒侵入网络系统。
- 检测已侵入网络系统的病毒。
- 定位已侵入网络系统的病毒。
- 防止网络系统中病毒的传染。
- 清除网络系统中已发现的病毒。

（5）访问控制

访问控制是指对主体访问客体的权限或能力以及进入物理区域（出入控制）和对计算机存取数据过程（存取控制）的限制。信息安全中的访问控制，是要保证系统的外部用户或内部用户对系统资源的访问以及对敏感信息的访问方式符合组织安全策略。主要包括出入控制和存取控制两大部分。

1）出入控制。出入控制是为了阻止非授权用户进入机构或组织。一般是以电子技术、生物技术或者电子技术与生物技术结合阻止非授权用户进入。具体方法包括：

- 物理通道的控制，如利用重量检查控制通过通道的人数。
- 门的控制，如双重门、陷阱门等。

2）存取控制。存取控制是针对主体访问客体时的存取控制，如通过对授权用户存取系统敏感信息时进行安全性检查，以实现对授权用户的存取权限的控制。其目标可归纳为以下四个方面：

- 提供对口令字的管理和控制功能，如提供一个弱口令字库，禁止用户使用弱口令字，强制用户更换口令字等。
- 防止入侵者对口令字的探测。
- 监测用户对某一分区或域的存取。
- 提供系统中主体对客体访问权限的控制。

（6）加密

所谓加密是将明文数据进行某种变换，使其成为不可理解的形式的过程。加密必须依赖两个要素：算法和密钥。

信息安全中的加密主要涉及数据加密和密钥管理。

1）数据加密。数据加密主要是利用加密设备对数据进行加密，包括：

- 对文字的加密。
- 对语音的加密。
- 对图像、图形的加密。

2）密钥管理。密钥管理是对密钥提供管理，如证书授权中心可提供对用户的公开密钥的管理。密钥管理可归纳为六个方面：

- 密钥分发或注入。
- 密钥更新。
- 密钥回收。
- 密钥归档。
- 密钥恢复。
- 密钥审计。

（7）鉴别

鉴别是指提供身份鉴别和信息鉴别。身份鉴别是提供对信息收发方（包括用户、设备和进程）真实身份的鉴别；信息鉴别是提供对信息的正确性、完整性和不可否认性的鉴别。

1）身份鉴别。身份鉴别是指对用户身份的鉴别，主要用于阻止非授权用户对系统资源的访问。一般是以电子技术、生物技术或者电子技术与生物技术结合鉴别授权用户身份的真实性。主要方法包括：

- 根据用户的生物特性来鉴别其真伪。

- 根据用户所持物品来鉴别其真伪。
- 根据用户所知来鉴别其真伪。

2）完整性鉴别。完整性鉴别是指提供信息完整性的鉴别，使得用户、设备、进程可以证实接收到的信息的完整性，也就是要证实信息内容未被非法修改或遗漏。

3）不可否认性鉴别。不可否认性鉴别是要使得信息发送者不可否认对信息的发送，信息接收者不可否认对信息的接收，可归纳为两个方面：

- 证实发送方发送的信息确实为接收方接收，收送方不可否认。
- 证实接收方接收到的信息为发送方发送，发送方不可否认。

1.3 电子商务安全的保障

电子商务安全需要一个完整的综合保障体系。谈及电子商务安全，人们首先想到的是技术保障措施，单从技术角度建立安全保障是不足的，应当采用综合防范的思路，从技术层面、组织管理层面以及法律层面等全面地加以防范。

电子商务的安全概括起来需要三个方面的支持：一是信息技术方面的措施，如防火墙、网络防毒、信息加密、身份认证等；二是信息安全管理制度的保障；三是社会的法律政策与法律保障。三者缺一不可，只有共同作用，才能最终保障电子商务的安全。

1.3.1 电子商务安全国际规范

电子商务安全机制经过发展，已经形成了一些国际规范，其中具有代表性的主要有 SSL（Secure Socket Layer，安全套接层）协议和 SET（Secure Electronic Transaction，安全电子交易）协议。

1. SSL 协议

SSL 协议是通过在收发双方建立安全通道来提高应用程序间交换数据的安全性，从而实现浏览器和服务器（通常是 Web 服务器）之间的安全通信。SSL 协议是一种利用公共密钥技术的工业标准，广泛用于互联网。目前大多数浏览器都支持 SSL 协议，很多 Web 服务器也支持 SSL 协议。

SSL 协议提供了信息保密、信息完整性、相互认证等基本功能。应用 SSL 协议实现交易过程要求客户将购买的信息首先发往商家，商家再将信息转发给银行，银行验证客户信息的合法性后，通知客户和商家付款成功，商家再通知客户购买成功。

SSL 协议存在的缺点是：客户的银行资料信息先送到商家，让商家阅读，这样客户银行资料的安全性就得不到保证。由于默认了商家是可以信赖的，商家可以对客户做出信息保密的承诺，因此没有提供客户对商家的验证。SSL 协议提供了资料传递过程的安全通道，但 SSL 协议安全方面缺少数字签名功能、没有授权和存取控制、多方互相认证困难、不能抗抵赖和用户身份可能被冒充等弱点。

2. SET 协议

虽然 SSL 协议保证了商家和消费者之间传输数据和其他敏感信息的安全，基于 SSL 协议的银行卡支付系统促进了电子商务的发展，但 SSL 协议不能验证消费者是否是结算卡的持有人，即并不能解决持卡人的身份认证和交易的不可抵赖性等问题。

SET 协议是万事达国际组织和 Visa 国际组织在微软公司、网景公司、IBM 公司、GTE 公司、SAIC 及其他公司的支持下联合设计的安全协议，目的是为通过互联网在商家网络和处理银行之间传输的信用卡结算信息提供安全保证。SET 协议是信用卡在互联网上进行支付的一种开放式标准，也是银行卡安全支付的具体规范。目前已经被广泛认可而成为国际通用的网上支付标准。SET 协议的制定与推广既为业务相互渗透的各家信用卡公司提供了统一的安全通信标准，也促进了信用卡在互联网上作为支付工具的应用。

SET 协议提供了信息保密性、数据的完整性、提供交易者的身份认证和担保以及互操作性（统一协议和信息格式带来不同厂家的软件之间的兼容性和互操作性）等功能。

不过，SET 协议目前局限于银行卡的网上支付；SET 协议只支持 B2C 模式的电子商务，而不支持目前最具有前途和影响力的 B2B 电子商务交易。

对于 SET 协议的接受问题，部分原因在于不如多数银行和商家想象得那样容易实施，成本较高。据统计，在一个典型的 SET 协议交易过程中，需验证数字证书 9 次，验证数字签名 6 次，传递证书 7 次，进行 5 次数字签名，4 次对称加密和 4 次非对称加密，不可谓不安全，但整个交易过程可能要花费 1.5～2 分钟。但 SET 协议的前景仍然是很光明的。

1.3.2　电子商务安全法律要素

安全的电子商务除了依赖于技术手段外，还必须依靠法律手段、经济行政手段来保障参与电子商务的各方的利益。

凯温·凯里（Kevin Kelly）在他的《新经济的新规则》一书中说：网络已经存在于每一种经济之中，不同以往的是，经由科技的促进与加强，网络已深深地穿透我们的生活，使得"网络"这个概念已成为我们思维和经济的核心。网络给我们带来便利的同时，也提供了新的犯罪渠道，与电子商务相关的法律问题也越来越多。同时，参与电子商务活动的各方之间都会发生法律关系，因此需要规定各方的法律义务和责任。

电子商务安全涉及的法律要素主要有以下方面。

1. 保障交易各方身份认证的法律

电子交易的各方都需要拥有和证明自己的合法身份，通过设立在交易参与方之外的、第三方的公正机构（CA 中心）可以达成这样的目标，即取得由数字证书认证中心签发的数字化的证书，在交易的各个环节，交易的各方都可以检验对方数字证书的有效性。

CA 中心是电子商务中的核心角色，它担负着保证电子商务公正、安全进行的任务。因而必须由国家法律来规定 CA 中心的设立程序和资格以及必须承担的法律义务和责任，同时要由法律规定对 CA 中心进行监管的部门、监管方法以及违规后的处罚措施。

2. 电子合同的法律地位

电子商务活动中，电子合同的有效性、电子签章和数字签名的有效性是各国共同关注的法律问题。需要制定有关法律对电子合同的法律效力、数字签名和电子商务凭证的合法性予以确认；需要对电子商务凭证、电子支付数据的伪造、变更、涂销做出相应的法律规定。

3. 电子商务的消费者权益保护的法律

对于 B2C 交易，消费者保护具有重要的地位。这种重要性不仅在于传统意义上的经营者和消费者之间因消费者处于劣势地位需要保护,更重要的在于在线交易是在虚拟环境下完成的,需要一套取得消费者信任的制度保障。在网络环境下,消费者的保护问题更主要地表现为要赢得消费者的信任。

消费者对商家信誉的信心只能寄托于 CA 中心和银行等。其中,CA 中心能够核实商家的合法身份,银行则能掌握商家的信誉情况。一旦因商家不付货、不按时付货或者货不符实而产生对消费者损害时,可以由银行先行赔偿消费者,再由银行向商家追偿。如果商家屡次违规,银行可以取消商家的电子账号,并将违规情况通报给 CA 中心,由 CA 中心记入黑名单,情况严重时可以取消商家的数字证书,由此商家将失去开展电子商务的权利。

经合组织对消费者保护提出的主要框架指出:参与电子商务的消费者应该享有不低于在其他商业形式中享有的透明的和有效的保护的水平,这一要求相当于保护消费者的知情权;从事电子商务的企业应该对消费者的利益予以应有的关注,并应根据公平的商业、广告及销售行为而行动;信息披露是确保交易透明和消费者知情权的重要措施;为了避免消费者购买意识的模糊,消费者应该能够在决定购买前准确地确认其购买的商品或服务;确认并纠正任何错误或修改订单,消费者有权在缔结交易前取消交易;消费者应得到易用的、安全的支付体制并被告知该体制给予的安全水平的信息;对消费者提供良好及时的争议解决方式也是确保消费者信任的重要措施。

消费者权益保护的另一个重要内容是保护个人隐私、秘密。由于互联网上信息具有共享性和开发性的特点,必然要涉及侵犯家庭或者个人的隐私权问题。应立足最小限度收集个人数据、最大限度保护个人隐私的原则来制定法律,以尽量消除人们对泄露个人隐私以及重要个人信息的担忧,从而吸引更多的人上网进行电子商务。

4. 网络知识产权保护的法律

保护知识产权也是电子商务比较重要的问题之一。由于在互联网上知识产权的主要表现是信息,保护的难度相对比较大。

网络对知识产权的保护提出了新的挑战,在研究技术保护措施时,还必须建立适当的法律框架,以便侦测仿冒或欺诈行为,并在上述行为发生时提供有效的法律援助。

世界知识产权组织在 1996 年 12 月讨论形成的《世界知识产权组织版权保护条约》,对信息网络环境下的软件、数据库的著作权保护和信息数字化、网络传输、技术措施、版权信息等问题进行了系统的解释和必要的明确,但是还有很多遗留的问题没有解决,同时还存在涉及发达国家与发展中国家利益差异的问题。

5. 电子商务侵权法

互联网的便捷导致在互联网上实施侵权行为也变得便捷。例如,在互联网上贴一篇带有诽谤他人性质的文章,不到几秒的时间,就会被几十人甚至几百人转贴,瞬间好像整个世界的人都知道了,造成的后果可以遍及世界各个角落。同样在电子商务的世界中,通过电子商务活动,进行恶意欺诈、商业诽谤等侵权行为,也变得极为便捷,并且会造成范围更大的侵权后果。所以,深入学习电子商务侵权法,对于维护电子商务交易安全、保护商户主体的权利、促进电子商务活动的健康积极发展、促进经济繁荣,具有深远的意义。

当然,电子商务带来的法律问题不仅仅限于以上所述。在目前,要全面解决电子商务引发的法律问题并非易事,在电子商务发展过程中将会发生的问题谁也无法完全预料,需要通过立法和完善现有法律加以规范,并使得立法工作具有前瞻性。另外,在制定电子商务法律时,要坚持灵活性和安全性的辩证统一。为了电子商务的安全性，必须要加快电子商务立法。但由于电子商务还处在快速发展中，在电子商务的很多方面（如数字身份认证）应该首先考虑行业的自律机制，以避免不灵活的或不协调的政府法规的"锁定"效应。

1.4 实训项目

由于互联网的开放性和其他各种因素影响，在进行电子商务活动，特别是网络支付环节时，在互联网上需要传输消费者和商家的机密信息，如用户的银行账号、商家和用户基本信息以及订购信息等，而这些信息一直是网络非法入侵或黑客攻击的首选目标。如何保障电子商务安全，如何保护敏感信息和个人信息的机密性、完整性和不可否认性，已经成为制约电子商务发展的瓶颈之一。

作为一名电子商务人员，能够结合实际的网络环境，利用基本的网络诊断工具查看并分析网络状态，确保工作环境的安全，提高辨别网络安全及诚信的能力，提升网络安全防护体系。

实训项目一：netstat 命令的使用

netstat 命令可以显示活动的 TCP 连接、计算机侦听的端口、以太网统计信息、IP 路由表、IPv4 统计信息（对于 IP、ICMP、TCP 和 UDP 协议）以及 IPv6 统计信息（对于 IPv6、ICMPv6、通过 IPv6 的 TCP 以及通过 IPv6 的 UDP 协议）。

实训步骤

1. 命令提示符窗口输入"netstat-a"

使用命令"netstat-a"可以显示所有的有效连接信息列表，包括已建立的连接（ESTABLISHED），也包括监听连接请求（LISTENING）的那些连接，断开连接（CLOSE_WAIT）或者处于联机等待状态的（TIME_WAIT）等，如图1-5所示。

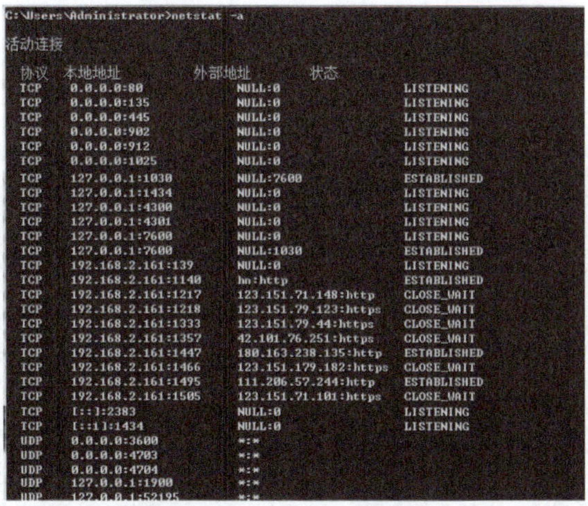

图1-5 netstat-a 命令

2. 命令提示符窗口输入"netstat-b"

使用命令"netstat-b"可以显示在创建网络连接和侦听端口时所涉及的可执行程序，如

图 1-6 所示。

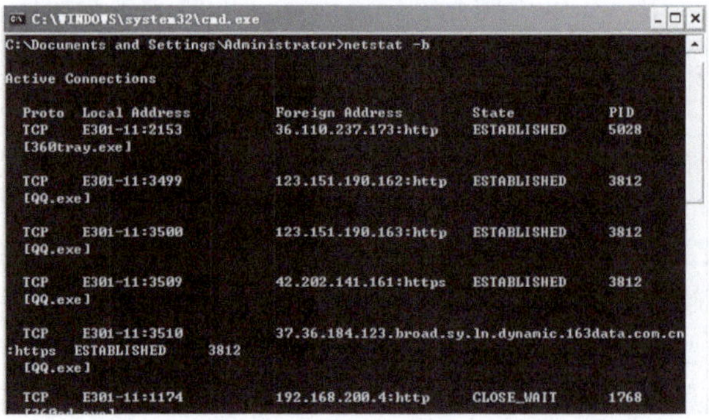

图 1-6　netstat-b 命令

3. 命令提示符窗口输入"netstat-n"

使用命令"netstat-n"可以显示已创建的有效连接，并以数字形式显示本地地址和端口号，如图 1-7 所示。

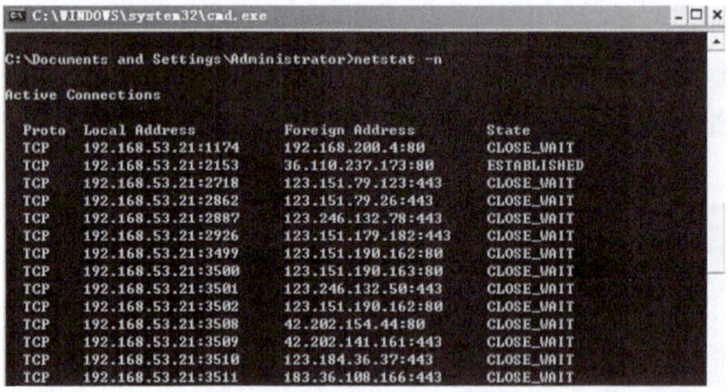

图 1-7　netstat-n 命令

4. 命令提示符窗口输入"netstat-s"

使用命令"netstat-s"可以显示每个协议的各类统计数据，查看网络存在的连接，显示数据包的接收和发送情况，如图 1-8 所示。

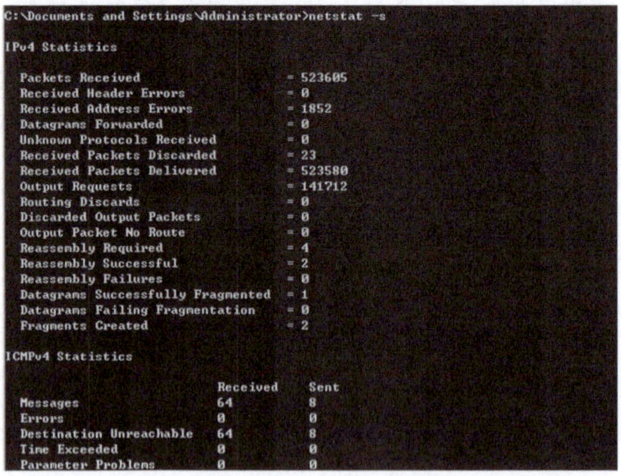

图 1-8　netstat-s 命令

5. 命令提示符窗口输入"netstat-e"

使用命令"netstat-e"可以显示关于以太网的统计数据，包括传送的字节数、数据包、错误等，如图 1-9 所示。

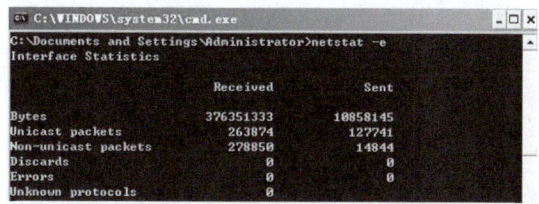

图 1-9　netstat-e 命令

6. 命令提示符窗口输入"netstat-r"

使用命令"netstat-r"可以显示关于路由表的信息，以及当前有效连接，如图 1-10 所示。

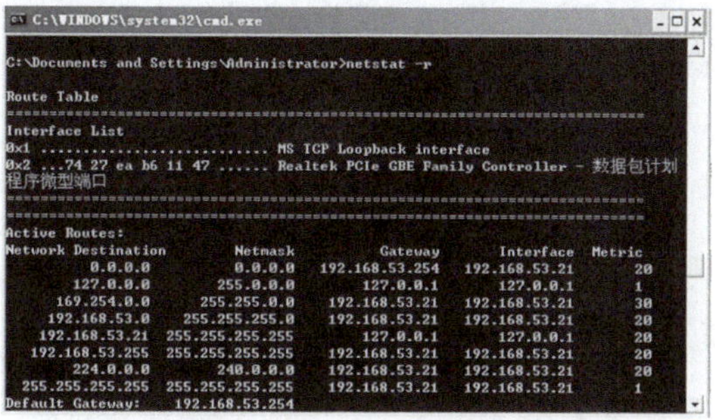

图 1-10　netstat-r 命令

实训项目二：net 命令的使用

net 命令是网络命令中最重要的一个，它具有强大的功能，可以查看管理网络环境、服务、用户、登录等信息内容，可以说是微软提供的一个入侵工具。

实训步骤

1. net view 命令

命令提示符窗口输入"net view"命令，显示域列表、计算机列表或指定计算机的共享资源列表，其命令格式为：net view [\\computername | /domain[:domainname]]，如图 1-11 所示。

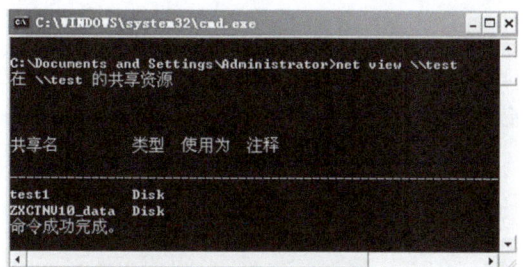

图 1-11　net view 命令

2. net user 命令

命令提示符窗口输入"net user"命令，用于添加或更改用户账号或显示用户账号信息，其命令格式为：net user ＜username＞ ［password or ＊］［options］［/domain］。

键入不带参数的 net user 命令可以查看计算机上的用户账号列表；参数"username"指添加、删除、更改或查看用户账号名；参数"password"为用户账号分配或更改密码；"＊"提示输入密码；参数"/domain"是指在计算机主域的主域控制器中执行操作。该命令使用如图 1-12 所示。

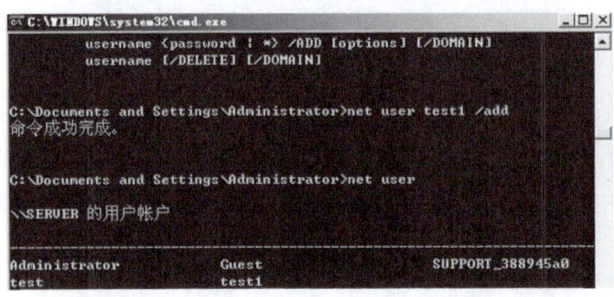

图 1-12　net user 命令

3. net start 命令

命令提示符窗口输入"net start"命令，启动服务，如果不加服务名称，则查看已经启动的服务列表，如图 1-13 所示。

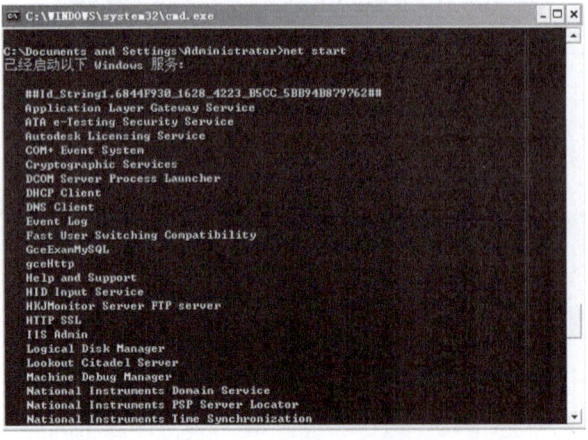

图 1-13　net start 命令

4. net use 命令

命令提示符窗口输入"net use"命令，作用是连接计算机或断开计算机与共享资源，或显示计算机的连接信息，其命令格式为：

net use [devicename | *] [\\computername \sharename] [password | *] [/user:[domainname\] username][[/delete]|[/persistent:{yes|no}]]。

具体参数说明：

键入不带参数的"net use"，列出网络连接。

"devicename"指定要连接到的资源名称或要断开的设备名称。

\\computername\sharename 服务器及共享资源的名称。

"password"访问共享资源的密码。

"*"提示键入密码;

"/user"指定进行连接的另外一个用户。

"domainname"指定另一个域。

"username"指定登录的用户名。

"/home"将用户连接到其宿主目录。

"/delete"取消指定网络连接。

"/persistent"控制永久网络连接的使用。

例如,net use f:\\server\test 将 GHQ 主机的共享资源 test 映射为 F 盘;net use f:\\server\test /delete 断开该连接。

练习与实训题

一、选择题(单选或多选)

1. 电子商务的主要参与者是(　　)。
   A. 企业、商家、银行、ISP   B. 消费者、企业、商家、银行
   C. 企业、消费者、中介机构、政府   D. 消费者、IT 行业、网络公司、商家

2. 下列说法错误的是(　　)。
   A. 电子商务本身并不是高科技
   B. 电子商务是对传统商务的一种革命
   C. 电子商务的本质是商务
   D. 电子商务本身并不是高科技,它只是高科技的应用
   E. 网上教育不属于电子商务的范畴

3. 属于电子商务基础中的支柱是(　　)。
   A. 公共政策   B. WWW   C. 技术标准
   D. Internet   E. 密码

4. 在电子商务交易过程中,消费者个人的隐私一般是指(　　)。
   A. 消费者个人购买商品的价格、数量等
   B. 消费者个人信用卡的密码、电话号码、年龄等
   C. 消费者个人的姓名、肖像、性别、身份等
   D. 消费者个人的姓名、家庭地址、婚姻等

二、填空题

1. 按照使用网络的类型来分类,电子商务可分为基于(　　)的电子商务,基于(　　)的电子商务和基于(　　)的电子商务。
2. 电子商务的一般框架从最基础的技术层次到电子商务的应用层次分成(　　)、(　　)和(　　)三个层次,它们构成电子商务系统的基础设施。
3. 电子商务安全交易体系,概括起来,包括三个层次:(　　)、(　　)和(　　)。
4. 所谓访问控制,包括(　　)的限制和对(　　)的限制。
5. 电子商务的本质是(　　),核心是(　　)。

6. 电子商务的安全问题主要涉及（　　）、（　　）以及电子商务的法律保障问题。
7. 电子商务安全国际规范最有代表性的是（　　）和（　　）。
8. 实现电子商务安全必须具有的三个特征：（　　）、（　　）和（　　）。

三、判断题（错误或正确）
1. 电子商务系统一般是基于 C/S 结构的。（　　）
2. 电子商务安全仅仅是一个企业安全部门的事情。（　　）
3. 为了推动电子商务发展，应立足允许企业尽可能收集个人数据，但必须保密，最大限度保护企业利益的原则来制定关于网络隐私的法律。（　　）
4. 保障电子商务安全除了应用技术手段外，还必须采用法律手段。（　　）

四、简答题
1. 电子商务的技术特征是什么？电子商务的应用特征是什么？
2. 你认为电子商务企业最大的安全隐患是什么？应该如何解决？
3. 电子商务安全涉及的法律要素主要有哪些？
4. 简述电子商务系统的典型结构。
5. 简述电子商务系统安全的构成。

五、实训题
1. 使用互联网查找有关信息安全及其商业过程的案例，并进行分析。
2. 新的法律会对商业有什么影响？以小组为单位讨论查找到的结果。

第 2 章　数据加密技术

- 密码学的基本概念
- 网络加密方式分类
- 对称加密体制和非对称加密体制

2.1　概述

密码技术是保证网络与信息安全的核心技术之一。密码学（Crytography）是一门古老而深奥的学科，是研究计算机信息加密、解密及其变换的科学，是数学和计算机的交叉学科，主要包括编码学和密码分析学。人们利用加密算法和密钥对信息编码进行隐藏，而密码分析学试图破译算法和密钥，两者对立又统一。

2.1.1　密码学的基本概念

1. 加密算法与解密算法

加密的基本思想是伪装明文以隐藏其真实信息，即将明文 X 伪装成密文 Y。通信的信息和数据称为明文（Plain Text），转换成局外人难以识别的形式称为密文（Cipher Text），伪装明文的操作称为加密，加密时所使用的信息变换规则称为加密算法（Encryption Algorithm）。合法接受者将密文恢复出原明文的过程称为解密；非法接收者将密文恢复出原明文的过程称为破译。解密时所使用的信息变换规则称为解密算法（Decryption Algorithm）。整个加密和解密过程如图 2-1 所示。

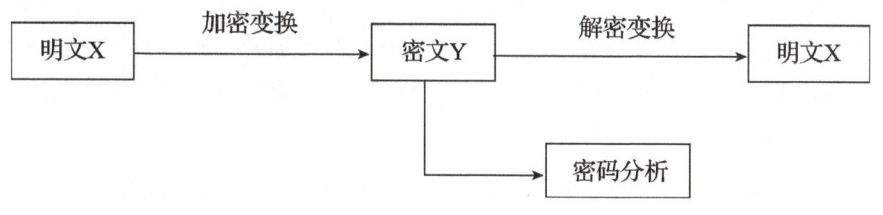

图 2-1　加密和解密过程

2. 密钥

在加密学中，加密算法和解密算法是在一组密钥的控制下进行操作的，密钥是由数字、字母或特殊符号组成的字符串，用来控制加解密的过程。加密和解密过程中使用的密钥分别称为加密密钥（Encryption Key，KE）和解密密钥（Decryption Key，KD）。密钥可视为密码算法中的可变参数。从数学的角度来看，如果改变了密钥，也就改变了明文和密文之间等价的数学函数关系。

对于相同的加密算法，密钥的位数越多，破译的难度就越大，安全性也就越好。因为密钥位数越多，密钥空间（Key Space）越大，即密钥可能的范围也就越大，那么攻击者也就越不容易通过蛮力来攻击。表2-1给出了在给定密钥长度时，用穷举法猜测时需要使用的密钥个数。

表 2-1 用穷举法猜测时需要使用的密钥个数

密钥长度/bit	组合个数
64	$2^{64} = 1.845 * 10^{19}$
112	$2^{112} = 5.192 * 10^{33}$
128	$2^{128} = 3.402 * 10^{38}$

如果用此法，猜测每106个密钥需要使用1μs，那么猜测密钥长度为128bit的密钥，最长时间大约是 $1.1 * 10^{19}$ 年。可见使用的密钥越长，加密和解密过程所需要的时间自然也就会越长。

3. 密码

加密技术可以分为密钥和加密算法两部分。加密算法是用来加密的数学函数，而解密算法是用来解密的数学函数。密码是明文和加密密钥相结合，然后经过加密算法运算的结果。实际上，密码是含有一个参数K的数学变换，即 C = EK（M），其中，M是未加密的信息（明文），C是加密后的信息（密文），E是加密算法，参数K是密钥。密文C是明文M使用密钥K，经过加密算法计算后得到的结果。在此公开的是加密算法，而密钥是秘密传送的。如果在网络传输过程中，即使密文被偷窃，盗窃者由于不知道密码和解密方法，也是没办法得到源信息的。当然，为了保证密文信息更加可靠，需要经常性地更换算法，并增加算法安全强度。

2.1.2 网络加密方式分类

目前，网络加密主要有链路加密方式、节点对节点加密方式和端对端加密方式三种。

1. 链路加密方式

链路加密方式是一种把网络上传输的数据报文每一比特都进行加密，但是只对通信链路中的数据进行加密，而不对网络节点内的数据加密的网络加密方法。它不但对数据报文的正文加密，还把路由信息、校验和等控制信息全加密。当数据报文传输到某个中间节点时，必须被解密来获得路由信息、校验和，进行路由选择、错误检测后，再被加密，发给下一个节点，直到数据报文送到目的地为止。由于使用链路加密方式只对链路中的数据加密，而不对网络节点内的数据加密，所以在中间节点上的数据要求配置安全单元，相邻两节点的安全单元使用相同的密钥。

2. 节点对节点加密方式

为了解决采用链路加密方式时，在中间节点上数据报文是以明文出现的缺点，在中间节点装有一个用于加密、解密的保护装置，即由这个装置来完成一个密钥向另一个密钥的变换。需要注意的是：它和采用链路加密方式一样，都要公共网络提供者配合，修改它们的交换节点，增加保护装置。

3. 端对端加密方式（面向协议加密方式）

端对端加密方式是由发送方加密的数据在没有到达最终目的地接受节点之前是不被解密的，且加密和解密只在源节点和目的地节点进行。它是对整个网络系统采取保护措施的网络加密方法。端对端加密方式是网络加密方式的发展趋势。

目前，具体的数据加密实现方式主要有两种，即软件加密和硬件加密。软件加密是用户在发送信息前，先调用信息安全模块对信息加密，然后发送，到达接受方后，由用户用相应的解密软件进行解密，得到明文；而硬件加密是采用标准的网络管理协议或统一的自定义网络管理协议来管理。

2.2 加密算法

加密技术是电子商务采取的基本安全措施，其主要功能是提供机密性服务，交易双方可以根据需要在信息交换的阶段使用。根据加密使用密钥的不同，可以将加密技术分为两大类：对称加密体制（Symmetric Cryptography）和非对称加密体制（Asymmetric Cryptography）。在传统的对称密码系统中，加密使用的密钥（KE）和解密使用的密钥（KD）是相同的，（或者从 KE 很容易推导出 KD），统称为 K。这样，密钥在通信中需要严格保密。在非对称加密系统中，加密使用的密钥（公钥）和解密使用的密钥（私钥）是不同的，加密使用的公钥可以向大家公开，而解密使用的私钥是必须要保密的。

2.2.1 对称加密体制

1. 对称加密体制的基本概念

在对称加密体制中，加密使用的密钥和解密使用的密钥是相同的，即使加密密钥和解密密钥不相同，也可以从其中一个推导出另一个。对称密钥体制又称为"单密钥体制"。对称加密体制的算法是公开的，交换信息的双方不需要交换加密算法，而是采用相同的加密算法，但需要交换加密密钥，即使用对称加密方法，加密方和解密方必须使用同一种加密算法和相同的密钥。对称加密/解密原理示意图如图 2-2 所示。

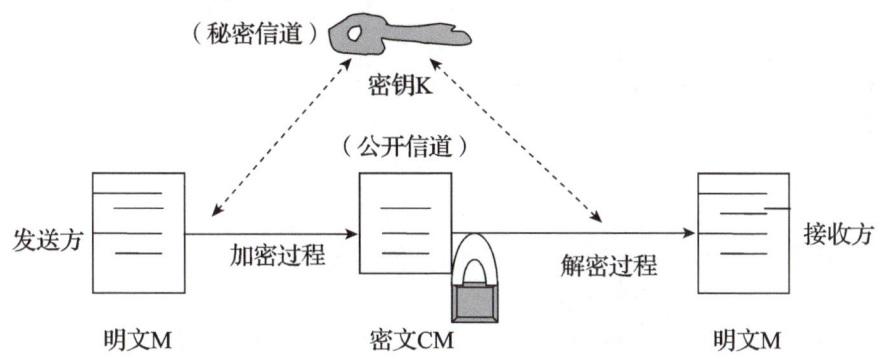

图 2-2 对称加密/解密原理示意图

在整个对称加密过程中，由于采用相同的加密算法并只交换共享的密钥，系统的安全性也就取决于密钥的安全性，如果第三方获取该密钥，就会造成信息失密。只要进行通信的贸易双方能够确保该密钥在交换过程中未曾泄露，那么机密性和完整性就可以通过这种加密方式加密机密信息，并通过随报文一起发送报文摘要或报文散列值来实现。对称加密技术存在着通信双方之间确保密钥安全交换的问题。由于加密和解密使用的是同一个密钥，所以在传递和分发密钥时候必须通过安全的通道，即通过秘密信道传递或分发。这就要求必须将满足保密要求的密钥安全、可靠地传送。而且需要注意的是，对称加密方式无法鉴别贸易发起方或贸易最终方。

2. 典型的对称加密

据说以前在战争时使用过一种代替密码的加密方式，其算法是：将 26 个英文字母的字母顺次不变，但使其与 h，i，j，k，…，z，a，b，c，d，e，f，g 分别对应（即顺次向后移动 6 个字母），这样，如果明文是 attack，那么密文就是 haahjr 了。

可见，此算法是将字母位置按原顺序向后移动 6 位，并一一对应，6 就是密钥，解密密钥等于加密密钥，也是 6，但是解密算法是加密算法的逆运算，即字母位置向前移动 6 位，并且一一对应，当然，密钥也可以是其他数字，比如是 4，则此时 a 对应 e，b 对应 f，c 对应 g，依次类推。

1）一次性便笺（One-time pad，OTP）。一种理论上牢不可破的加密系统。这种加密方法使用一组随机产生的完全无序的数字对消息进行编码。并且 OTP 只能使用一次，通常用于有高度安全要求的较短消息的传输。例如：

消息：	L	E	S	S	W	A	T	E	R
字母对应数字：	12	5	19	19	23	1	20	5	18
一次性便笺：	6	9	4	0	1	16	2	7	3
明文和 OTP 相加：	18	14	23	19	24	17	22	12	21
密文：	R	N	W	S	X	Q	V	L	U

这里我们一直强调 OTP 只能使用一次，如果超过一次，则可以对它进行分析和破译。第二次世界大战后，苏联使用 OTP 保护间谍消息。由于苏联没有正确地使用它，而是重复性地使用，因而一些消息被破译。

2）数据加密标准（Data Encryption Standard，DES）。数据加密标准是最典型的对称加密算法，是由 IBM 公司提出的，经过国际标准化组织认定的数据加密的国际标准。DES 算法是目前广泛采用的分组密码的一个典型代表，主要用于银行业中的电子资金转账（EFT）领域。

DES 加密算法可以分为加密处理、加密变换和子密钥生成三部分。其基本思想是将二进制序列的明文分成每 64 位为一组，即采用 64 位密钥长度，其中 8 位是用于奇偶校验，用户可以使用其余的 56 位。其中的 8 位奇偶校验位分布在 8，16，……，64 位置上，而 56 位密钥经过置换选择、循环左移等，每次处理产生一个子密钥，共产生 16 个子密钥，组合成密钥。DES 的解密和加密过程是一样的，只不过是子密钥的顺次相反，这就使得在做 DES 芯片时，容易做到标准化和通用化，这一点尤为适合现代通信的需要。

3）国际数据加密算法（International Data Encryption Algorithm，IDEA）。国际数据加密算法是由我国学者来学嘉（X. J. Lai）等人发明的，被认为是现今最好的分组密码算法之一，也被用在 Pretty Good Privacy（PGP）中。

IDEA 的基本思想是使用了混乱和扩散的操作，采用在不同的代数组中的异或、模加和模乘的混合运算，并以长度为 64 位的明文块进行分组，密钥长度为 128 位，采用位迭代体制。此算法可以用于加密和解密。

3. 对称加密算法存在的弊端

1）要求提供一条安全的秘密通道使交易双方在首次通信时协商一个共同的密钥，秘密通道的安全性是相对的。

2）对称加密系统最大的问题是密钥的分发和管理非常复杂、代价高昂。例如，如果一个用户与 n 个用户进行加密通信时，每个用户对应一把密钥，那么他就需要维护 n 个密钥；对于具有 n 个用户的网络，需要 [n(n-1)/2] 个密钥，在用户群不是很大的情况下，对称加密系统是有效的。但是对于大型网络,当用户群很大,分布很广时,密钥的分配和保存就成了大问题。

3) 对称密钥的管理和分发要求安全可靠性很高,而潜在的隐患也很大。

4) 对称加密算法不能实现数字签名。

2.2.2 非对称加密体制

非对称加密体制是在试图解决常规加密面临的两个最突出的问题时诞生的,即密钥分配和数字签名,它的发展是整个密码学历史上最大的革命。

1. 非对称加密体制的基本概念

非对称加密体制对信息的加密和解密使用不同的密钥,即需要两个密钥:公开密钥(Public Key)和私有密钥(Private Key)。公开密钥使用密钥对,如果用公开密钥对数据进行加密,只有用对应的私有密钥才能进行解密;如果用私有密钥对数据进行加密,那么只有用对应的公开密钥才能解密,又称为公钥加密(Public Key Encryption)技术。

公开密钥技术使用的加密公钥和解密私钥是不同的,这样公开加密密钥不会危及解密密钥的安全性。公开密钥密码体制从根本上克服了传统密钥密码体制的缺陷,解决了密钥分发和管理以及消息认证等问题,特别适用于计算机网络系统。图2-3 给出了非对称加密体制加密/解密原理示意图。

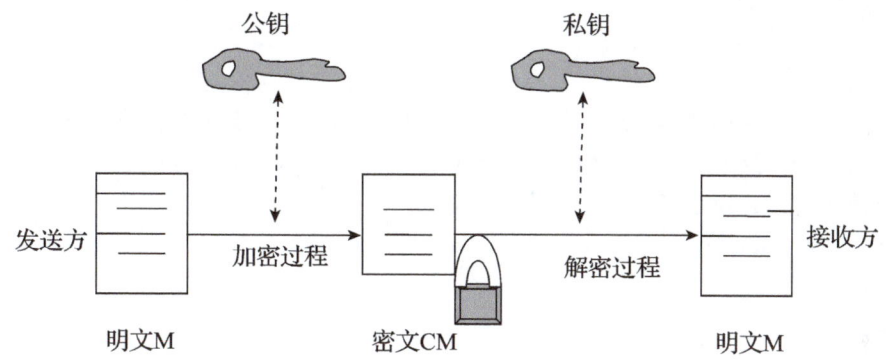

图 2-3 非对称加密体制加密/解密原理示意图

非对称加密体制其基本思想是利用求解某些数学难题的困难性加密。由于用户的加密密钥和解密密钥是不同的,而且从加密密钥求解解密密钥是很困难的。因此用户加密密钥可以公开,登记在网络的密钥数据库中,就像把自己的电话号码公开在电话簿上一样。任何人如果想要与某个用户 A 通信,只要在公开的密钥数据库中查询用户 A 的加密密钥,用此加密密钥把明文加密成密文,再将此密文传送给指定的用户,任何人如果没有解密密钥都无法恢复出明文。具体看一下使用公开密钥对文件进行加密传输的过程。

1) 发送方生成一个自己的加密密钥,并用接收方的公开密钥对自己的加密密钥进行加密,然后通过公开的网络传输到接收方。

2) 发送方对需要传输的明文用自己的加密密钥进行加密,然后通过公开的网络把加密后的密文传输给接收方。

3) 接收方用自己的私有密钥进行解密能够得到发送方的加密密钥。

4) 接收方用发送方的加密密钥对密文进行解密后得到明文。

可见,文件的传输过程中实现了两个加密解密过程,即文件本身的加密解密与加密密钥的加密解密，分别通过私有密钥和公开密钥来完成的。

2. 典型非对称加密体制

自公钥加密问世以来，学者们提出了许多种公钥加密方法，它们的安全性都是基于复杂的数学难题。根据所基于的数学难题来分类，有以下算法目前被认为是安全和有效的：RSA 算法、ECC 算法、DSA 算法以及 PGP 算法等。

（1）RSA 算法

RSA 算法被认为是当前理论最成熟的一种公钥密码体制，是目前应用最广泛的公钥系统。它的命名取自三个创始人：Rivest、Shamir 和 Adelman（所以取名为 RSA 系统），该体制的思想是基于大整数因子分解的困难性，而大整数因子分解问题是数学史上的著名难题，至今仍没有有效的方法给予解决，因此在某种程度上确保 RSA 算法的安全性。大多数使用公钥密码进行加密和数字签名的产品和标准使用的都是 RSA 算法。

RSA 算法的保密性随着其密钥的长度增加而增强。但是，使用的密钥越长，加密和解密所使用的时间也相对越长。因此，要根据被保护的信息的重要性，攻击者破译所要花费的代价，以及系统所要求的保密期限来综合评定、考虑密钥的长度。

机密性的基础算法非常简单：

密文 = (明文)^e mod n

明文 = (密文)^d mod n

私钥 = {d, n}

公钥 = {e, n}

有了 e、n 后，计算 d 的难度是提供安全性的依据。如果密钥对的拥有者安全地保存了私钥，而将公钥发布。这样，如果使用公钥加密信息，那么只有拥有者才能将其打开。

这个算法同样可以反过来提供对发证人的认证：

密文 = (明文)^d mod n

明文 = (密文)^e mod n

私钥 = {d, n}

公钥 = {e, n}

其优点主要在于原理简单，易于使用。但是，随着分解大整数方法的进步及完善、计算机速度的提高以及计算机网络的发展（可以使用成千上万台机器同时进行大整数分解），作为 RSA 算法加解密安全保障的大整数要求越来越大。为了保证 RSA 算法使用的安全性，其密钥的位数一直在增加，目前 n 应该是 200 位或是一个更大的数字，这样 p、q 至少应该是 100 位的数字。所以一般使用中 RSA 算法需要至少 1024 位字长来保障安全。而且对于敏感信息，可以使用 2048 位或者更长的密钥。但是，密钥长度的增加导致了其加解密的速度大为降低，硬件实现也变得越来越难以忍受，这对使用 RSA 算法的应用带来了很重的负担，对进行大量安全交易的电子商务更是如此，从而使得其应用范围越来越受到制约。

（2）ECC 算法

ECC 算法是基于不同的机制原理而不是基于离散对数的公钥加密体制。其优点主要是安全性能更高：加密算法的安全性能一般通过该算法的抗攻击强度来反映。ECC 算法和其他几种公钥系统相比，其抗攻击性具有绝对的优势。如 160 位 ECC 算法与 1024 位 RSA 算法、DSA 算法有相同的安全强度。而 210 位 ECC 算法则与 2048 位 RSA 算法、DSA 算法具有相同的安全强度，并且计算量小、处理速度快、存储空间占用小。

（3）PGP算法

PGP算法是互联网上应用最为广泛的一种基于RSA算法公钥加密体制的混合加密算法。它采用IDEA算法进行数据加密，采用RSA算法进行密钥管理和数字签名，采用MD5作为单向散列函数以及一个随机数产生器PRNG（从用户击键频率产生伪随机数序列的种子）。每种算法都是PGP算法不可分割的一部分。

PGP算法是一个随机生成密钥（每次加密不同），由IDEA算法对明文加密，然后RSA算法对该密钥加密。这样收件人同样是由RSA算法解密出这个随机密钥，再用IDEA算法解密邮件本身，这样的过程既有RSA算法体系的保密性，又有IDEA算法的快捷性。

使用PGP算法可以对邮件保密以防止非授权者阅读，还可以对邮件进行数字签名从而使收信人能确认邮件的发送者，并可以确信邮件没有被篡改，它提供了一个安全的通信方式，而事先并不需要任何保密的渠道用来传送密钥。

PGP算法功能：

1）加密文件。PGP算法采用一个IDEA算法加密文件，对于采用直接攻击法的解密者来说，IDEA算法是PGP算法密文的第一道防线，只有知道加密密钥的人才可以解密文件。IDEA算法是目前已经公开的算法中最强的一个分组加密算法。

2）密钥生成。PGP算法可以生成私有密钥和公开密钥，有512位、767位、1024位三种长度选择。PGP算法采用了RSA算法公开密钥体制，其安全性是基于大整数因子分解的困难性。

3）密钥管理。PGP算法有生成密钥、删除密钥、查看密钥、编辑密钥和对密钥签名等功能。这样PGP算法就能帮助用户建立和维护一个小型数据库，其中，包含联系人的公开密钥。

4）收发电子邮件。利用PGP算法对收发的邮件进行加密和解密，使通过电子邮件传输的数据文件更为安全。

5）数字签名。PGP算法可以用做数字签名，也可以校验别人的签名。

6）认证密钥。PGP算法可以给别人的公开密钥做数字签名。

3. 非对称加密体制的特点

1）通信双方可以在不安全的媒体上交换信息，安全地达成一致的密钥，不需要共享通用的密钥，用于解密的私钥不需要发往任何地方，公钥在传递与发布过程中即使被截获，由于没有与公钥相匹配的私钥，截获公钥也没有意义。

2）简化了密钥的管理，网络中有N个用户之间进行通信加密，仅仅需要使用N对密钥就可以了。

3）公钥加密的缺点在于加密算法复杂，加密和解密的速度相对来说比较慢。

密码技术特别是加密技术是信息安全技术中的核心技术，国家关键基础设施中不可能引进或采用别人的加密技术，只能自主开发。目前国外不仅在密码基础理论方面的研究做得很好，而且在实际应用方面也做得非常好。制定了一系列的密码标准，特别规范。算法的征集和讨论都已公开化，但密码技术作为一种关键技术，各国都不会放弃自主权和控制权，都在争夺霸主地位。欧洲和日本也不愿意袖手旁观，他们采取了相应的措施，其计划比美国更宏大，投资力度更大。而我国在密码技术的应用水平方面与国外还有一定的差距。国外的密码技术必将对我们有一定的冲击力，特别是在加入WTO组织后这种冲击力只会有增无减。有些做法必须要逐渐与国际接轨，不能采用闭门造车的做法，因此，必须要有我们自己的算法，自己的一套标准，自己的一套体系，来迎接未来的挑战。实用密码技术的基础是密码基础理论，没有好的密码理论就不可能有好的密码技术，也不可能有先进的、自主的、创新的密码技术。因此，一方面必须持之以恒地加强密码基础理论研究，与国际保持同步，这方面的工作必须要有政府的支持和投入。另一方面，密码理论研究也是为了应用，没有应用的理论是没有价值的。我国应在现有理论和技术基础上充分吸收国外先进经验形成自主的、创新的密码技术以适应国民经济的发展。

在电子商务中，公钥加密主要用于数字签名和密钥分配。当然，数字签名和密钥分配都有自己的研究体系，形成了各自的理论框架。目前数字签名的研究内容非常丰富，包括普通签名和特殊签名。特殊签名有盲签名、代理签名、群签名、不可否认签名、公平盲签名、门限签名、具有消息恢复功能的签名等，与具体应用环境密切相关。显然，数字签名的应用涉及法律问题，美国联邦政府基于有限域上的离散对数问题制定了自己的数字签名标准（DSS），部分州已制定了数字签名法。法国是第一个制定数字签名法的国家。在密钥管理方面，国际上也有一些大的举动，如1993年美国提出的密钥托管理论和技术、国际标准化组织制定的 X.509 标准以及麻省理工学院开发的 Kerboros 协议等。密钥管理中还有一种很重要的技术就是秘密共享技术，它是一种分割秘密的技术，目的是阻止秘密过于集中，自从 1979 年 Shamir 提出这种思想以来，秘密共享理论和技术达到了空前的发展和应用，特别是其应用至今人们仍十分关注。

4．应用比较

公钥密码系统应用一般可以分成 3 类，即密钥交换、加密/解密以及数字签名。表 2-2 列出了一些常用的公钥密码系统应用比较。

表 2-2　公钥密码系统应用比较

算法	密钥交换	加密/解密	数字签名
数字签名	否	否	是
RSA	是	是	是
ECC	是	是	是

2.2.3　公钥密钥与对称密钥技术的综合应用

对称密码技术具有加密速度快，运行时占用资源少等特点，而非对称加密技术在密钥交换上具有优势。因此，在具体应用中，并不直接使用非对称加密体制加密算法来加密明文，而仅用它来保护实际用于加密明文的对称密钥，即所谓的数字信封技术。如图 2-4 所示，用户 A 向用户 B 发送保密信息，具体步骤为：

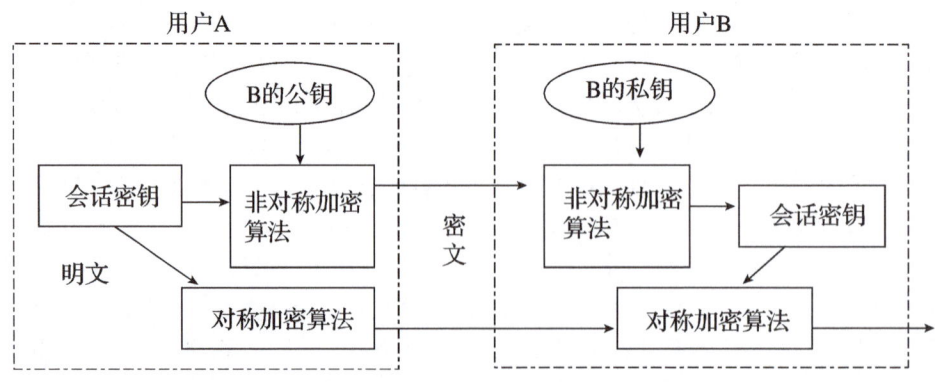

图 2-4　对称加密与非对称加密体制综合应用

1）A 生成一个随机的对称密钥，即会话密钥。
2）A 用会话密钥加密明文。
3）A 用 B 的公钥加密会话密钥。
4）A 将密文以及加密后的会话密钥传送给 B。
5）B 使用自己的私钥解密会话密钥。
6）B 使用会话密钥解密文，得到明文。

使用这种方法，用户可以在每次发送保密信息的时候都使用不同的对称密钥，从而增加密码破译的难度。

2.2.4 密钥管理与自动分配

无论是何种加密方法，其系统的保密性主要取决于密钥的安全性。必须通过安全可靠的途径（如信差传递等）将密钥送到接收端。密钥的安全性主要涉及两方面问题：如何产生满足保密要求的密钥，另一个就是如何将密钥安全可靠地分发给通信双方，在网络通信条件下涉及的问题就更为复杂，包括密钥产生、分发、存储、销毁等多方面的问题，统称为密钥管理（Key Management）。这是影响系统安全的重要因素，即使密码算法再好，如若密钥管理问题处理不好，就很难保证系统的保密性。

密钥的管理：

1）分发密钥。X9.17 标准描述了两种密钥：密钥加密密钥和数据密钥。密钥加密密钥加密其他需要分发的密钥；而数据密钥只对信息流进行加密。密钥加密密钥一般通过手工分发。为增强保密性，也可以将密钥分成许多不同的部分然后用不同的信道发送出去。

对于大型网络，每对用户必须交换密钥，n 个人的网络总的交换次数为 n(n-1)/2，这种情况下，通常建造一个密钥分发中心负责密钥的管理。

人们希望能设计出满足以下两个条件的协议：传输量和存储量都比较小；每一对用户都能独立地计算一个密钥。目前已经设计出了大量的满足上述两个条件的密钥分配协议，如 Diffie-Hellman 密钥交换协议，它通过两个或多个成员在一个公开的信道上通信联络建立一个密钥。

2）验证密钥。密钥附着一些检错和纠错位来传输，当密钥在传输中发生错误时，能很容易地被检查出来，并且如果需要，密钥可被重传。

接收端也可以验证接收的密钥是否正确。发送方用密钥加密一个常量，然后把密文的前 2~4 字节与密钥一起发送。在接收端，做同样的工作，如果接收端加密后的常数能与发端常数匹配，则传输无错。

3）更新密钥。当密钥需要频繁的改变时，频繁进行新的密钥分发的确是困难的事，一种更容易的解决办法是从旧的密钥中产生新的密钥，有时称为密钥更新。可以使用单向函数进行更新密钥。如果双方共享同一密钥，并用同一个单向函数进行操作，就会得到相同的结果。

4）存储密钥。密钥可以存储在磁条卡、智能卡中，也可以把密钥平分成两部分，一半存入终端一半存入 ROM 密钥，还可采用类似于密钥加密密钥的方法对难以记忆的密钥进行加密保存。密钥管理是数据加密技术中的重要一环，密钥管理的目的是确保密钥的安全性（真实性和有效性）。

可见一个好的密钥管理系统应该做到：

1）密钥难以被窃取。
2）在一定条件下窃取了密钥也没有用，密钥有使用范围和时间的限制。
3）密钥的分配和更换过程对用户透明，用户不一定要亲自掌管密钥。

在密钥管理的过程中，需要注意的问题是使用同样密钥的时间范围，即用户可以一次又一次地使用同样原密钥与别人交换信息，但要考虑以下情况：

1）如果某人偶然地接触到了用户的密钥，那么用户曾经和另一个人交换的每一条消息都不再是保密的了。
2）使用一个特定密钥加密的信息越多，提供给窃听者的材料也就越多，这就增加了窃听成功的机会。

因此，一般强调仅将一个对话密钥用于一条信息中或一次对话中，或者建立一种按时更换密钥的机制以减小密钥暴露的时间。

假设在某网络中有 100 个人，如果他们任意两人之间可以进行秘密对话，那么总共需要多少密钥呢？每个人需要知道多少密钥呢？也许很容易得出答案，如果任何两个人之间用不同的密钥，则总共需要 4950 个密钥，而且每个人应记住 99 个密钥。如果机构的人数是 1000、10000 人或更多，这种办法会使管理密钥变成一件很可怕的事情。所以人们在寻求一种新的密钥管理方法。

由 MIT 发明的在互联网上提供一个实用的解决方案，使保密密钥的管理和分发变得十分容易，但这种方法本身还存在一定的缺点。

Kerberos 建立了一个安全的、可信任的密钥分发中心（Key Distribution Center，KDC），每个用户只要知道一个 KDC 密钥就可以了，而不需要知道成百上千个不同的密钥。

假设 A 想要和 B 进行秘密通信，则 A 先和 KDC 通信，用只有 A 和 KDC 知道的密钥进行加密，A 告诉 KDC 他想和 B 进行通信，KDC 会为 A 和 B 之间的会话随机选择一个对话密钥"******"，并生成一个标签，这个标签由 KDC 和 B 之间的密钥进行加密，并在 A 启动和 B 对话时，A 会把这个标签交给 B。为什么会生成这样一个标签呢？这个标签的作用是让 A 确信和他交谈的是 B，而不是冒充者。因为这个标签是由只有 B 和 KDC 知道的密钥进行加密的，所以即使冒充者得到 A 发出的标签也不可能进行解密，只有 B 收到后才能够进行解密，从而确定了与 A 对话的人就是 B。

当 KDC 生成标签和随机会话密钥，就会把它们用只有 A 和 KDC 知道的密钥进行加密，然后把标签和会话密钥传给 A，加密的结果可以确保只有 A 能得到这个信息，只有 A 能利用这个会话密钥和 B 进行通话。同理，KDC 会把会话密钥用只有 KDC 和 B 知道的密钥加密，并把会话密钥传给 B。

A 会启动一个和 B 的会话，并用得到的会话密钥加密自己和 B 的会话，还要把 KDC 传给它的标签传给 B 以确定 B 的身份，然后 A 和 B 之间就可以用会话密钥进行安全的会话了，为了保证安全，这个会话密钥是一次性的，这样黑客就更难进行破解了。

2.3 实训项目

电子商务用户注册后的用户名和密码通常都以明文方式存储在数据库中，这样，一旦数据库被泄露，则用户信息将一览无余，严重影响系统的安全性。因此在实际应用中，需要对用户名、密码或两者一起进行某种变化。

现在，一名电子商务安全维护人员进行一种基于密钥算法的设计和改进：用户名和密码由用户自行选定，然后将用户名和密码（或仅用户名部分，或仅密码部分）通过某种密码算法或Hash算法进行处理后再存入数据库，用户登录时，对其输入的用户名和密码进行同样的运算，然后比较密文。

运用适当的开发平台和密码算法掌握加解密技术。本实训项目主要以PGP加密软件的使用过程来学习加解密技术。

PGP（Pretty Good Privacy）是一种在信息安全传输领域首选的加密软件，采用了非对称的"公钥"和"私钥"加密体系。PGP可以用于商务合同、文件等重要机密邮件的保密，还可对邮件加上数字签名，还可以只签名而不加密整个邮件，这适用于公开发表声明时，声明人为了证实自己的身份，可以用自己的私钥签名。这样就可以让收件人能确认发信人的身份，也可以防止发信人抵赖自己的声明。这一点在商业领域有很大的应用前途，它可以防止发信人抵赖和信件被途中篡改。

实训项目一：PGP软件的安装

实训步骤

1. 下载加密软件PGP

下载地址为 http://www.pgp.cn/或其他网站，下载适合系统的版本，本实训以 PGP Desktop Pro V10.0.3 为例。

2. 安装运行程序

打开安装包内 setup 文件夹，运行 PGP 安装程序 PGP Desktop Win64-10.0.3.exe，会出现 PGP Desktop 界面，如图 2-5a 所示。选择语言"English"，并单击"OK"，进入如图 2-5b 所示的界面，选择"I accept the license agreement"，单击"Next"，根据提示开始安装，安装完毕后先不要重启计算机。

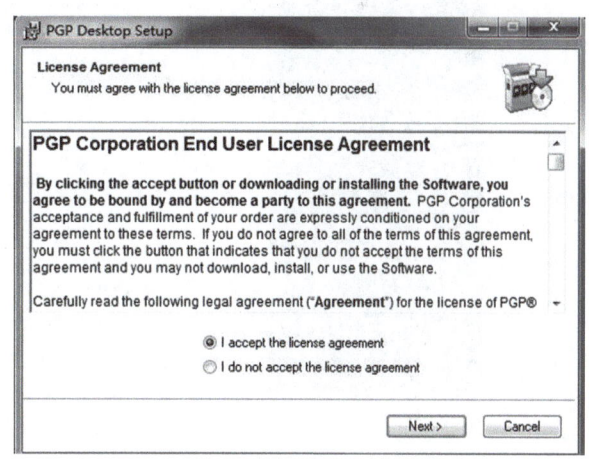

a)　　　　　　　　　　　　　　　　　　b)

图 2-5　安装参数选择界面

3. PGP 注册

打开安装包下的 keygen 文件夹，并运行 kengen.exe，单击"Patch"按钮，出现"Patching

done",如图 2-6a 所示。之后,重新启动计算机。

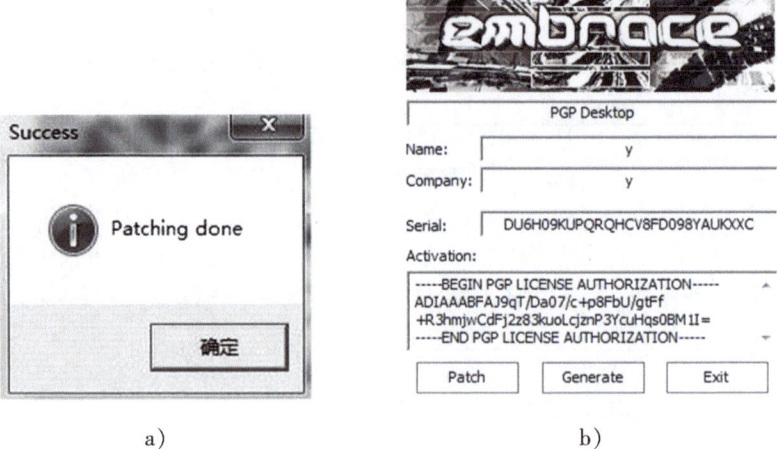

a)　　　　　　　　　　　　　　b)

图 2-6　PGP 注册码生成

重启计算机后,重新运行 kengen.exe,输入"Name"等相关参数,并单击"Generate"按钮生成注册码,如图 2-6b 所示。

运行 PGP Desktop,选择工具栏中"Help"下的 License 选项进入 PGP Desktop License 界面,如图 2-7 所示。

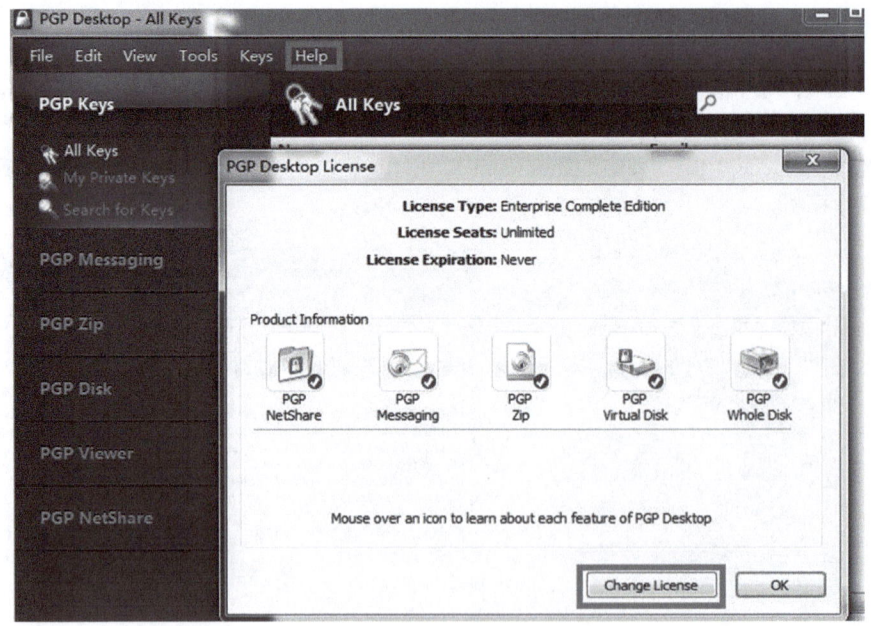

图 2-7　PGP 注册

在图 2-7 中,单击"Change License",进入图 2-8a 界面。在图 2-8a 中,输入序列号,单击"下一步",进入图 2-8b 所示界面,选择"Enter a License Authorization provided by PGP Customer Service"选项,单击"下一步",在新界面内输入图 2-6b 中生成的注册码,单击"下一步"即可完成注册,如图 2-8c 所示。

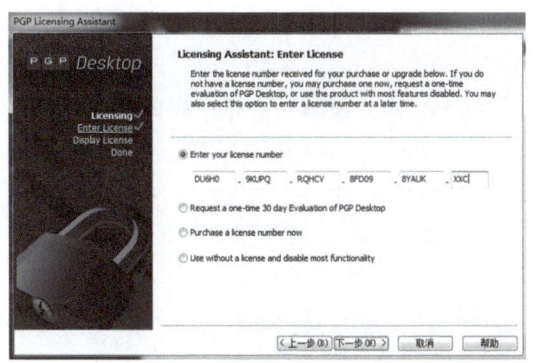
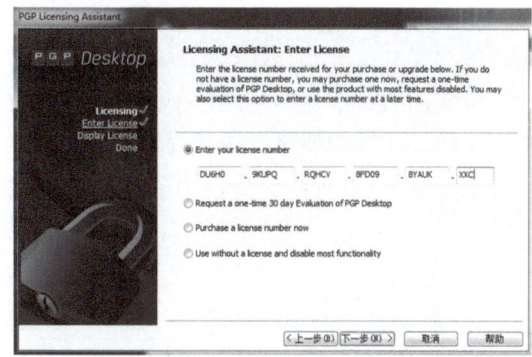

a)   b)

c)

图 2-8   PGP 注册过程

4. PGP 汉化

打开 PGP 的汉化包，将汉化包内的所有文件复制到 PGP 安装目录下并覆盖原文件，重新启动 PGP Desktop，选择 "Tool" 下的 "Options"，打开图 2-9 所示的设置界面，在 "Product Language" 选择 Deutsch，单击 "确定" 按钮即可。

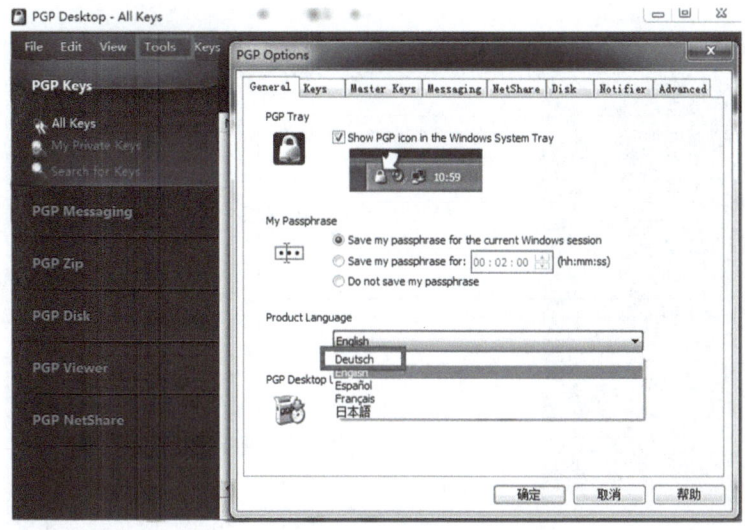

图 2-9   PGP 汉化

实训项目二:PGP 加密文件和邮件

该实训项目涉及两个用户 yyx 和 qqq 新建密钥,以 yyx 作为发送方,qqq 作为接收方实现密钥交换、文件的加密、签名等操作。

实训步骤

1. 生成密钥

1)启动 PGP 软件,选择"文件"→"新建 PGP 密钥",进入密钥创建界面,单击"下一步",进入图 2-10 所示界面,输入"全名"和"主要邮件",单击"下一步"。

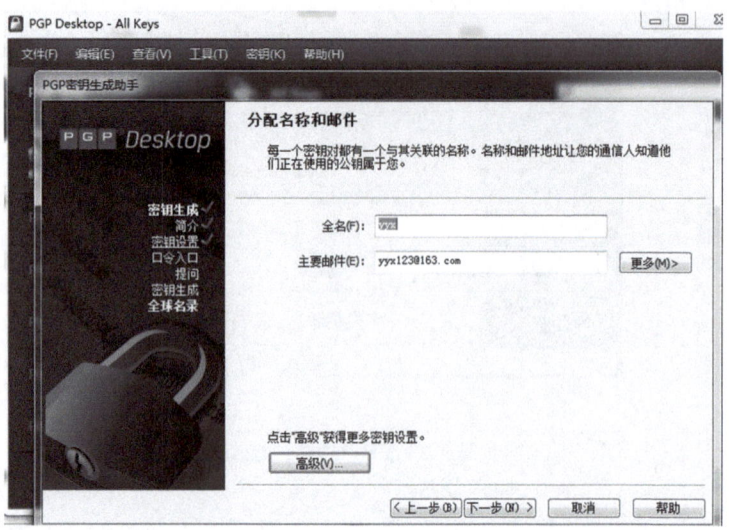

图 2-10　输入全名和主要邮件

在创建口令界面,输入口令(用于保护私钥的口令),后面使用私钥时需要输入该口令,如图 2-11 所示。

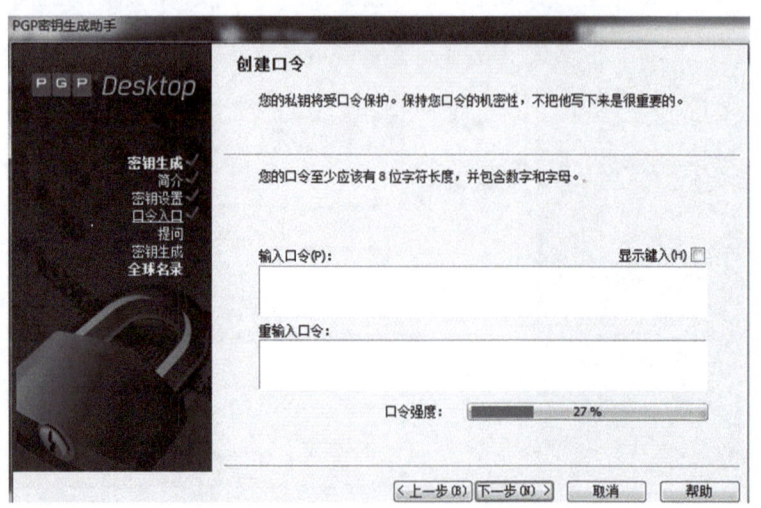

图 2-11　创建保护私钥的口令

输入完成后,单击"下一步",进入密钥生成过程,完成后返回密钥管理界面将会看到已成功创建的密钥,如图 2-12 所示。

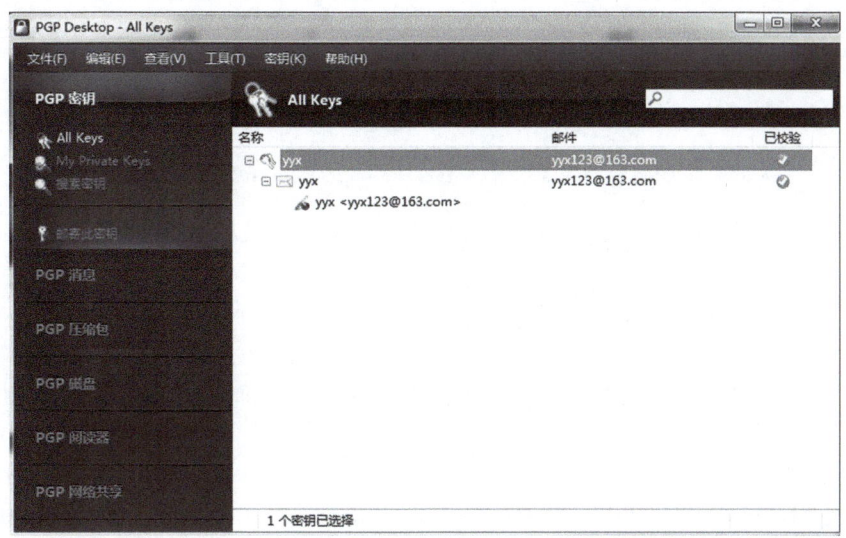

图 2-12　密钥创建成功

2)按照实训项目一的步骤,在另一台机器上安装 PGP 软件,并生成 qqq 的密钥,然后在 PGP Desktop 界面用鼠标右击要交换的密钥 qqq,并将其导出,存成 qqq.asc 的文件,然后把这个文件传送给接收方 qqq,或放在双方方便取得的地方,如利用邮件或文件共享方式进行交换,也可以在一台计算机上新建两个用户的密钥。

2. 邮件安全传输

接收方 qqq 首先需要生成密钥,并将密钥导出发送给发送方 yyx。yyx 导入公钥后,就拥有接收方 qqq 的公钥。yyx 可以使用 qqq 的公钥对邮件进行加密,并发送给 qqq,qqq 通过自己的密钥进行解密。实现过程如下:

1)qqq 生成密钥 qqq,并将其导出,存成 qqq.asc 的文件,如图 2-13 所示。将导出文件 qqq.asc 发送给 yyx。

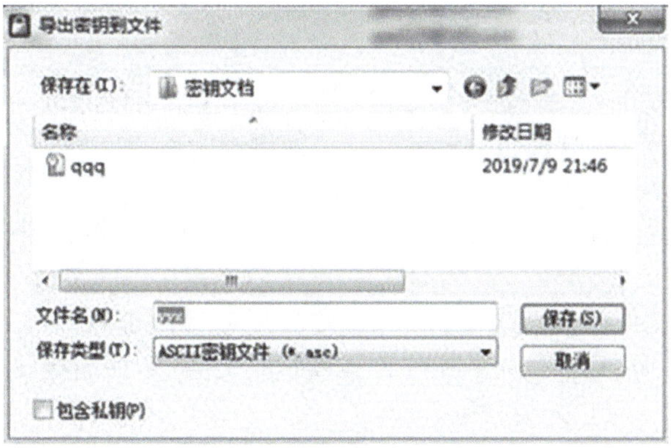

图 2-13　导出密钥

2）yyx 收到 qqq 的公钥后，导入 qqq 的公钥。如果校验属性为绿色并勾选，表明其正确性已经得到验证，如图 2-14 所示。

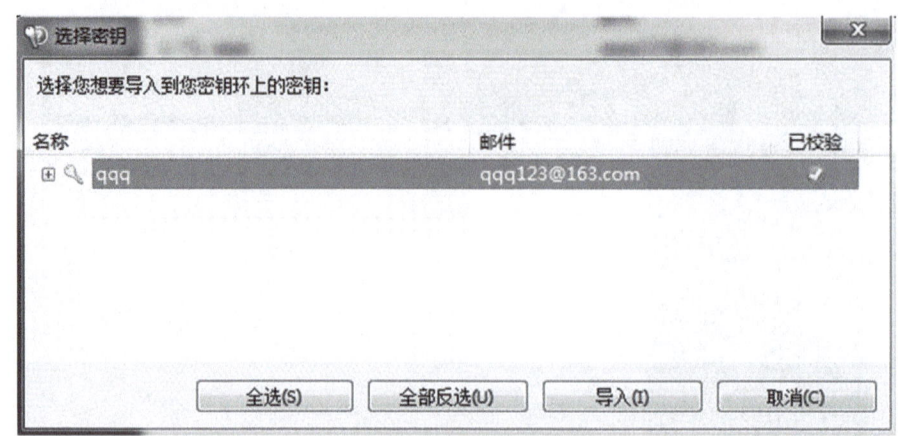

图 2-14　导入公钥

3）yyx 使用自己的私钥对导入进来的公钥进行签名，选中导入的公钥文件，单击右键选择"签名"，在新打开的对话框中输入在"步骤 1. 生成密钥"中创建的保护私钥的密码。如图 2-15 所示。

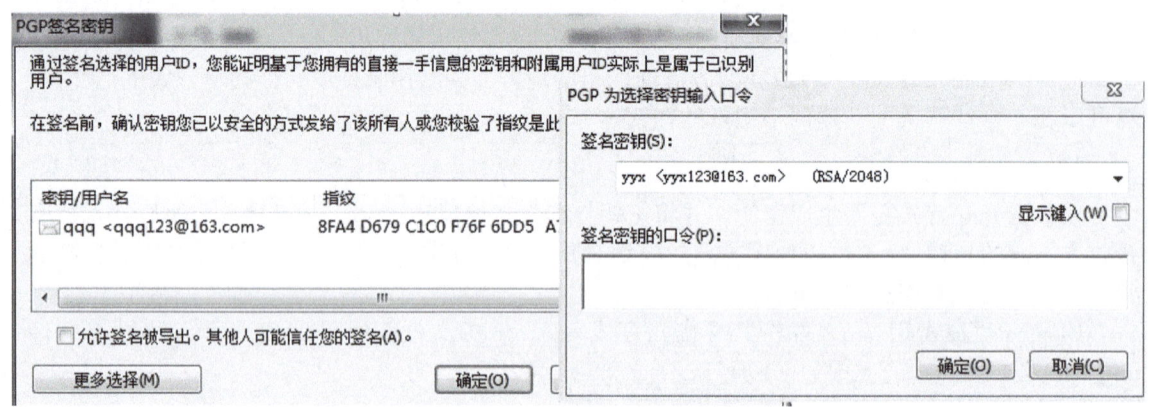

图 2-15　PGP 签名密钥

4）加密文件。发送方 yyx 新建一个文本文件"qqq 接收文件测试.txt"并输入内容。完成后选中该文件，单击右键→"PGP Desktop"→"使用密钥保护文件"，使用接收方 qqq 的公钥加密文件，如图 2-16 所示。

单击"下一步"，选择保存目录并确定完成，在保存目录下将会出现加密后的文件，如图 2-17 所示。

5）发送加密后的文件给接收方 qqq，qqq 接收加密后的文件。qqq 选中接收到的加密文件，单击右键→"PGP Desktop"→"解密 & 校验 pgp 文件"，使用接收方 qqq 自己的私钥对密文进行解密。

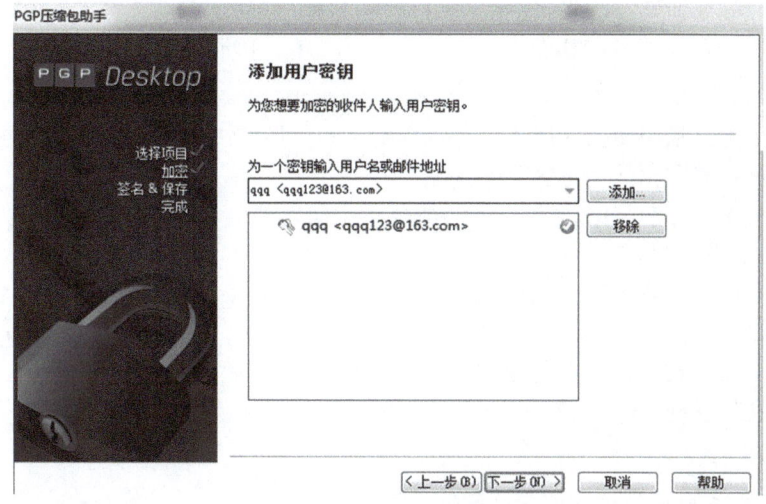

图 2-16 使用公钥加密文件

图 2-17 加密文件

练习与实训题

一、选择题

1. 加密技术是电子商务采取的主要安全措施之一，贸易方可根据需要在信息交换的过程中使用。所谓加密技术指的是（   ）。
   A. 将数据进行编码，使它成为一段数字字符
   B. 将数据进行编码，使它成为一种不可理解的形式
   C. 将数据进行编码，使它成为一段字母字符
   D. 将数据进行编码，使它成为一段看不见的字母、数字混合字符
2. 非对称加密将密钥分解为一对密钥，即（   ）。
   A. 一把公开的加密密钥和一把公开的解密密钥
   B. 一把秘密的加密密钥和一把公开的解密密钥
   C. 一把公开的加密密钥和一把秘密的解密密钥
   D. 一把公开的密钥或加密密钥和一把专用的密钥或解密密钥
3. 密钥的长度是指密钥的位数，一般来说（   ）。
   A. 密钥位数越长，被破译的可能就越小
   B. 密钥位数越短，被破译的可能就越小
   C. 密钥位数越长，被破译的可能就越大
   D. 以上说法都正确
4. 数据（   ）服务可以保证接收方所接收的信息流与发送方所发送的信息流是一致的。
   A. 完整性　　　　　B. 访问控制　　　　　C. 加密　　　　　D. 认证技术
5. 常见的非对称密钥加密算法是（   ）。
   A. DES 算法　　　　B. RSA 算法　　　　　C. MD5 算法　　　D. IDEA 算法

6. 目前最常见的对称加密方法是（　　）。
   A. RSA　　　　　　　B. DES　　　　　　　C. IDEA　　　　　　　D. CA

二、判断题
1. 与公钥加密相比，私钥加密速度慢，但性能好。（　　）
2. 加密密钥和解密密钥相同的称为公钥加密。（　　）
3. 被动攻击是指在不影响网络正常工作的情况下，黑客进行信息的截获、窃取、破译等攻击方式。（　　）
4. 一个密钥在停止使用后，该密钥保护的信息就可以公开了，因为这个密钥以及加密过的文件已经不重要了。（　　）
5. 网络安全中采取了数据备份以及恢复措施后，就不用考虑网络防病毒措施，因为出现病毒后可以重新安装系统。（　　）

三、问答题
　　简述对称加密体制和非对称加密体制的区别。

第 3 章　数字证书与PKI技术

- 数字签名
- 数字证书的应用
- PKI 的含义、组成及功能
- 数字证书及认证中心
- PKI 的应用

3.1　数字签名

3.1.1　数字签名概述

1. 电子签名技术

采用加密手段只是为了解决对文件保密的问题，而为了防止他人对文件的破坏以及为了鉴别文件或合同的真伪，传统做法是，要求相关人员在文件或书信上亲笔签名或盖章后，连同报文和签名一起同时发送，如商业合同、银行提单等。但在信息数字化环境中，传统的签名技术已经不可能了，即出现了电子签名技术来模拟传统签名。把手写签名的可视化形式转换为电子图像，用 BMP 文件等图形保存下来，但从一个文件到另一个文件剪切、粘贴有效的签名很容易，文件在签名完成后也很容易修改。

随着技术的不断进步，出现了数字签名技术，签名者用自己的密钥对文件进行加密，采用一定的数据交换协议来保证身份的可鉴别性和数据的完整性。可见在电子商务中，完善的数字签名应具备签名方不可抵赖，他人不可伪造，在公证人面前能够检验真伪的能力。

使用传统签名的目的是：第一，确认文件已经签署；第二，确定文件是真的。

与传统签名相同的是，采用数字签名的目的：第一，保证信息是由签名者发送的；第二，保证信息自签发到接收者接收到为止未曾被修改。

具体来说数字签名必须保证以下三点，即数字签名的功能是：

1) 接收者能够核实发送者对报文的签名。
2) 发送者事后不得否认对报文的签名。
3) 接受者不可伪造对报文的签名。

这样，就能防止电子信息被伪造发送，或已经发出（接收）到的信息却又加以否认等情况的发生了。目前，各国已经制定了相应的法律、法规，把数字签名作为执法的依据。利用非对称加密算法（如 RSA 算法）进行数字签名是最常用的方法。

2. 数字签名

(1) 数字签名含义

数字签名是通过一个散列函数对要传送的报文进行处理而得到的用来认证报文来源，并核实报文是否发生变化的一个字母数字串。

其中，散列函数（Hash）是一种能够将任意长度的消息压缩到某一固定长度的消息摘要的函数。主要用于完整性校验和提高数字签名的有效性，目前已经提出了很多方案，各有千秋。

(2) 数字签名主要方式

报文发送方采用某种算法从报文文本中生成一个 128 位的散列函数（报文摘要），并用自己的专用密钥对这个散列值进行加密，形成发送方的数字签名；然后，这个数字签名将作为报文的附件和报文一起发送给报文的接收方；报文接收方首先从接收到的原始报文中计算出 128 位的散列值（报文摘要）后，再利用发送方的公开密钥来对报文附加的数字签名进行解密。如果两个散列值相同，那么接收者就能确认该报文是发送方发送的。

(3) 数字签名种类

数字签名有两种：一是对整体消息的签名，它是消息经过密码变换后被签名的消息整体；二是对压缩消息的签名，它是附加在被签名消息之后的某一特定位置上的一段签名信息。若按照明文和密文的对应关系划分，以上每一种数字签名又可以分为两个子类：确定性数字签名和随机性数字签名。其中确定性数字签名是明文与密文一一对应，对一个特定消息的签名，签名保持不变，如 RSA 签名；而随机性数字签名是对同一消息的签名是随机变化的，取决于签名算法中的随机参数的取值。一个签名体制一般包含两个组成部分，即签名算法和验证算法。

数字签名和加密有所不同，消息加密和解密可能是一次性的，它要求在解密之前是安全的，而签名的消息可能是会作为一个法律上的文件，很可能在对消息签订多年之后才验证其签名，而且可能需要多次验证此签名。因此，对签名的安全性要求更高，并且要求验证的速度要比签名的速度快。

3.1.2 数字签名的实现方法

在众多实现数字签名的方法中，最常用的就是公钥加密技术，如 RSA 签名、DSS 签名以及 PGP 签名等。

1. 用非对称加密算法（RSA 算法）进行数字签名

由于使用非对称加密体制，所以在加密/解密过程中需要使用两个密钥，即公开密钥和私有密钥。具体过程如下：

1) 发送方首先用公开的散列函数对报文进行一次变换，得到数字签名，然后利用私有密钥对数字签名进行加密后附在报文后同时发送。

2) 接收方用发送方的公开密钥对数字签名进行解密，得到一个数字签名的明文。

3) 接收方将得到的明文通过散列函数进行计算，也得到一个数字签名，再将两个数字签名比较。如果相同，则证明签名有效；如果不同，则说明签名无效。

其中发送方的公钥是由一个可信赖的第三方机构，即认证中心（Certification Authority，CA）发布。

由于这种方法是对整个报文进行数字签名，是一组报文特征的定长代码，同一个人会对不同的报文产生不同的数字签名；又因为发送方的私有密钥是保密的，使得接收方既可以根据验证结果来拒绝接收报文，也可以使其无法伪造报文签名或对报文进行修改。这样就可以使任何拥有发送方公开密钥的人都可以进行验证数字签名的正确性了。

2. 用对称加密算法（IDEA 算法）进行数字签名

对称加密体制中加密和解密的密钥是相同的，即使不同，也可以很容易地从其中一个推导出另一个，所以要求密钥的保密性要强。具体过程如下：

1）发送方从报文分组的第一位开始，依次检查报文分组的第 n 位，如若等于 0 时，取密钥 A 的第 n 位，如若为 1 的话，则取密钥 A 的第 n+1 位，直到报文全部检查完毕。所取的 n 个密钥位形成了最后的签名。

2）接收方对签名进行检验时，首先从第一位开始依次检查报文，如果报文的第 n 位是 0 时，它就认为签名中的第 n 组信息是密钥 A 的第 n 位，如若是 1，则说明是密钥 A 的第 n+1 位，直到报文全部检验完毕后，就得到 n 个密钥，由于接收方具有发送方的验证信息 C，所以可以利用得到的 n 个密钥检验验证后，从而确认报文是否由发送方发送的。

此种方法需要逐位签名，只要有一处改动，则接收方就得不到正确的数字签名，安全性较高，但由于签名过长，签名密钥又不能重复使用，所以并不常用。

3.1.3 数字签名的算法

目前，应用最为广泛的签名算法有 RSA 算法、DSS 算法和 Hash 算法，这三种算法可以单独使用，也可以混合使用。

因为非对称加密体制（RSA 算法）所使用的密钥是不同的，其中公开密钥保存在系统目录内、黄页上或 BBS 上，网络上的任何用户都可以获得，是在网络上公开的；而私有密钥则是用户专有的，是对公开密钥加密的信息进行解密的，是保密的，所以用 RSA 等公钥密码算法进行数字签名，它最大的好处就是极大程度上方便了密钥分配问题。

DSS 算法是由美国政府颁布实施的，因此主要是用于与美国政府做生意的公司或企业，其他公司或企业很少使用。DSS 算法只是一个签名系统，更何况美国政府不提倡使用任何削弱政府窃听能力的软件。

Hash 算法是最主要的数字签名方法，又称为数字摘要法（Digital digest）或数字指纹法（Digital fingerprint）。它主要是将数字签名和要发送的信息紧密地联系在一起，比起合同和签名分开来发更增加了可信度和安全性，是一种更加适合电子商务活动的技术。

3.1.4 数字签名的过程

1. 数字信封

在介绍数字签名过程技术之前，需要先了解数字信封技术。数字信封是为了解决传输更换密钥而产生的技术，它结合了对称加密体制和非对称加密体制各自的特点，其功能类似于普通信封的作用。数字信封采用了密码技术保证了只有规定的接收方才能阅读信息的内容，很大程度保障了数据传输过程中的安全性。其基本思想是发送方使用随机产生的对称密钥加密明文后，将生成的密文和密钥本身一起用接收方的公开密钥加密（称为数字信封）并发送，接收方先用自己的私有密钥解密数字信封，得到对称密钥，然后用对称密钥解密密文，得到明文。数字信封工作原理示意图如图 3-1 所示。

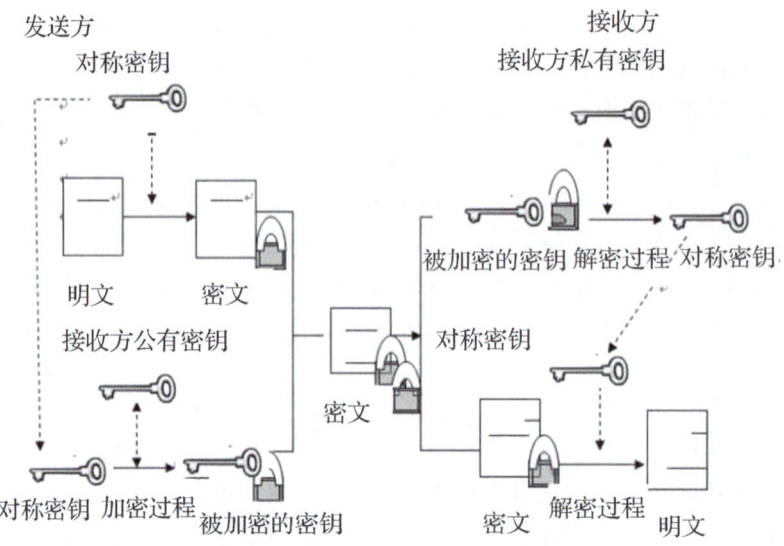

图 3-1　数字信封工作原理示意图

数字信封本身需要两个加密解密过程,即文件本身的加密解密、密钥的加密解密,首先要用对称加密算法对要发送的信息进行一次加密;然后,用非对称加密算法对对称加密的密钥加密。

2. 数字签名工作原理及过程

发送方首先用 Hash 函数从原文得到数字签名,然后采用公开密钥体制用发送方的私有密钥对数字签名进行加密,并把加密后的数字签名附加在要发送的原文后面。数字签名工作原理示意图如图 3-2 所示。

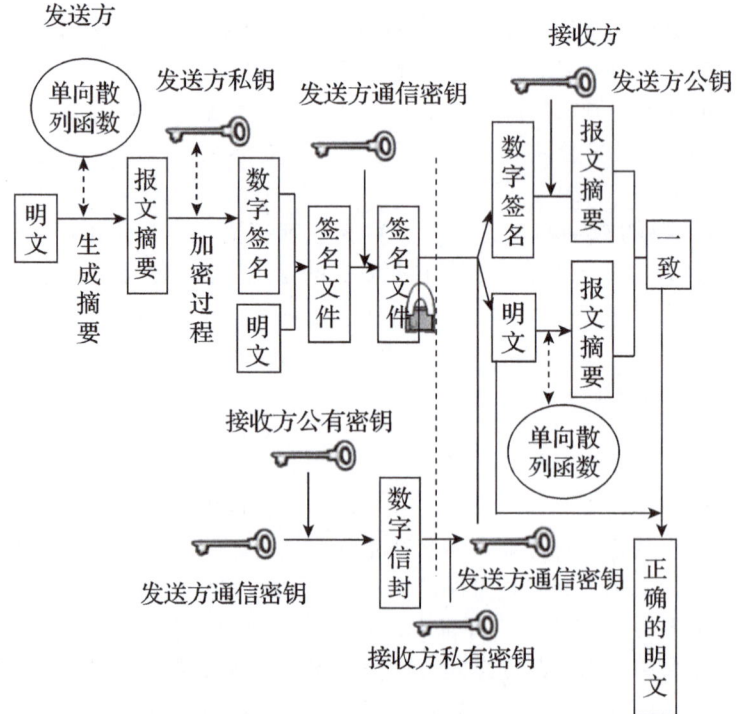

图 3-2　数字签名工作原理示意图

数字签名和验证工作过程：
1）发送方使用单向散列函数对要发送的明文进行运算，生成报文摘要。
2）发送方使用私有密钥，利用非对称加密算法对生成的报文摘要进行数字签名。
3）发送方通过公开的网络将明文和已经进行数字签名的报文摘要发送给接收方。
4）接收方使用与发送方相同的单向散列函数，对收到的明文进行运算，重新生成报文摘要。
5）接收方使用发送方的公有密钥对接收的报文摘要进行解密。
6）将解密的报文摘要与重新生成的报文摘要进行比较，以判断信息在传送过程中是否被篡改，如果两个报文摘要一致，这说明文件在传输过程中没有被篡改。

数字签名的加密和解密过程与加密密钥的加密和解密过程虽然都是利用了公钥体制，但实现的过程却是相反的，使用的密钥也是不同的。数字签名使用的是发送方的密钥对，发送方用自己的私有密钥加密，接收方用发送方的公开密钥解密，任何拥有发送方公开密钥的人都可以验证数字签名的正确性。而加密密钥的加密和解密则是使用接收方的密钥对，这就保证了任何知道接收方公开密钥的人都可以向接收方发送加密信息，但是只有唯一拥有接收方私有密钥的人才能对加密信息进行解密。

利用数字签名可以保证信息传输过程中的完整性、实现对发送方身份的确认以及防止信息交换中的抵赖现象的发生。因为如果有第三方冒充发送方发送文件，接收方在对数字签名进行解密时，使用的是发送方的公有密钥，只要第三方不知道发送方的私有密钥，解密出来的数字签名和经过计算的数字签名肯定是不一致的。

3.2 数字证书的应用

1. 使用数字证书加密

如果 X 要向 Y 传送加密的密文，并且 X、Y 双方都有自己的数字证书，具体传送过程如下：
1）X 准备好要传送给 Y 的明文。
2）X 获取 Y 的数字证书，并验证该证书有效后，用 Y 证书中的公钥加密明文。
3）Y 收到加密的密文后，用自己的证书对应的私钥解密密文，得到明文。

如果明文数据很大，可以结合数字信封的方式加密，即 X 只用公钥来加密一个对称密钥，再用对称密钥加密明文即可。

2. 使用数字证书签名

1）X 准备好传送给 Y 的明文。
2）X 对该明文进行 Hash 运算，得到一个报文摘要。
3）X 用自己证书对应的私钥对报文摘要进行加密得到 X 的数字签名，并将其附在明文后。
4）X 将附有数字签名的报文摘要传送给 Y。
5）Y 得到后，对 X 的数字证书进行验证，如有效，就用 X 证书中的公钥解密数字签名，得到一个报文摘要，再通过明文信息求报文摘要，将这两个报文摘要进行比对，如果相同，就确认 X 的数字签名有效。

3. 使用数字证书同时加密和签名

1）X 准备好传送给 Y 的明文。

2）X 对该明文进行 Hash 运算，得到一个报文摘要。

3）X 用自己证书对应的私钥对报文摘要进行加密得到 X 的数字签名，并将其附在明文后。

4）X 获取 Y 的数字证书，并验证该证书有效后，用 Y 证书中的公钥加密明文和数字签名的混合体。

5）Y 收到加密的密文后，用自己的证书对应的私钥解密密文，得到明文和数字签名的混合体。

6）Y 获得 X 的数字证书，并验证该证书的有效性。然后用 X 证书中的公钥解密数字签名，得到一个报文摘要，再通过明文求报文摘要，将这两个报文摘要进行比对，如果相同，就确认 X 的数字签名有效。

4. 单向身份认证

如果申请者 X 要向验证者 Y 表明自己的身份，并且 X 有一个数字证书，则验证过程如下：

1）X 产生一条数据明文 M，并用自己的证书对应的私钥加密该明文，得到密文 $EskA(M)$。

2）X 将自己的证书和密文 $EskA(M)$ 发送给 Y。

3）Y 收到后，首先验证证书的真实性和有效性，验证过程包括用颁发该证书的 CA 的公钥验证证书的签名，再验证证书链是否有效等。

4）证书验证通过后，Y 用 X 证书中的公钥解密密文 $EskA(M)$，如果解密成功，则说明 X 拥有该证书对应的私钥，是该证书的拥有者，身份验证通过。同时，还表明密文没有被篡改。

5. 双向身份认证

双向身份认证需要 X、Y 双方相互鉴别身份。除了完成单向身份认证中的步骤外，还需要完成以下几点。

1）Y 产生另一个随机数 My。

2）Y 构造一条数据明文，并用自己证书对应的私钥加密该明文，得到密文 $Dy(My)$；Y 将自己的证书和该密文发送给 X。

3）X 收到后，首先验证证书的真实性和有效性。

4）证书验证通过后，X 用 Y 中的公钥解密密文 $Dy(My)$，如果解密成功，则表明 Y 拥有该证书对应的私钥，是该证书的拥有者，身份验证通过。

3.3 认证中心

CA（Certificate Authority）机构又称为认证中心，作为电子商务交易中受信任的第三方，承担公钥体系中公钥的合法性检验的责任。CA 机构为每个使用公开密钥的用户发放一个数字证书，数字证书的作用是证明证书中列出的用户合法拥有证书中列出的公开密钥。CA 机构的数字签名使得攻击者不能伪造和篡改证书。在安全电子交易中，CA 机构不仅对持卡人、商户发放证书，还要对获款的银行、网关发放证书。它负责产生、分配并管理所有参与网上交易的个体所需的数字证书，因此是安全电子交易的核心环节。

为保证用户之间在网上传递信息的安全性、真实性、可靠性、完整性和不可抵赖性，不仅需要对用户的身份真实性进行验证，也需要有一个具有权威性、公正性、唯一性的机构，负责向电子商务的各个主体颁发并管理符合国内、国际安全电子交易协议标准的电子商务安全证书。

目前全国各地有几十家认证中心,这些认证中心可分为三类:行业性认证中心、区域性认证中心、商业性认证中心。行业性认证中心有中国金融认证中心、中国邮政认证中心以及中国银行、中国工商银行、中国建设银行、招商银行的认证中心等;区域性认证中心大多以地方政府为背景,以公司机制来运作,如上海、广东、北京、海南、大连等认证中心;少数商业认证中心一般是自主筹资,如天威诚信、吉大正元。

1. 行业性认证中心

中国金融认证中心的网址是 http://www.cfca.com.cn。

中国金融认证中心(China Financial Certification Authority,CFCA)是由中国人民银行牵头,联合中国工商银行、中国农业银行、中国银行、中国建设银行、交通银行、中信实业银行、光大银行、招商银行、华夏银行、广东发展银行、深圳发展银行、民生银行、福建兴业银行、上海浦东发展银行等 14 家全国性商业银行于 2000 年共同建立的国家级权威金融认证机构。目前 CFCA 具有覆盖全国的认证服务体系,提供多种用途的证书和信息安全服务,支持金融领域及其他各界用户的应用需求,包括网上购物、网上银行、网上证券、网上保险、网上申报缴税、网上购销和其他安全业务等,如图 3-3 所示。

图 3-3 中国金融认证中心

2. 区域性认证中心

上海市数字证书认证中心的网址是 http://www.sheca.com。

上海市数字证书认证中心(SHECA)成立于 1998 年,是中国第一家专业的第三方网络安全和信任服务提供商,专门从事信息安全技术认证和安全信任服务以及相关产品的研发和整合,以其领先的技术和精湛的服务为客户提供信息安全整体解决方案与第三方服务。SHECA 提出"一证在手、走遍天下"的理念,联合北京、山东、安徽、天津、无锡、昆明等地的 CA 机构,成立了全国性的认证联合体——协卡认证体系(United Certification Authority),并在全国各个省、市、自治区设有近 400 家证书受理机构,如图 3-4 所示。

3. 商业性认证中心

天威诚信的网址是 http://www.itrus.com.cn。

天威诚信电子商务服务有限公司（iTruschina CA）成立于2000年9月，是经原信息产业部批准的第一家开展商业PKI/CA试点工作的企业。作为一个权威的、可信赖的、公正的第三方信任服务的机构，通过CA托管服务、签发数字证书、为各种应用系统提供基于证书的网络安全解决方案等形式，为网上交易系统的安全以及网上交易参与各方的相互信任提供安全机制。天威诚信采用了国际上先进的、商业化的运作模式，从而使用户可以顺利地与国际接轨。VeriSign为天威诚信提供技术支持。天威诚信的相关认证机构有中国数字网、创原世纪信息技术有限公司等，如图3-5所示。

图3-4 上海市数字证书认证中心

图3-5 天威诚信

3.4 PKI 技术

3.4.1 PKI 系统的常用信任模型

选择信任模型（Trust Model）是构筑和运作公钥基础设施（PKI）所必需的一个环节。选择正确的信任模型以及与它相应的安全级别是非常重要的，同时也是部署PKI所要做的基本决策之一。

信任模型主要阐述了以下几个问题：

1) 一个PKI用户能够信任的证书是怎样被确定的？
2) 这种信任是怎样被建立的？
3) 在一定的环境下，这种信任如何被控制？

为了进一步说明信任模型，首先需要阐明信任的概念。每个人对术语"信任（Trust）"的理解并不完全相同，在这里只简单地叙述标准X.509给出的定义：Entity "A" trusts entity "B" when "A" assumes that "B" will behave exactly as "A" expects。这段话的意思是：当实体A假定实体B严格地按A所期望的那样行动，则A信任B。从这个定义可以看出，信任涉及假设、期望和行为，这意味着信任是不可能被定量测量的，信任是与风险相联系的，并且信任的建立不可能总是全自动的。在PKI中，人们可以把这个定义具体化为：如果一个用户假定CA可以把任一公钥绑定到某个实体上，则该用户信任该CA。

目前PKI系统有四种常用信任模型：认证机构的严格层次结构模型、分布式信任结构模型、Web模型、以用户为中心的信任模型。

1. 认证机构的严格层次结构模型（Strict Hierarchy of Certification Authorities Model）

认证机构（CA）的严格层次结构可以被描绘为一棵倒转的树，根在顶上，树枝向下伸展，树叶在下面。在这棵倒转的树上，根代表一个对整个 PKI 系统的所有实体都有特别意义的 CA——通常叫作根 CA（Root CA），它充当信任的根或"信任锚（Trust Anchor）"——也就是认证的起点或终点。在根 CA 的下面是零层或多层中介 CA（Intermediate CA），也被称作子 CA（Subordinate CA），因为它们从属于根 CA。子 CA 用中间节点表示，从中间节点再伸出分支。与非 CA 的 PKI 实体相对应的树叶通常被称作终端实体（End Entities）或被称作终端用户（end users）。在这个层次结构模型中，所有实体都信任唯一的根 CA。这个层次结构按如下规则建立：

1）根 CA 认证（更准确地说是创立和签署证书）直接连接到它下面的 CA。

2）每个 CA 都认证零个或多个直接连接在它下面的 CA。请注意，在一些认证机构的严格层次结构中，上层的 CA 既可以认证其他 CA 也可以认证终端用户。虽然在现有的 PKI 标准中并没有排除这一点，但是往往都假设一个给定的 CA 要么认证终端用户要么认证其他 CA，不能两者都认证。

3）倒数第二层的 CA 认证终端用户。在认证机构的严格层次结构中，每个实体（包括中介 CA 和终端用户）都必须拥有根 CA 的公钥，该公钥的安装是在这个模型中为随后进行的所有通信进行证书处理的基础。因此，它必须通过一种安全的方式来完成。例如，一个实体可以通过物理途径如信件或电话来取得这个密钥；也可以选择通过电子方式取得该密钥，然后再通过其他机制来确认它，如将密钥的散列结果（有时被称作密钥的"指纹"）用信件发送、公布在报纸上或者通过电话告之。

值得注意的是，在一个多层的严格层次结构中，终端用户直接被其上层的 CA 认证（也就是颁发证书），但是它们的根 CA 不是同一个 CA。如果是没有子 CA 的浅层次结构，则对所有终端用户来说，根 CA 和证书颁发者是相同的。这种层次结构被称为可信颁发者层次结构（Trusted Issuer Hierarchies）。

下面的这个例子可以说明在认证机构的严格层次结构模型中进行认证的过程。一个持有根 CA 公钥的终端用户 A 可以通过下述方法检验另一个终端用户 B 的证书。假设用户 B 的证书是由 CA2 签发的，而 CA2 的证书是由 CA1 签发的，CA1 的证书又是由根 CA 签发的。A（拥有根 CA 的公钥 KR）能够验证 CA1 的公钥 K1，因此它可以提取出可信的 CA1 的公钥。然后，这个公钥可以被用作验证 CA2 的公钥，类似地就可以得到 CA2 的可信公钥 K2。公钥 K2 能够被用来验证用户 B 的证书，从而得到用户 B 的可信公钥 KB。用户 A 现在就可以根据密钥的类型来使用公钥 KB，如对发给用户 B 的消息加密或者用来验证用户 B 的数字签名，从而实现用户 A 和 B 之间的安全通信。

2. 分布式信任结构模型（Distributed Trust Architecture Model）

与在 PKI 系统中的所有实体都信任唯一一个 CA 的严格层次结构相反，分布式信任结构把信任分散在两个或多个 CA 上。也就是说，用户 A 把 CA1 作为其根 CA，而用户 B 可以把 CA2 作为其根 CA。因为这些 CA 都被作为根 CA，因此相应的 CA 必须是整个 PKI 系统的一个子集所构成的严格层次结构的根（CA1 是包括用户 A 在内的严格层次结构的根，CA2 是包括用户 B 在内的严格层次结构的根）。

如果这些严格层次结构都是可信颁发者层次结构，那么该总体结构被称作完全同位体结构（Fully Peered Architecture），因为所有的 CA 实际上都是相互独立的同位体。另外，如果所有的严格层次结构都是多层结构（Multi Level Hierarchy），那么最终的结构就被叫作满树结构（Fully Treed Architecture）。一般说来，完全同位体结构部署在某个组织内部，而满树结构和混合结构则是在原来相互独立的 PKI 系统之间进行互联的结果。同位体根 CA（Peer Root CA）的互联过程通常被称为"交叉认证（Cross Certification）"。

3. Web 模型（Web Model）

Web 模型是在万维网（World Wide Web）上诞生的，而且依赖于流行的浏览器，如 Microsoft 公司的 Internet Explorer、Netscape 公司的 Navigator。在这种模型中，许多 CA 的公钥被预装在标准的浏览器上。这些公钥确定了一组浏览器用户最初信任的 CA。尽管这组密钥可以被用户修改，然而几乎没有普通用户对于 PKI 和安全问题能精通到可以进行修改的程度。

从表面上看，Web 模型似乎与分布式信任结构模型相似，但从根本上讲，它更类似于认证机构的严格层次结构模型。因为实际上，浏览器厂商起到了根 CA 的作用，而与被嵌入的密钥相对应的 CA 就是它所认证的 CA，当然这种认证并不是通过颁发证书实现的，而只是物理地把 CA 的密钥嵌入浏览器。

Web 模型在方便性和简单互操作性方面有明显的优势，但是也存在许多安全隐患。例如，因为浏览器的用户自动地信任预安装的所有公钥，所以即使这些根 CA 中有一个是"坏的"（如该 CA 从没有认真核实被认证的实体），安全性将被完全破坏。用户 A 可能相信任何声称是用户 B 的证书都是用户 B 的合法证书，即使它实际上可能只是由其公钥嵌入浏览器中的挂在用户 B 名下的用户 C 的公钥。所以，用户 A 就可能无意间向用户 C 透露机密或接受用户 C 伪造的数字签名。这种假冒能够成功的原因是：用户 A 一般不知道收到的证书是由哪一个根密钥验证的。在嵌入到其浏览器中的多个根密钥中，用户 A 可能只认可所给出的一些 CA，但并不了解其他 CA。然而在 Web 模型中，用户 A 的软件信任所有嵌入浏览器的 CA，并接受它们中任何一个签署的证书。

另外一个潜在的安全隐患是没有实用的机制来撤销嵌入到浏览器中的根密钥。如果发现一个根密钥是"坏的"（就像前面所讨论的那样）或者与根的公钥相应的私钥被泄密了，要使全世界数百万个浏览器都自动地废止该密钥的使用是不可能的，这是因为无法保证通报的报文能到达所有的浏览器，而且即使报文到达浏览器，浏览器也没有处理该报文的功能。

Web 模型还缺少有效的方法在 CA 和用户之间建立使双方共同承担责任的合法协议。因为，浏览器可以自由地从不同站点下载，也可以预装在操作系统中；CA 不知道（也无法确定）它的用户是谁，并且一般用户对 PKI 也缺乏足够的了解，因此不会主动与 CA 直接接触。这样，所有的责任最终都会由用户承担。

4. 以用户为中心的信任模型（User Centric Trust Model）

在以用户为中心的信任模型中，每个用户自己决定信任哪些证书。通常，用户的最初信任对象可能是家人、朋友或同事，但是否信任某证书则是由多种因素决定的。

著名的安全软件 Pretty Good Privacy（PGP）最能说明以用户为中心的信任模型。在 PGP 中，一个用户通过担当 CA（签署其他实体的公钥）并使其公钥被其他人所认证来建立"信任网（Web Of Trust）"。例如，当 Alice 收到一个据称属于 Bob 的证书时，她将发现这个证书是由她不认识的 David 签署的，但是 David 的证书是由她认识并且信任的 Catherine 签署的。在这种情况下，Alice 可以决定信任 Bob 的密钥（即信任从 Catherine 到 David 再到 Bob 的密钥链），也可以决定不信任 Bob 的密钥（认为未知的 Bob 与已知的 Catherine 之间的距离太远）。

因为要依赖于用户自身的行为和决策能力，因此以用户为中心的模型在技术水平较高和利益高度一致的群体中是可行的，但是在一般的群体（它的许多用户有极少或者没有安全及 PKI 的概念）中是不现实的。而且，这种模型一般不适合用在贸易、金融或政府环境中，因为在这些环境下，通常希望或需要对用户的信任实行某种控制，而这样的信任策略在以用户为中心的模型中是不可能实现的。

3.4.2　PKI 工作原理

PKI（Public Key Infrastructure）即"公钥基础设施"，是一种遵循既定标准的密钥管理平台，它能够为所有网络应用提供加密和数字签名等密码服务及所必需的密钥和证书管理体系，简单地说，PKI 就是利用公钥理论和技术建立的提供安全服务的基础设施。PKI 技术是信息安全技术的核心，也是电子商务的关键和基础技术。PKI 工作过程如图 3-6 所示。

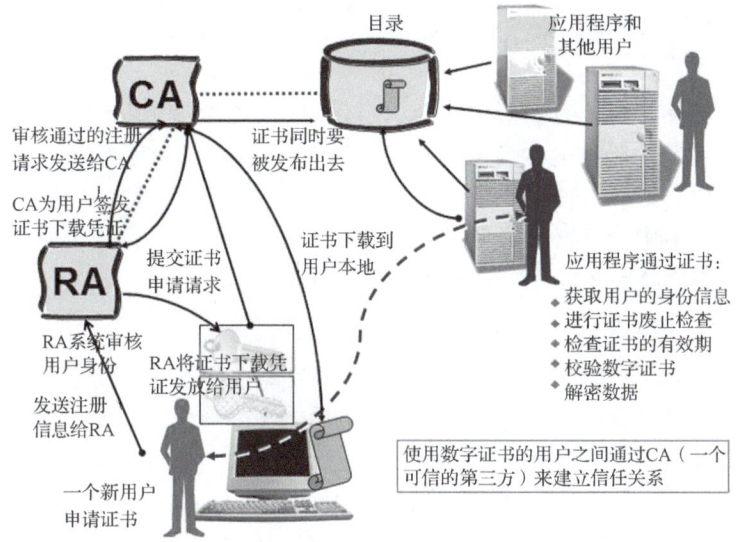

图 3-6　PKI 工作过程

1）一个新用户准备申请数字证书。
2）新用户会发送注册信息给注册机构 RA。
3）注册机构 RA 系统审核用户身份。
4）注册机构 RA 审核通过的注册请求发送给认证中心 CA。
5）认证中心 CA 为用户签发证书下载凭证。
6）注册机构 RA 将证书下载凭证发放给用户。
7）向认证中心 CA 提交证书申请请求，填信息，用户产生密钥对。
8）通过后，证书下载到用户本地。
9）同时 CA 将证书发布出去，并放置在证书库中以备查询。

3.4.3　PKI 组成

一个典型、完整、有效的 PKI 应用系统至少应具有以下部分，即公钥密码证书管理、黑名单的发布和管理、密钥的备份和恢复、自动更新密钥、自动管理历史密钥以及支持交叉认证。

其具体组成如图 3-7 所示。

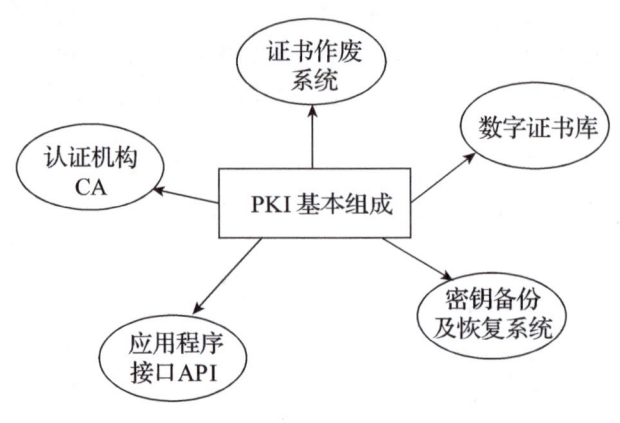

图 3-7　PKI 组成

1. 密钥备份与恢复系统

当用户丢失或损坏了自己的解密密钥后，用公钥加密的数据将无法使用，所以，要求 CA 提供密钥的备份与恢复功能。电子商务活动要求双密钥机制，一对密钥用于对数据加密和解密，称为加密密钥对；另一对密钥用于数字签名和验证数字签名，称为签名密钥对。需要 CA 备份的只是加密密钥对中的解密密钥，用于签名的私钥不能由 CA 备份，而且要在用户的绝对控制之下，否则，将破坏电子商务安全最基本的防抵赖要求。

2. 应用程序接口 API

PKI 的价值在于使用户能够方便地使用加密、数字签名等安全服务，因此一个完整的 PKI 必须提供良好的应用接口系统，使得各种各样的应用能够以安全、一致、可信的方式与 PKI 交互，确保安全网络环境的完整性和易用性。

PKI 应用接口系统需要实现的功能主要包含以下几个方面：

1）完成证书的验证工作，为所有应用以一致、可信的方式使用公钥证书提供支持。

2）以安全、一致的方式与 PKI 的密钥备份及恢复系统交互，为应用程序提供统一的密钥备份与恢复支持。

3）在所有应用系统中，确保用户的私钥始终只在用户本人的控制下，阻止备份私钥的行为。

4）根据安全策略自动为用户更换密钥，实现密钥更换的自动性和透明性。

5）为所有用户访问统一的公钥证书库提供支持。

6）以可信、一致的方式与证书作废系统交互，向所有应用程序提供统一的证书作废系统服务。

7）完成交叉证书的验证工作，为所有应用程序提供统一的交叉验证支持。

8）PKI 应用接口系统可以跨平台提供服务。

3.4.4　PKI 技术标准

从整个 PKI 体系建立与发展的历程来看，与 PKI 相关的技术标准主要包括以下标准。

1. ASN.1

ASN.1 是描述在网络上传输信息格式的标准。ASN.1 原来是作为 X.409 的一部分而开发的，后来才独立地成为一个标准。这个标准除了在 PKI 体系中被应用外，还被广泛应用于通信和计算机的其他领域。

2. X.500

X.500 是一套已经被国际标准化组织（ISO）接受的目录服务系统标准，它定义了一个机构如何在全局范围内共享其名字和与之相关的对象。在 PKI 体系中，X.500 被用来唯一标识一个实体，该实体可以是机构、组织、个人、服务器。X.500 被认为是实现目录服务的最佳途径，但 X.500 的实现需要较大的投资，并且比其他方式速度慢；X.500 的优势是具有信息模型、多功能和开放性。

3. X.509

X.509 是由国际电信联盟电信标准分局（ITU-T）制定的数字证书标准。在 X.500 确保用户名称唯一性的基础上，X.509 为 X.500 用户名称提供了通信实体的鉴别机制，并规定了实体鉴别过程中广泛适用的证书语法和数据接口。

X.509 的最初版本公布于 1988 年。X.509 证书由用户公共密钥和用户标识符组成。此外还包括版本号、证书序列号、CA 标识符、签名算法标识、签发者名称、证书有效期等信息。

4. PKCS 系列标准

PKCS 是由美国 RSA 数据安全公司及其合作伙伴制定的一组公钥密码学标准，其中包括证书申请、证书更新、证书作废表发布、扩展证书内容以及数字签名、数字信封的格式等方面的一系列相关协议。到 1999 年底，PKCS 已经公布的标准如图 3-8 所示。

```
PKCS#1:RSA 算法加密标准。
PKCS#3:Diffie-Hellman 密钥交换标准。
PKCS#5:基于口令的密码学标准。
PKCS#6:扩展的数字证书语法标准。
PKCS#7:密码信息的语法标准。
PKCS#8:私钥信息语法标准。
PKCS#9:可选择的属性类型。
PKCS#10:数字证书申请语法标准。
PKCS#11:密码令牌接口标准。
PKCS#12:个人信息交换语法标准。
PKCS#13:椭圆曲线密码体制标准。
PKCS#14:伪随机数生成标准。
PKCS#15:密码令牌信息格式标准。
另外,PKCS#2 和 PKCS#4 已经合并到 PKCS#1 之中。
```

图 3-8　PKCS 已公布标准

5. OCSP（在线证书状态协议）

OCSP（Online Certificate Status Protocol）是 IETF 颁布的用于检查数字证书在某一交易时刻

是否仍然有效的标准。该标准提供给 PKI 用户一条方便快捷的数字证书状态查询通道，使 PKI 体系能够更有效、更安全地在各个领域中被广泛应用。

6. LDAP（轻型目录访问协议）

LDAP 简化了 X.500 目录访问协议，并且在功能性、数据表示、编码和传输方面都进行了相应的修改。1997 年，LDAP 第 3 版成为互联网标准。目前，LDAP 已经在 PKI 体系中被广泛应用于证书信息发布、CRL 信息发布、CA 政策以及与信息发布相关的各个方面。

除了以上技术标准外，还有一些构建在 PKI 体系之上的应用协议，如安全的套接层协议（SSL）、传输层安全协议（TLS）、安全的多用途互联网邮件扩展协议（S/MIME）、IP 安全协议（IPSEC）等。

3.5 实训项目

在很多电子商务活动中，都要求用户使用数字证书。例如，淘宝的支付宝网站、网银系统都会要求用户安装个人数字证书，网站可以根据证书识别用户的身份，提高交易或支付活动的安全性。本实训项目以申请管理个人支付宝证书为例，介绍支付宝个人数字证书的申请管理过程。

实训项目：申请管理支付宝个人数字证书

实训步骤

1. 申请个人数字证书

数字证书是使用支付宝账户资金的身份凭证之一，可加密用户个人信息并确保账户资金的安全。支付宝数字证书由权威公正的第三方机构——天威诚信 CA 中心签发。申请数字证书后，即使账号被盗，对方也动不了账户里的资金。申请支付宝数字证书前要确定有合法有效的支付宝账户，并绑定手机号。

1）在浏览器输入链接 https://110.alipay.com/cert/intro.htm 进行支付宝数字证书申请。

2）登录到支付宝安全中心，点击"申请数字证书"，进入申请安装过程。申请数字证书需要填写真实的个人信息，如图 3-9 所示。

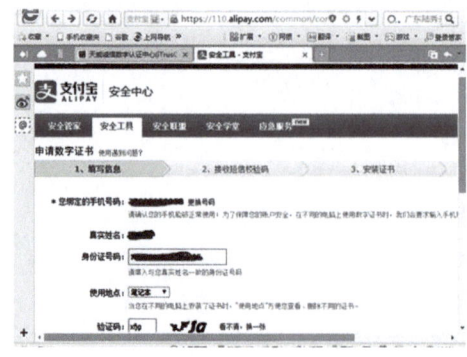

图 3-9 填写个人信息

2. 安装支付宝数字证书

1）通过输入手机号收到的验证码开始安装证书，网站会向浏览器发送证书，此时浏览器会弹出询问框，询问是否信任该网站的 CA，选择"是"，如图 3-10 所示，就会弹出即将下载证书的提示框。通常会要求安装两个证书：一个是支付宝网站的根 CA 证书。它是自签名的，只有安装了根 CA 的证书才能验证其他 CA 是否合法。另一个是用户自己的证书，该证书的公钥对应的私钥是用户的 Web 浏览器生成的，其中私钥保存在用户电脑中。

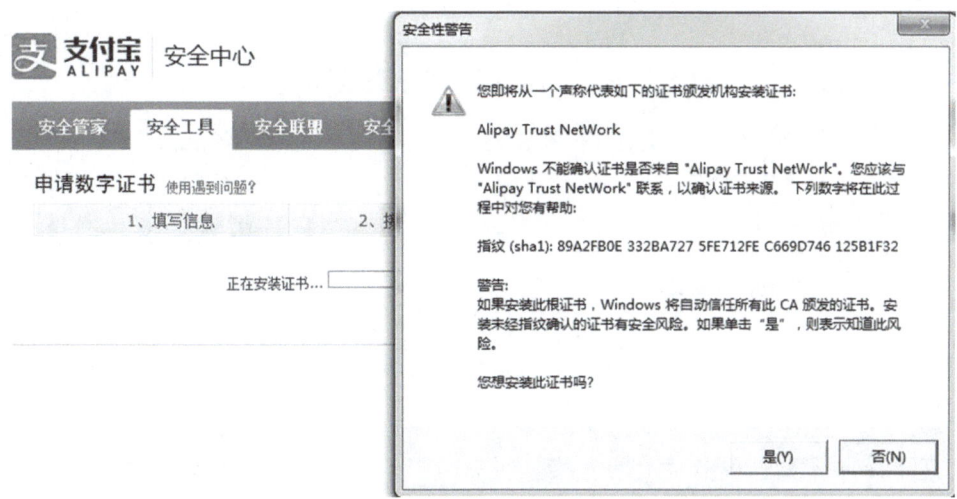

图 3-10　安装证书

2）数字证书成功安装后，返回安全工具页面的管理界面中，会显示数字证书的使用情况，如图 3-11 所示。用户可以根据需求在数字认证中心下载所需的证书，如电子邮件保护证书等。

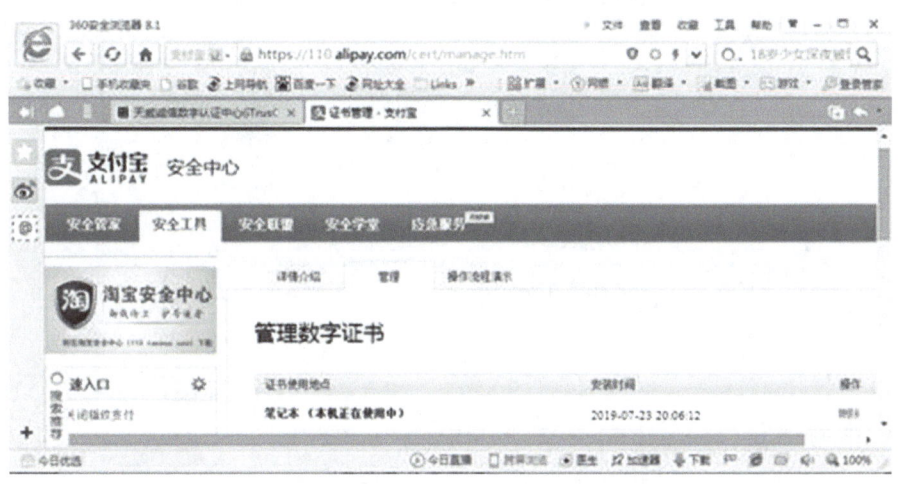

图 3-11　管理支付宝数字证书

3）查看已安装证书。在 IE 浏览器中，可以查看已经安装的数字证书。单击"工具"菜单项中的"Internet 选项"，在弹出的界面中单击"证书"，可以查看已安装的数字证书列表，如图 3-12 所示。

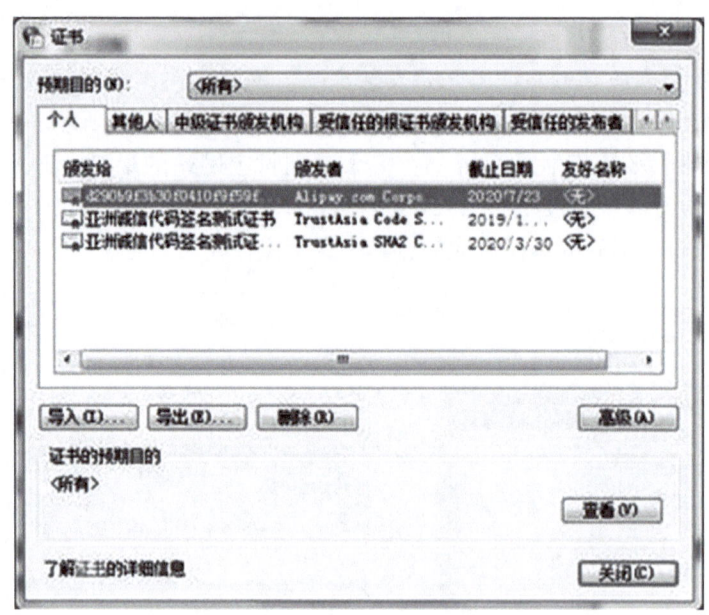

图 3-12　个人数字证书列表

3. 根数字证书的备份

1）打开 IE 浏览器，单击"工具"菜单项中的"Internet 选项"，单击"证书"项，选择"受信任的根证书颁发机构"选项卡，如图 3-13 所示。

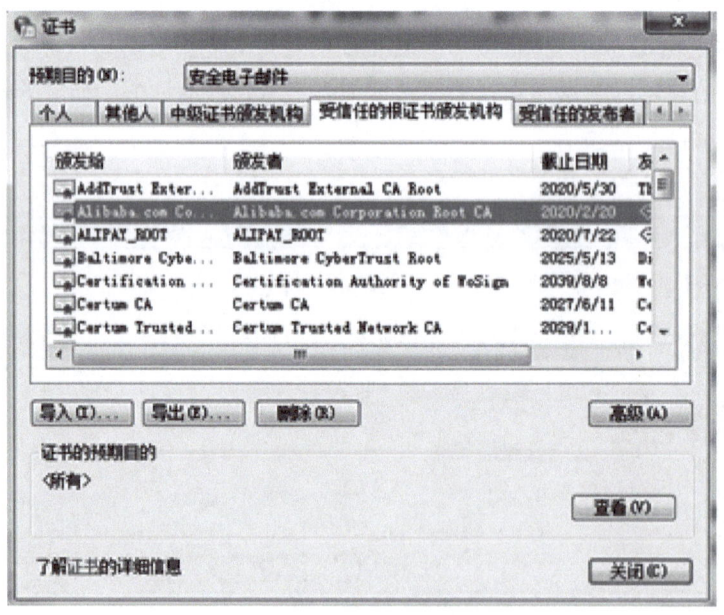

图 3-13　受信任的根证书颁发机构列表

2）选择要备份的个人数字证书的根证书，单击"导出"按钮，在证书导出向导界面选择要使用的格式和要导出的文件名，直至出现图 3-14 所示界面，单击"完成"按钮，就可以看到导出的证书文件了。

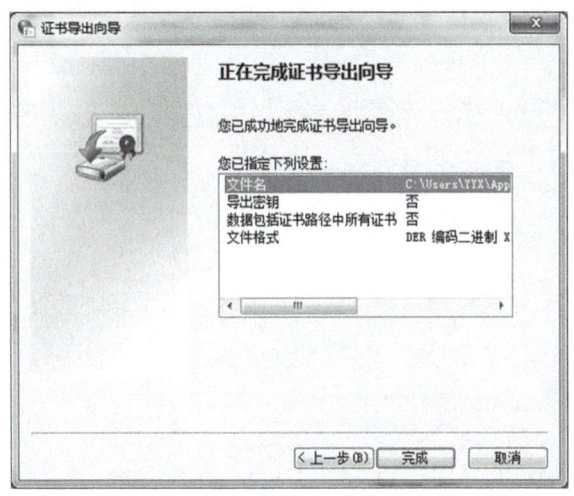

图 3-14 根证书导出

4. 个人证书的导出和导入

证书安装以后,可以在计算机上使用数字证书提供的各种功能,但有时可能需要在其他计算机上使用这个数字证书,这时就需要将这个数字证书从本机中导出,生成数字证书文件,再在其他计算机上导入该证书文件。另外,重新安装操作系统之前也需要将证书导出,作为备份,避免证书丢失。

(1) 证书的导出

1) 打开 IE 浏览器,单击"工具"菜单项中的"Internet 选项"→"内容"→"证书"→"个人",在列表中选择要导出的证书,点击"导出"按钮。

2) 在证书导出向导的导出私钥界面中,选择"是,导出私钥(Y)",因为证书没有私钥的配合就是不完整和无效的。导出某些证书时,可能出现"是,导出私钥(Y)"选项是灰色的,如图 3-15 所示,这就意味着无法导出私钥。这通常是因为安装证书时选择了"私钥不可导出",使得该证书只能在本机上使用。

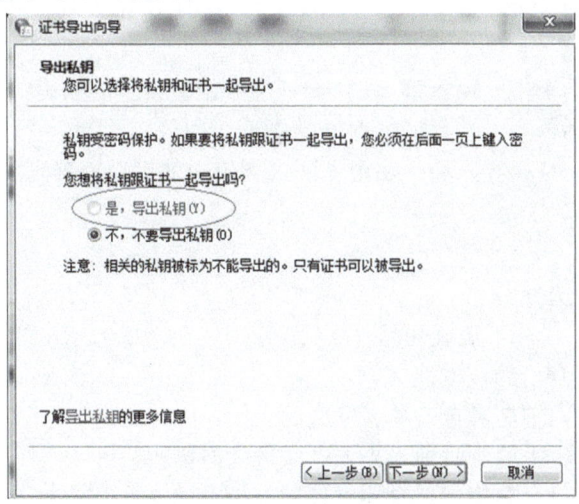

图 3-15 导出私钥界面

3）单击"下一步"，在弹出的导出文件格式窗口可按默认选项保存格式，但是为安全起见，可选择"如果导出成功，删除私钥（K）"，单击"下一步"按钮，如图3-16所示。

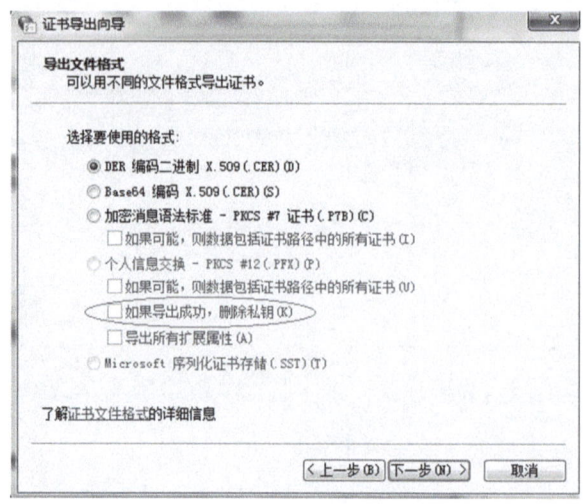

图3-16 导出文件格式选择

4）在证书导出向导的密码窗口中，为私钥设置密码以保护私钥，继续单击"下一步"按钮，弹出指定要导出的文件名对话框。

5）在指定要导出的文件名对话框中，可选择导出文件的存放路径和文件名，给证书命名时应取一个可识别的文件名，以方便辨别该证书。单击"下一步"，出现导出成功对话框，完成证书导出，即实现了证书及其私钥的备份。

（2）证书的导入

在个人证书列表中，删除第（1）步导出数字证书的原文件，再重新进行导入上述操作时导出的数字证书。

1）打开IE浏览器，单击"工具"菜单项中的"Internet选项"→"内容"→"证书"项→"个人"，单击"导入"按钮，打开证书导入向导界面。

2）在要导入的文件对话框中，单击"浏览"，选择要导入的证书文件，并单击"下一步"。

3）在私钥保护对话框中，输入第（1）步证书导出时设置的密码，单击"下一步"。

4）在证书存储对话框中，选择证书存储的类型，一般默认为"个人"类型，单击"下一步"，完成证书的导入。证书导入后，在个人证书列表中就可以查看到刚导入的证书文件。

练习与实训题

一、选择题（单选或多选）

1. 关于数字签名，以下说法不正确的是（　　）。
   A. 能够保证签名者身份的权威性
   B. 能够保证信息是由签名者自己签名发送的
   C. 能够保证信息在签发后到收到为止未曾做过任何修改
   D. 是由发送者用自己的私钥对信息加以处理而生成的文件

2. 关于 CA 机构，以下说法不正确的是（　　）。
   A. CA 机构又称为认证中心
   B. CA 机构不需要为银行发放数字证书
   C. CA 机构承担公钥体系中公钥的合法性检验的责任
   D. CA 机构的数字签名使得攻击者不能伪造和篡改数字证书
3. 关于数字证书的应用，以下说法正确的是（　　）。
   A. 目前还无法为个人用户发放数字证书
   B. 企业用户数字证书的申请可以直接在网上进行
   C. 数字证书目前还没有应用于非支付型的电子商务活动
   D. 数字证书的应用范围涉及需要身份认证和数据安全的各个行业
4. 关于数字证书，以下说法正确的有（　　）。
   A. 由认证中心发行
   B. 经认证中心数字签名
   C. 其作用类似于日常生活中的身份证
   D. 是网络通信中证明各方身份的一系列数据
5. 我们可以使用数字证书，通过运用对称和非对称密码体制等密码技术建立起一套严密的身份认证系统，从而保证（　　）。
   A. 传输的信息是正确的
   B. 发送方对于自己发送的信息不能抵赖
   C. 信息除发送方和接收方外不被其他人窃取
   D. 接收方能够通过数字证书来确认发送方的身份
6. 关于公钥体制，以下说法正确的有（　　）。
   A. 利用私钥解密和签名　　　　　　　　　　B. 利用公钥加密和签名
   C. 利用私钥解密和验证签名　　　　　　　　D. 利用公钥加密和验证签名
7. 数字证书是将用户的公钥与其（　　）相联系。
   A. 私钥　　　　　　B. CA　　　　　　C. 身份　　　　　　D. 序列号
8. 密钥交换的最终方案是使用（　　）。
   A. 公钥　　　　　　B. 数字信封　　　　C. 数字证书　　　　D. 消息摘要

二、填空题
1. PKI 的英文全称和中文全称分别为（　　）、（　　）。
2. PKI 的性能要求主要包括（　　）、（　　）、（　　）、（　　）。
3. PKI 系统的常用信任模型主要包括（　　）、（　　）、（　　）。

三、简答题
1. 简述 PKI 的组成及功能。
2. 简述轻型目录访问协议。

四、实训题
　　申请开通支付宝账户，了解支付宝在支付安全方面采取的措施有哪些？支付宝数字证书有何作用？支付宝提供的数字证书有哪些功能和特点？

案例分析

小淘在论坛里学习了很多数字证书相关知识，前段时间按一个淘友说的方法办理了支付宝数字证书，使用起来的确挺好的。

可是，前天小淘的计算机中毒了，当时记得把数字证书存放在 C 盘的一个文件夹里了，当装完系统后，登录支付宝却发现系统提示要"安装数字证书"，否则就只有查询权限。小淘找遍计算机的每个文件夹也没有发现数字证书。

为什么会出现这种情况？请帮助小淘解决这个问题。

第4章 防火墙技术

- 防火墙的内涵及系统构成
- 防火墙的分类
- 防火墙的应用

随着计算机网络的迅速发展，网络安全问题日益严峻，网络犯罪的递增、无孔不入的黑客、防不胜防的木马病毒、花样繁多的攻击方法与攻击工具的出现，促使人们思考网络的安全性问题。在网络安全防范中，防火墙具有不可或缺的地位。防火墙技术在安全技术当中是最简单，也是最有效的解决方案。防火墙是内网与外网之间相互通信的第一道关卡，是确保内部网络安全的有力措施，它不仅能过滤来自外部的探测、扫描、拒绝服务等攻击，还能避免内网已中木马病毒的主机系统信息的泄露。

4.1 防火墙概述

1. 防火墙的定义

计算机网络中的"防火墙"是一种形象的说法，是指由计算机硬件和软件组成的一个或一组系统，介于内部网络和外部网络之间，用于增强内部网络和Internet之间的访问控制，如图4-1所示。防火墙在可信任的内部网络和不可信任的外部网络之间建立一道屏障，通过实施相应的访问控制策略来控制（允许、拒绝、监视、记录）进出网络的访问行为，以防止未经授权的通信进出被保护的内部网络。防火墙主要由服务访问规则、验证工具、包过滤和应用网关四个部分组成。

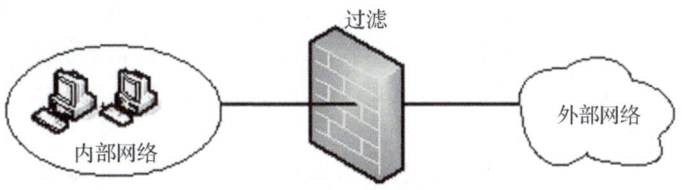

图 4-1 防火墙示意图

在逻辑上，防火墙不仅是一个过滤器、限制器，而且还是一个智能分析器，在安全策略的指导和保证网络畅通的前提下，从逻辑上有效地隔离内部网络和外部网络间的信息流，尽可能保证内部网络的安全。

2. 防火墙的技术特征

简单地说，防火墙是在安全策略指导下的一种安全防御措施。安全策略是防火墙的灵魂和基础。防火墙通常采用的安全策略有禁止和允许两个基本准则，具体如下：

1)一切未被允许的就是禁止的。基于该准则,防火墙封锁所有信息流,然后对希望提供的服务逐项开放。这种方法可以创造安全的环境,但用户使用的方便性、服务范围受到限制。

2)一切未被禁止的就是允许的。基于该准则,防火墙转发所有信息流,然后逐项屏蔽有害的服务。这种方法构成了更为灵活的应用环境,可为用户提供更多的服务。但在日益增多的网络服务面前,网管人员很难提供可靠的安全防护。

防火墙本身具备很强的抗攻击能力,它已成为实现网络安全策略最有效的工具之一,并被广泛应用到局域网与 Internet 的接口上。防火墙通常作用于被保护区域的入口处,基于访问控制策略提供安全防护。典型的防火墙具有以下几个方面的基本特征:

1)所有的网络数据都必须经过防火墙。
2)防火墙是安全策略的检查站。
3)防火墙具有非常强的抗攻击能力。
4)防火墙提供强制认证服务,外网对内网的访问应经过防火墙的认证检查,包括对网络用户和数据源的认证,防火墙通过提高认证功能和对网络加密来限制网络信息的暴露。

3. 防火墙的功能

防火墙作为一种非常有效的网络安全手段,一般应具备下述基本功能。

(1)执行安全管理

网络防火墙作为防止不良现象发生的"警察",能忠实地执行安全策略,限制他人进入内部网络,过滤掉不安全服务和非法用户,禁止未授权的用户访问受保护网络。防火墙作为一个安全检查站,应能有效地过滤、筛选和屏蔽有害的信息和服务。同时,防火墙的包过滤本身也是一种管理行为。

(2)创建检查点

防火墙在内网和外网间建立一个检查点,所有的流量都要通过这个检查点,该检查点也叫作网络边界。一旦这个检查点被创建,防火墙就可以监视、过滤和检查所有进出的数据流。通过强制所有进出流量都通过这些检查点,网络管理员可以集中在较少的地方来实现安全目的,否则管理员就要在大量的地方来进行监测。

(3)日志记录和告警

防火墙能有效地记录 Internet 上的活动,即记录所有通过防火墙的信息内容和活动,形成日志记录提供给网络管理员,同时也提供网络使用情况的统计数据信息,实现安全监视和预警的目的。当有可疑情况发生时,防火墙可以进行适当的报警,并提供目前网络是否安全、是否需要进一步的配置等详细信息。好的日志策略是实现适当网络安全的有效工具之一。

(4)限制网络暴露

防火墙可以将内部网络隔成一个个网段,在其周围创建了一个保护的边界,可实现内部重点网段的隔离(如 WWW 服务器和 FTP 服务器),并且对外网隐藏内部系统的一些信息以增强保密性,从而限制了局部重点或敏感网络安全问题对全局网络造成的影响。防火墙通过提高认证功能和对网络加密来限制网络信息的暴露。

(5)防止信息外泄

防火墙可以作为部署网络地址转换(NAT)的地点,利用 NAT 技术,防火墙可以隐藏内部网的结构和内部 IP 地址信息。同时,防火墙也可以阻塞有关内部网络中的 DNS 信息,使一个主机内部的 IP 地址和域名不会被外界了解,有效地降低了内部信息的外泄程度,从而减小了可信任网络被攻击的可能性。

(6) 集成 VPN

防火墙除了具有上述安全防护作用外，它还支持虚拟局域网（Virtual Private Network，VPN），防火墙已经成为 VPN 中的关键部件，通过集成 VPN，能轻松实现敏感数据通过互联网安全地传输。

4．防火墙分类

根据分类标准的不同，防火墙可以分为很多种类别。从形式上可分为软件防火墙和硬件防火墙；从实现技术上可分为包过滤型、应用代理型和状态监视型三类；从结构上可分为单一主机式防火墙、路由集成式防火墙和分布式防火墙三种；按工作位置可分为边界防火墙、个人防火墙和混合防火墙；按防火墙性能可分为百兆级防火墙和千兆级防火墙两类……虽然看似种类繁多，但这只是因为业界分类方法不同罢了。例如，一台硬件防火墙就可能由于性能、实现技术和工作位置而规划为"百兆级状态监视型边界防火墙"。

(1) 软件防火墙

软件防火墙运行于特定的计算机上，它需要客户预先安装好的计算机操作系统的支持，一般来说这台计算机就是整个网络的网关，俗称"个人防火墙"。软件防火墙就像其他的软件产品一样，需要先在计算机上安装并做好配置才可以使用。例如，诺顿防火墙、Comodo 防火墙等。

(2) 硬件防火墙

硬件防火墙一般是通过网线连接于外部网络接口与内部服务器或企业网络之间的设备，这里又另外派分出两种结构：一种是普通硬件级别防火墙，它拥有标准计算机的硬件平台和一些功能经过简化处理的操作系统和防火墙软件，这种防火墙措施相当于专门拿出一台计算机安装了软件防火墙，除了不需要处理其他事务以外，它毕竟还是一般的操作系统，因此有可能会存在漏洞和不稳定因素，安全性并不能做到最好。另一种是所谓的"芯片"级硬件防火墙，芯片级硬件防火墙基于专门的硬件平台，专有的 ASIC 芯片促使它们比其他种类的防火墙速度更快，处理能力更强，性能更高，做这类防火墙最出名的厂商有 NetScreen、FortiNet、Cisco 等；这类防火墙由于是专用 OS（操作系统），因此防火墙本身的漏洞比较少，不过价格相对比较高昂。

(3) 边界防火墙

所谓"边界"，就是指两个网络之间的接口处，工作于此的防火墙就被称为"边界防火墙"；与之相对的有"个人防火墙"，它们通常是基于软件的防火墙，只处理一台计算机的数据而不是整个网络的数据，现在一般家庭用户使用的软件防火墙就是这个分类了。

(4) 单一主机式防火墙

单一主机式防火墙是最常见的硬件防火墙。

(5) 路由集成式防火墙

一些厂商为了节约成本，直接把防火墙功能嵌进路由设备里，就形成了路由集成式防火墙。

5．防火墙的发展

基于防火墙的实现方式划分，可分为四个阶段。

第一代防火墙：基于路由器的防火墙。由于多数路由器中本身就包含有分组过滤功能，故网络访问控制可通过路由控制来实现，从而使具有分组过滤功能的路由器成为第一代防火墙产品。

第二代防火墙：用户化的防火墙。将过滤功能从路由器中独立出来，并加上审计和告警功能。针对用户需求，提供模块化的软件包，是纯软件产品。

第三代防火墙：建立在通用操作系统上的防火墙，包括分组过滤和代理功能。第三代防火墙有以纯软件实现的，也有以硬件实现的。

第四代防火墙：具有安全操作系统的防火墙。具有安全操作系统的防火墙本身就是一个操作系统，因而在安全性上得到了提高。

未来防火墙的发展趋势是朝高速度、智能、多功能化、更安全的方向发展，随着算法和芯片技术的发展，防火墙会更多地参与应用层分析，为应用提供更安全的保障。

4.2 防火墙关键技术

传统意义上的防火墙技术分为三大类：包过滤（Packet Filtering）、应用代理（Application Proxy）和状态检测（Stateful Inspection），无论一个防火墙的实现过程多么复杂，归根结底都是在这三种技术的基础上进行功能扩展的。

4.2.1 包过滤技术

包过滤（分组过滤）防火墙中的包过滤器一般安装在路由器上，包过滤防火墙工作在 OSI 网络参考模型的网络层，在网络层上依据系统内设置的过滤逻辑——访问控制列表，对进出网络的数据包进行有选择的控制与操作。它根据数据包源地址、目的地址、端口号、TCP/UDP、协议类型和数据包中的各种标志位等参数信息，或将它们的组合作为过滤参考，与用户预定的访问控制列表进行比较，确定数据是否符合预先制定的安全策略，决定数据包的转发或丢弃，即实施信息过滤，如图 4-2 所示。

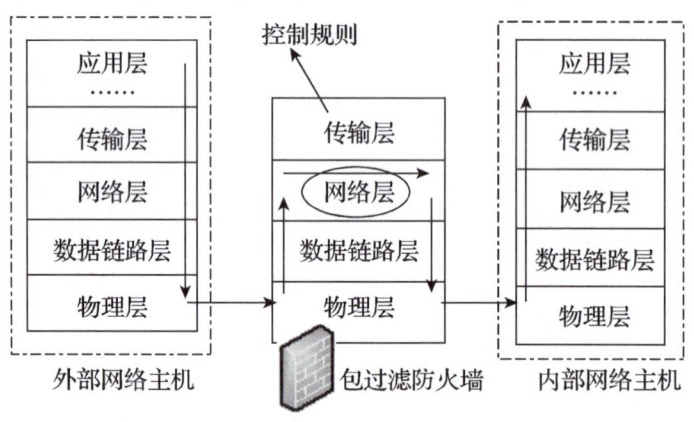

图 4-2 包过滤防火墙示意图

包过滤操作通常在选择路由的同时对数据包进行过滤，用户可以设定一系列规则，指定哪些类型的数据包可以流入或流出内部网络；哪些类型的数据包应该被拒绝。包过滤防火墙将对每个收到的包做出决定允许或拒绝的动作。具体来说，每个数据包头，根据数据包的过滤规则来确定，继续转发数据包与规则相匹配的路由信息，否则丢弃。规则的集合组成防火墙系统的访问控制列表 ACL，通过使用 ACL，可以提供基本的数据流过滤能力，路由器上 ACL 的工作流程如图 4-3 所示。

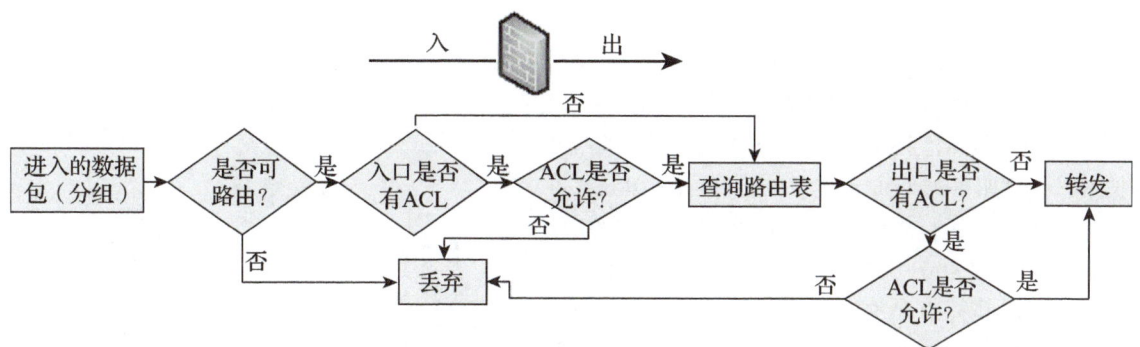

图4-3 路由器上ACL的工作流程

ACL规则的具体实现原理如下：
1）通过协议类型控制特定的协议。
2）通过IP地址控制特定的源和目的主机。
3）通过源/目的端口控制特定的网络服务。
4）通过源/目的端口控制入网信息和出网信息，即控制信息方向。

以针对HTTP服务制定的过滤规则为例来了解规则的格式及定义。HTTP是一个基于TCP的服务，大多数服务器使用默认端口80，也可以使用一般端口，客户机使用任何大于1023的端口，设网络地址为192.168.1.0/24的内网用户可以访问互联网中任何一台Web服务器，可定义表4-1中的规则。

表4-1 ACL规则表

序号	方向	协议类型	源IP地址	源端口	宿IP地址	目标端口	操作
1	流入	TCP	内部	>1023	内部	80	允许
2	流出	TCP	外部	80	外部	>1023	允许
3	流出	TCP	外部	>1023	外部	80	允许
4	流入	TCP	内部	80	内部	>1023	允许

注：规则1、规则2允许内部主机访问外部的WWW，规则3、规则4允许外部主机访问本站点的WWW。

包过滤防火墙逻辑简单、价格便宜、网络性能和透明性好，通常安装在路由器上，原有网络上增加包过滤防火墙几乎不需要额外的费用，而且不用改动客户机和主机上的应用程序，因为它工作在网络层和传输层，与应用层无关。包过滤技术是一种通用、廉价、有效的安全手段，适合安全性要求较低的小型电子商务系统，而且它能很大程度上满足绝大多数企业的安全要求。但是，包过滤防火墙也有其不足之处，主要表现在：
1）配置访问控制列表比较复杂，要求网络管理员对网络安全必须有深入的了解，且网络性能随访问控制列表长度的增加而呈指数下降。
2）没有跟踪记录能力，不能从日志记录中发现黑客的攻击记录。
3）不能在用户级别上进行过滤，即不能鉴别不同的用户和防止IP地址被盗用。
4）防火墙只检查数据包的地址和端口号，对通过数据链路层协议实现的威胁无防范能力。
5）无法抵御数据驱动型攻击，不能理解特定服务的上下文环境和数据。

4.2.2 应用代理技术

应用代理技术就是通常提到的代理服务器技术，是针对包过滤技术存在的缺点而引入的防火墙技术，代理服务器型防火墙（Proxy Service Firewall）通过在主机上运行的服务程序直接面对特定的应用层服务，也称为应用型防火墙。应用型防火墙工作在应用层，其特点是完全"隔离"了网络通信流，通过对每种应用服务（如 Email、FTP、WWW、Telnet 等）编制专门的代理程序，实现监视和控制

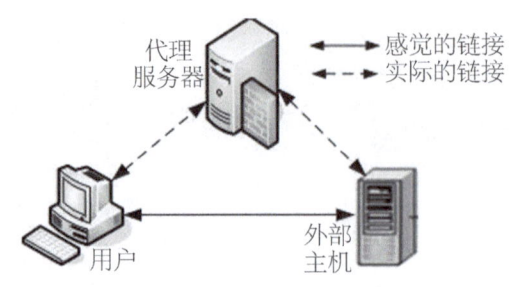

图 4-4　代理通信的工作原理

应用层通信流的作用。即防火墙内外计算机系统间应用层的"链接"，由两个代理服务器上的"链接"来实现，外部计算机的网络链接只能到达代理服务器，从而起到了隔离防火墙内外计算机系统的作用。代理通信的工作原理如图 4-4 所示。

在代理服务器型防火墙技术的发展过程中，经历了两个不同的过程：第一代应用网关型代理服务器和第二代自适应代理防火墙。

1. 应用网关型代理服务器

代理服务器型防火墙也叫应用层网关（Application Gateway）型防火墙。这种防火墙通过一种代理（Proxy）技术参与到一个 TCP 连接的全过程。从内部发出的数据包经过这样的防火墙处理后，就好像是源于防火墙外部网卡一样，从而可以达到隐藏内部网结构的作用。这种类型的防火墙被网络安全专家和媒体公认为是最安全的防火墙。它的核心技术就是代理服务器技术。所谓代理服务器，是指代表客户处理服务器连接请求的程序，在外部网络向内部网络申请服务时发挥了中间转接的作用，如图 4-5 所示。

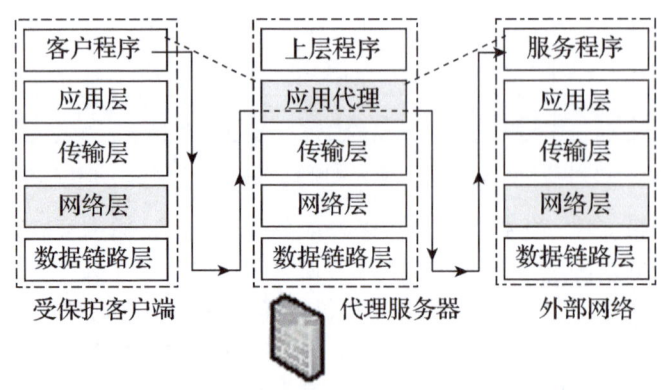

图 4-5　应用网关型防火墙工作原理

2. 自适应代理防火墙

自适应代理技术（Adaptive Proxy）是近年来在商业应用防火墙中实现的一种革命性的技术。它可以结合代理服务器型防火墙的安全性和包过滤防火墙的高速度等优点，在毫不损失安全性的基础之上将代理服务器型防火墙的性能提高 10 倍以上。组成这种类型防火墙的基本要素有两个：自适应代理服务器（Adaptive Proxy Server）与动态包过滤器（Dynamic Packet Filter）。

在自适应代理服务器与动态包过滤器之间存在一个控制通道。在对防火墙进行配置时，用户仅仅将所需要的服务类型、安全级别等信息通过相应 Proxy 的管理界面进行设置就可以了。然后，自适应代理服务器就可以根据用户的配置信息，决定是使用代理服务从应用层代理请求还是从网络层转发包。如果是后者，它将动态地通知包过滤器增减过滤规则，满足用户对速度和安全性的双重要求，如图 4-6 所示。

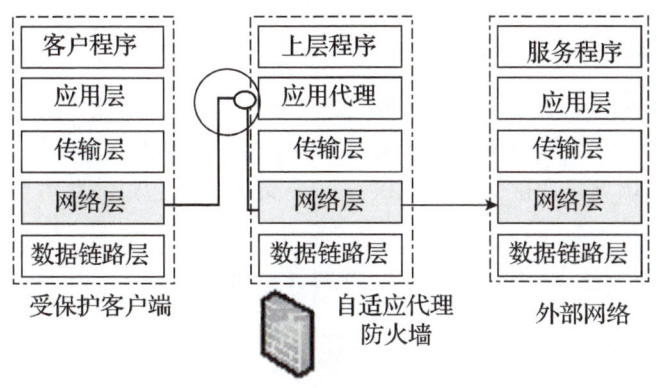

图 4-6　自适应代理防火墙原理示意图

应用级网关能理解应用层上的协议，能够做较复杂的访问控制，在数据过滤的同时，也能对数据包进行必要的分析、登记和统计等，并有很好的审计功能和严格的用户认证功能，故应用级网关的安全性高。但是它要为每种应用提供专门的代理服务程序，使用时工作量很大，可能导致不期望的延迟。

代理型防火墙最突出的优点就是安全。由于它工作于最高层，所以它可以对网络中任何一层数据通信进行筛选保护，而不是像包过滤那样，只是对网络层的数据进行过滤。另外代理型防火墙采取的是一种代理机制，它可以为每一种应用服务建立一个专门的代理，所以内外部网络之间的通信不是直接的，而是先经过代理服务器审核，通过后再由代理服务器代为连接，从而避免了入侵者使用数据驱动类型的攻击方式入侵内部网。

代理型防火墙的最大缺点就是速度相对比较慢，当用户对内外部网络网关的吞吐量要求比较高时，代理型防火墙就会成为内外部网络之间的瓶颈。

4.2.3　状态检测技术

状态检测技术采用了状态检测包过滤技术，是传统包过滤的功能扩展。状态检测防火墙在网络层有一个检查引擎截获数据包并抽取与应用层状态有关的信息，监视并维护每一个连接的状态信息，并以此为依据决定对该连接是接受还是拒绝。状态数据包过滤原则如下：在 TCP 建立之前，仍然使用普通的包过滤，但是在使用普通包过滤的同时，建立起连接状态表，对一个已建立的连接使用连接状态表去匹配。

状态检测防火墙具有效率高、安全性高、可伸缩和易扩展、应用范围广等优势。现在的主流防火墙设备都是基于状态检测的防火墙设备，这类防火墙设备对业务应用是敏感的，涉及音频、视频等的一些多媒体业务，协议比较复杂，经常会因为对协议的状态处理不当造成加入防火墙之后业务不通，或者是为了保证业务的畅通需要打开很多不必要的端口，造成安全性非常低。因此针对状态检测防火墙一定要考察防火墙设备对业务的适应能力，避免因引入了防火墙设备而导致对正常业务造成影响。

4.3 防火墙系统的实现

由于整个网络的安全防护政策、防护措施及防护目的不同,防火墙的实现方式也千差万别,下面介绍几种常见的防火墙实现方式。

4.3.1 过滤路由器防火墙结构

过滤路由器(Screening Router)是在传统的路由器中增加包过滤功能,是众多防火墙中最基本、最简单的一种,它可以是带有数据包过滤功能的商用路由器,也可以是基于主机的路由器。许多网络的防火墙就是在被保护网络和 Internet 之间安置包过滤路由器,基本结构如图 4-7 所示。

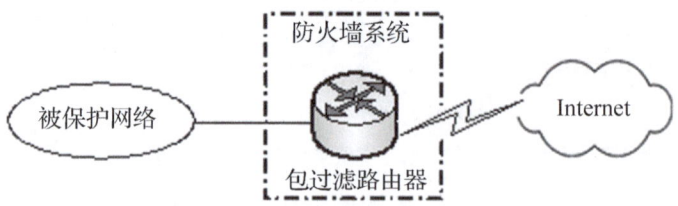

图 4-7 过滤路由器防火墙结构

利用包过滤路由器实现防火墙功能十分经济有效,过滤速度快,而且对用户而言是透明的。它允许被保护网络的多台主机与 Internet 的多台主机进行直接通信,其危险性分布在被保护网络的全部主机以及允许访问的各种服务类型上。随着服务的增多,网络的危险性将急剧增加。一旦过滤功能失效,就会形成直通状态,当网络被击破时,这种防火墙几乎无法保留攻击者的踪迹,甚至难以发现已发生的网络攻击。

4.3.2 双宿主主机防火墙结构

双宿主主机结构是围绕具有双宿主的主机计算机而构筑的,双宿主主机至少有两个网络接口,一个接口接内部网络,另一个接口接外部网络。它位于内部网络和外部网络的连接处运行应用代理程序,如图 4-8 所示。这样的主机可以充当与这台主机相连的网络之间的路由器,它能将一个网络的 IP 数据包在无安全控制的情况下传递给另一个网络。双宿主主机结构防火墙系统内部网络能与双宿主主机通信,同时防火墙外部的网络也能与双宿主主机通信,但是内部网络与外部网络之间不能直接互相通信,它们之间的 IP 通信完全由运行于双宿主主机的防火墙应用程序完成。

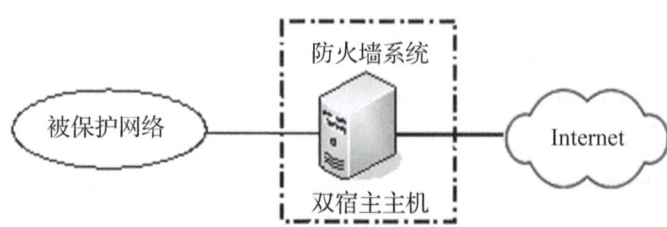

图 4-8 双宿主主机防火墙结构

双宿主主机的防火墙体系结构简单，双宿主主机创建了一个完全的物理隔断，这种方式的安全性取决于管理者允许提供的网络服务类型。它的系统软件可用于维护系统日志、硬件复制日志或远程日志。但它不能确定内网中哪些主机可能已被黑客入侵；同时该防火墙系统仍是单机组成，没有安全冗余机制，仍是网络的"单失效点"。

4.3.3 主机过滤型防火墙结构

主机过滤型防火墙结构系统由包过滤路由器和运行网关软件的堡垒主机构成，包过滤路由器位于内部网络与外部网络之间，而堡垒主机位于内部网络与包过滤路由器之间，如图4-9所示。

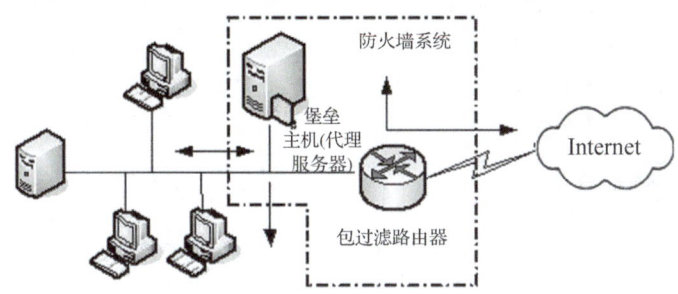

图 4-9　主机过滤型防火墙结构

这种结构体系中，主要的安全功能由包过滤路由器提供，堡垒主机主要提供面向应用的服务，而且可以用来隐藏内部网络的配置。通常在包过滤路由器设立过滤规则，使堡垒主机成为外部网络所能到达的唯一节点，并进行包过滤控制；对于内部网络中其他主机直接对外的通信，必须经过堡垒主机来完成。堡垒主机运行应用代理服务程序，可完成多种代理，还可以完成认证和交互，能提供完善的 Internet 访问控制。

主机过滤型防火墙结构比双宿主主机防火墙结构能提供更好的安全保护区，更具有可操作性，安全功能实现和扩充也较容易，但是这种结构中的堡垒主机是网络的"单失效点"，也是网络黑客集中攻击的目标，安全保障仍不理想。

4.3.4 屏蔽子网型防火墙结构

屏蔽子网型防火墙结构是在主机过滤结构的基础上，增加了一个周边防御网段，即在被保护的网络和外部网络之间设置一个被隔离的独立子网，进一步隔离内部与外部网络，在内、外网之间形成隔离区，也称为非军事区（DMZ），如图4-10所示。一般情况，采用包过滤路由器防火墙来孤立这个子网，这样被保护网络和 Internet 虽然访问子网主机，但跨过子网的直接访问是被严格禁止的，而且独立子网需要设置一台防御主机，用来提供交互式的终端会晤，同时也兼当应用级网关。

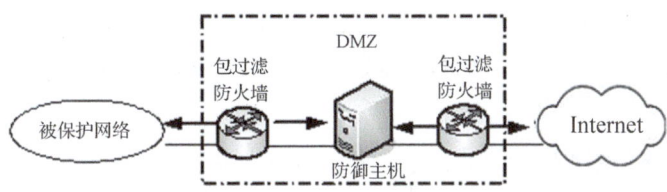

图 4-10　屏蔽子网型防火墙结构

屏蔽子网型防火墙结构是把前一种主机的通信功能分散到多个主机组成的网络中，有的作为 WWW 服务器、有的作为 Email 服务器、有的作为 FTP 服务器，而防御主机则作为代理服务器和认证服务器置于隔离区子网中，以维护外部网络和内部网络的连接。这种结构使得经过防火墙的所有服务都必须经过应用网关，屏蔽子网型防火墙危害区域较小，只集中在堡垒主机和两个包过滤路由器上，是四种防火墙类型中最安全的一种。其主要优势就是攻击者必须攻破三个单独的设备——外部包过滤路由器、DMZ 中堡垒主机、内部包过滤路由器；DMZ 所受到的安全威胁不会影响到内部网络。这种屏蔽子网型防火墙结构系统减少了入侵者闯入的机会，也是实际防火墙部署中比较理想的一种安全防范模式。

除了上面提到的这些防火墙实现方式外，还有应用级网关、代理网关以及混合型网关等多种实现方式。构建防火墙时，通常是多种技术的组合，这种组合主要取决于需要向用户提供什么样的服务、接受什么等级的风险，以及经费、技术人员技术水平等因素。

4.4 防火墙选择原则

实际网络应用环境各具特点，选择防火墙时，应根据站点的特点来选择合适的防火墙，一般应考虑以下几大原则。

1. 防火墙管理的难易程度

防火墙管理的难易程度是选择防火墙时主要考虑的因素之一。一般企业之所以很少用已有的网络设备直接当作防火墙的原因，除了先前提到的包过滤路由器并不能达到完全的控制之外，设定工作困难、须具备完整的知识以及易出错等管理问题，这也是一般企业不愿意使用的主要原因。

2. 防火墙自身是否安全

防火墙自身的安全体现在自身设计和管理两个方面。设计安全关键在于操作系统，只有自身具有完整信任关系的操作系统才可以谈论系统的安全。而应用系统的安全是以操作系统的安全为基础的，同时防火墙自身的安全实现也直接影响整体系统的安全性。

3. 系统是否稳定

对一个成熟的产品来说，系统的稳定性是最基本的要求。目前，由于种种原因，国内有的防火墙尚未经过大量严格的测试就被推向了市场，这样一来其稳定性就可想而知了。相信没有一个网管人员愿意把自己的网络作为防火墙的测试平台。

4. 是否高效可靠

高性能是防火墙的一个重要指标，它直接体现了防火墙的可用性，也体现了用户使用防火墙所需付出的安全代价；而可靠性对防火墙类访问控制设备来说尤为重要，它直接影响受控网络的可用性。从系统设计上，提供可靠性的措施一般是提高本身部件的强度、增大设计阈值和增加冗余部件，这要求有较高的生产标准和设计冗余度，如使用工业标准、电源热备份、系统热备份等。

5. 是否可以抵抗拒绝服务攻击

在当前网络攻击中，拒绝服务攻击是使用频率最高的方法。抵抗拒绝服务攻击应该是防火墙的基本功能之一。目前很多防火墙号称可以抵御拒绝服务攻击，但严格地说，应该是可以降低拒绝服务攻击的危害而不是抵御这种攻击。在选择防火墙产品时,网管人员应该详细考察这一功能的真实性和有效性。

6. 是否可以针对用户身份过滤

防火墙过滤报文需要一个针对用户身份而不是 IP 地址进行过滤的办法。目前常用的是一次性口令验证机制,保证用户在登录防火墙时,口令不会在网络上泄露,这样防火墙就可以确认登录的用户确实和他所声称的一致。

7. 是否可扩展可升级

用户的网络不是一成不变的,防火墙也必须不断进行升级,支持软件升级就很必要了。如果不支持软件升级,为了抵御新的攻击手段,用户必须进行硬件上的更换,而在更换期间网络是不设防的,同时用户也要为此花费更多的资金。

4.5 实训项目

防火墙技术是最基本、最常用的防护技术。不论是个人用户,还是网络管理人员,掌握常用防火墙的安装和设置技术都是极其重要的,本节以 Windows 7 系统自带的个人防火墙为例来学习防火墙的配置与管理。Windows 防火墙是由包过滤防火墙结合系统进程的访问控制策略来实现对主机的防护。它将规则分为入站规则和出站规则,每条规则可用于企业域、专用网和公用网三种配置文件,三种配置文件分别用于不同的网络接口。

实训项目:防火墙的配置与管理

实训步骤

1. 打开防火墙

1)单击"开始"→"控制面板"→"系统和安全",选择"Windows 防火墙",打开防火墙管理窗口,如图 4-11 所示。

图 4-11 防火墙管理窗口

2)在图 4-11 中,选择"打开或关闭 Windows 防火墙",可以启用或关闭防火墙功能,如图 4-12 所示。

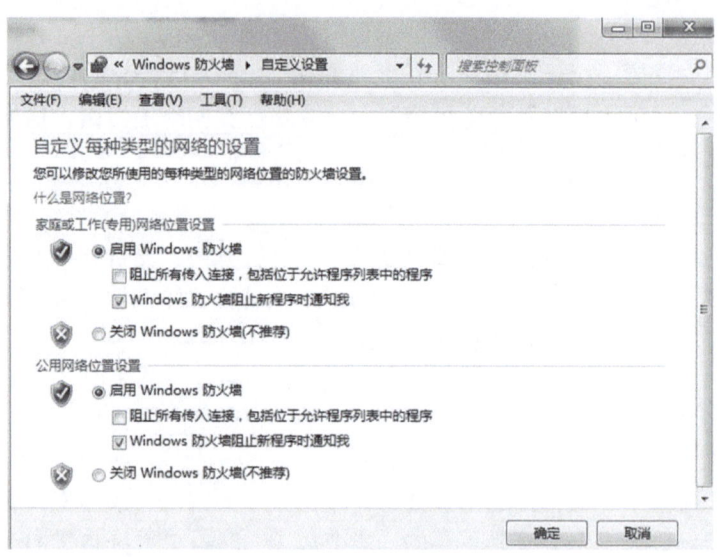

图 4-12　启用或关闭防火墙功能

2. 访问控制配置管理

1)操作系统程序文件的访问控制配置管理,是指配置允许哪些程序不受检查直接通过防火墙。在图 4-11 中,选择"允许程序或功能通过 Windows 防火墙",进入允许的程序界面,选择允许直接通过的程序,如图 4-13 所示。

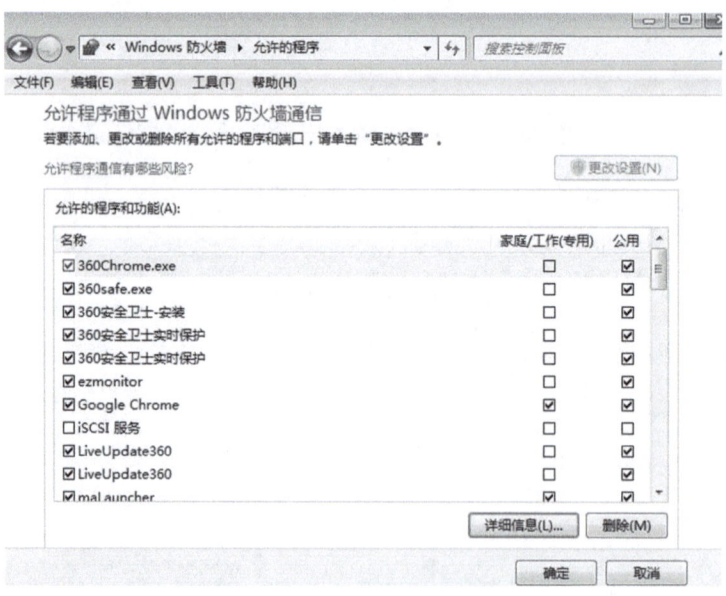

图 4-13　允许程序配置

2)在图 4-11 中,选择"高级设置",进入高级安全 Windows 防火墙界面,如图 4-14 所示。

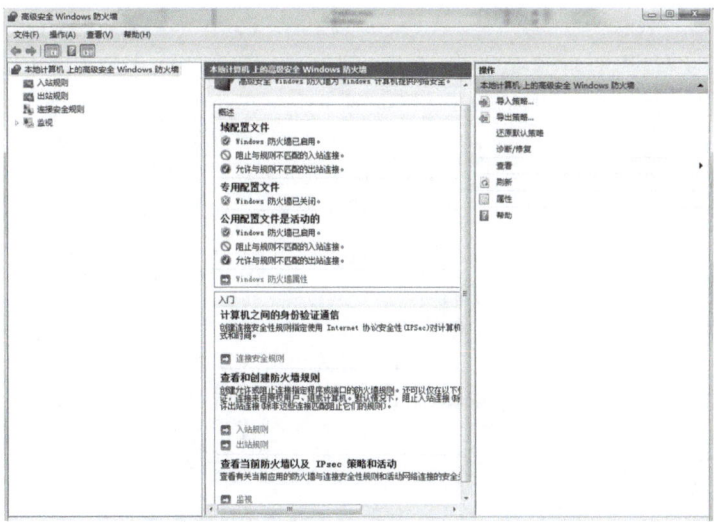

图 4-14　高级安全 Windows 防火墙界面

在默认情况下，防火墙不阻止从接口发出的报文，即出站规则默认都是允许的，如果入站规则不匹配从接口收到的报文，则报文默认被拒绝，Windows 防火墙默认规则如图 4-15 所示。

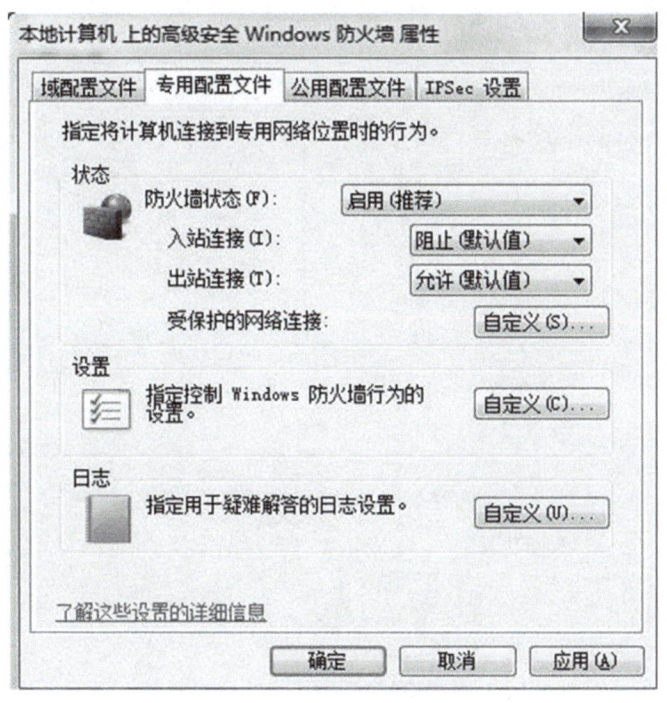

图 4-15　Windows 防火墙默认规则

3. 自定义入站规则

在图 4-14 中，单击"入站规则"→"新建规则"，弹出新建入站规则向导界面。Windows 防火墙支持的规则类型可以基于程序设置、基于端口设置、基于预定义设置、基于自定义设置，如图 4-16 所示。

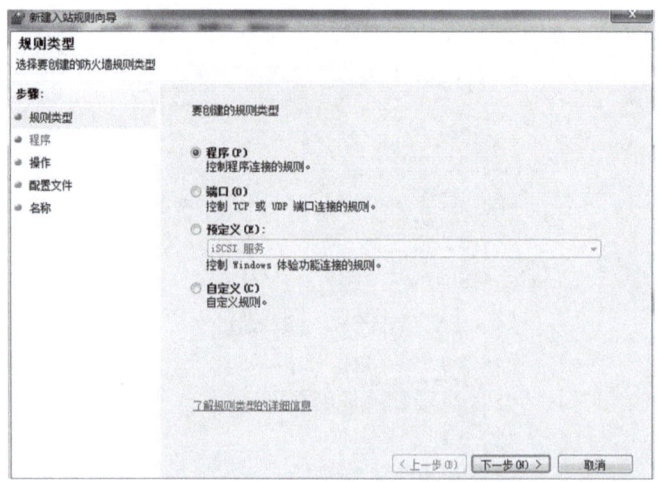

图 4-16　Windows 防火墙支持的规则类型

1）基于程序设置入站规则——以拒绝 QQ 程序连接为例。在图 4-16 中，选择"程序"，单击"下一步"，进入程序选择界面，点击"浏览"，选择 QQ 程序，如图 4-17 所示。单击"下一步"进行配置相应的操作以及何时应用规则，如图 4-18、图 4-19 所示。

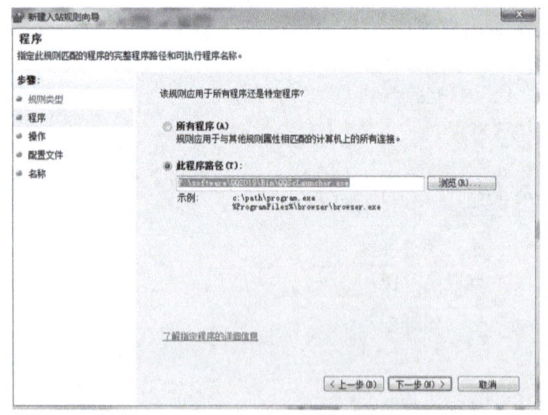

图 4-17　选择 QQ 程序

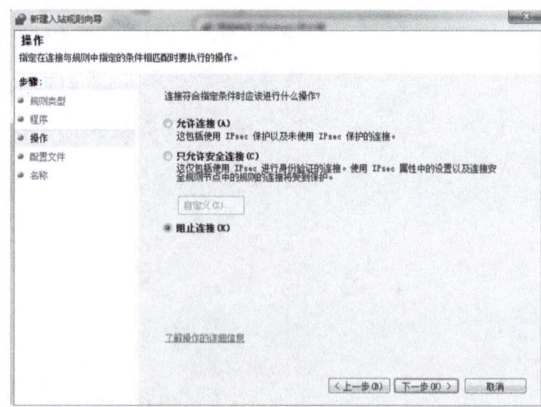

图 4-18　设置相应操作

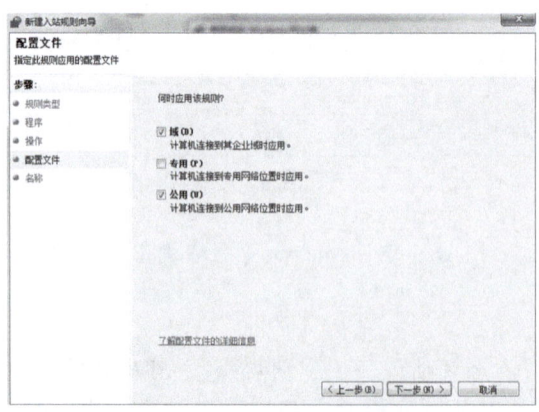

图 4-19　设置何时应用规则

规则设置完成后,可以为自定义规则命名,如图 4-20 所示。完成后在入站规则列表中将会出现新建立的规则。

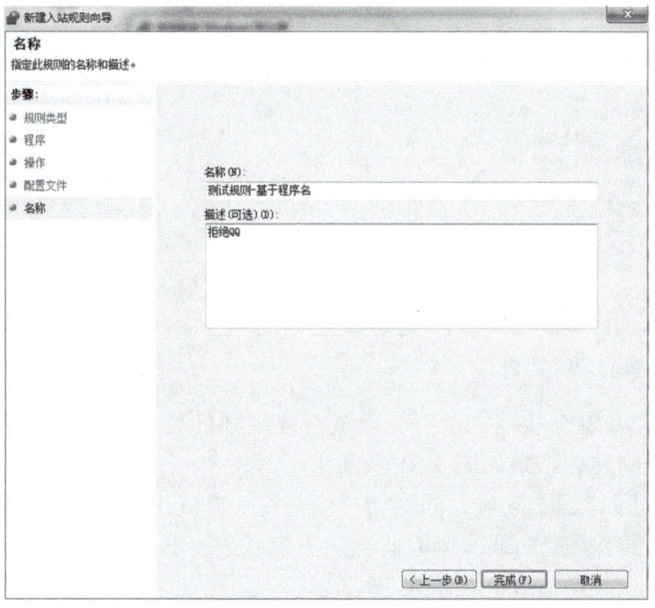

图 4-20　为自定义规则命名

2)基于端口设置入站规则——只允许外部主机使用 TCP 的 80 端口或 2000 – 3000 端口接入。配置过程如图 4-21、图 4-22 所示。

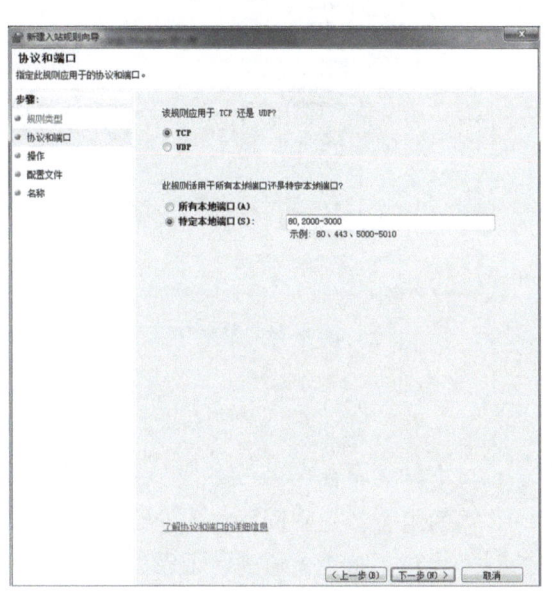

图 4-21　基于端口的规则

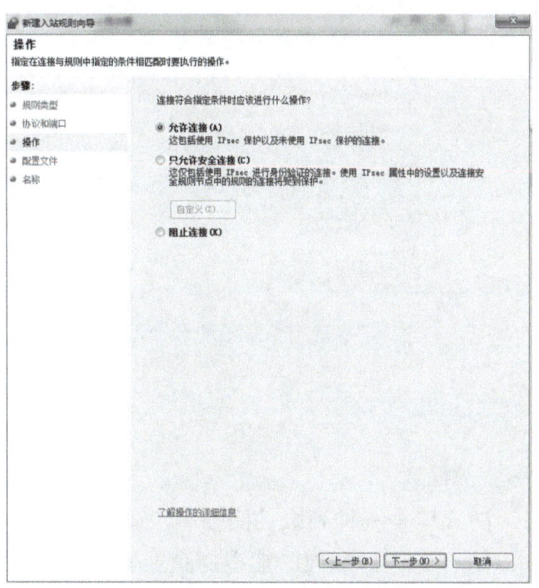

图 4-22　设置允许操作

3)基于自定义设置入站规则——只允许外部主机使用 TCP 的 2000 – 3000 端口连接 192.168.51.100 地址的某个端口。配置过程如图 4-23、图 4-24 所示。

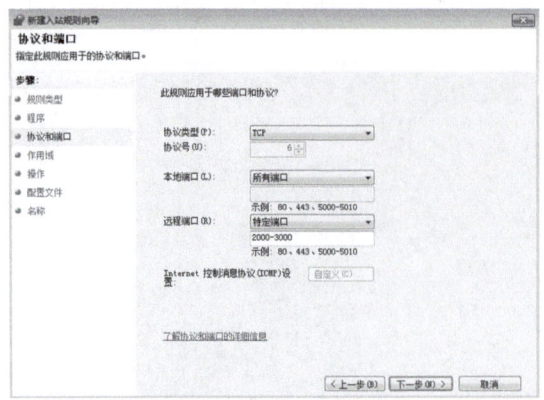
图 4-23　配置远程端口

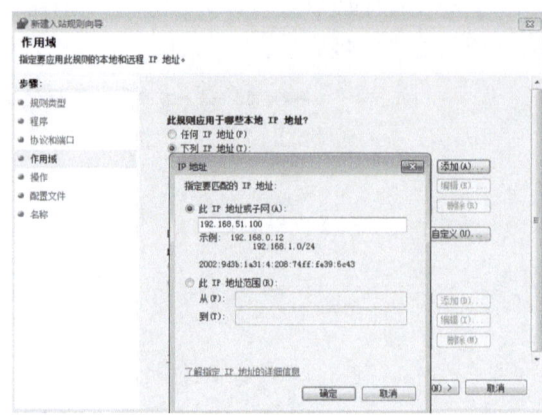
图 4-24　设置规则作用域

单击图 4-24 中"确定"按钮。之后，设置符合规则的相应操作以及何时应用规则，并命名规则。最终入站规则列表结果如图 4-25 所示。

新建规则时，可以根据需求，同时基于程序、端口以及自定义来设置规则。此外，Windows 防火墙还提供了监视功能，可以监视防火墙状态、日志；查看活动防火墙规则、活动连接安全规则以及安全关联情况，如图 4-26 所示。

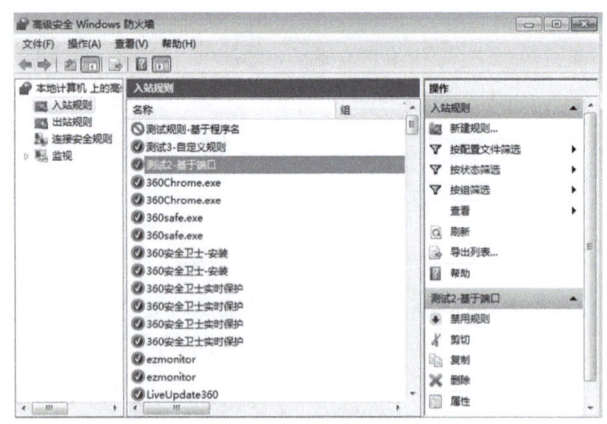
图 4-25　入站规则列表结果

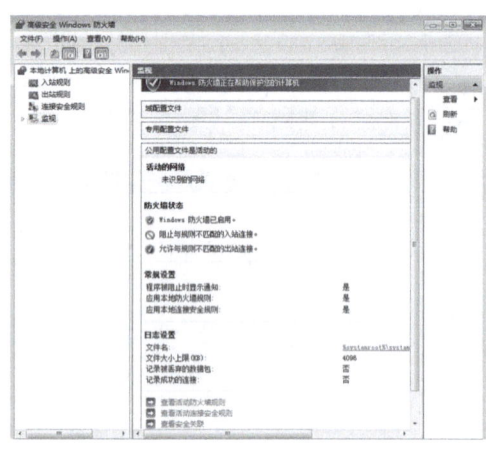
图 4-26　监视功能

练习与实训题

一、选择题

1. 防火墙是一种高级访问控制设备，它是置于（　　）的组合，是不同网络安全域间通信流的（　　）通道，能根据企业有关的安全策略控制（允许、拒绝、监视、记录）进出网络的访问行为。

    A．不同网络安全域之间的一系列部件　唯一

    B．相同网络安全域之间的一系列部件　唯一

    C．不同网络安全域之间的一系列部件　多条

    D．相同网络安全域之间的一系列部件　多条

2. 包过滤防火墙的缺点为（　　）。
   A. 容易受到 IP 欺骗攻击
   B. 处理数据包的速度较慢
   C. 开发比较困难
   D. 代理的服务（协议）必须在防火墙出厂之前进行设定
3. 对于防火墙不足之处，描述错误的是（　　）。
   A. 防火墙不能抵抗最新的未设置策略的攻击漏洞
   B. 防火墙的并发连接数限制容易导致拥塞或者溢出
   C. 防火墙对服务器合法开放的端口的攻击大多无法阻止
   D. 防火墙可以阻止内部主动发起连接的攻击
4. 关于防火墙的描述不正确的是（　　）。
   A. 防火墙不能防止内部攻击
   B. 如果一个公司信息安全制度不明确，拥有再好的防火墙也没有用
   C. 防火墙可以防止伪装成外部信任主机的 IP 地址欺骗
   D. 防火墙可以防止伪装成内部信任主机的 IP 地址欺骗
5. 防火墙的主要技术有哪些？（　　）
   A. 简单包过滤技术　　　　　　B. 状态检测包过滤技术
   C. 应用代理技术　　　　　　　D. 复合技术
   E. 地址翻译技术
6. 防火墙的作用是（　　）。
   A. 过滤进出网络的数据　　　　B. 管理进出网络的访问行为
   C. 封堵某些禁止的行为　　　　D. 记录通过防火墙的信息内容和活动
7. 防火墙能够做到些什么？（　　）
   A. 包过滤　　　B. 包的透明转发　　C. 阻挡外部攻击　　D. 记录攻击
8. 防火墙对数据包进行状态检测包过滤时，不可以进行过滤的是（　　）。
   A. 源和目的 IP 地址　　　　　B. 源和目的端口
   C. IP 协议号　　　　　　　　　D. 数据包中的内容
9. 包过滤防火墙是通过（　　）来确定数据包是否通过。
   A. 路由表　　　B. ARP 表　　　C. NAT 表　　　D. 过滤规则
10. 以下关于防火墙技术的描述，哪个是错误的？（　　）
    A. 防火墙分为数据包过滤和应用网关两类
    B. 防火墙可以控制外部用户对内部系统的访问
    C. 防火墙可以阻止内部人员对外部的攻击
    D. 防火墙可以分析和统管网络使用情况
11. 屏蔽路由器型防火墙采用的技术是基于（　　）。
    A. 数据包过滤技术　　　　　　B. 应用网关技术
    C. 代理服务技术　　　　　　　D. 三种技术的结合
12. 网络中用一台防火墙来划分 Internet、内部网及 DMZ 区域，这样的防火墙类型为（　　）。
    A. 单宿主堡垒主机　　　　　　B. 双宿主堡垒主机
    C. 三宿主堡垒主机　　　　　　D. 四宿主堡垒主机

二、填空题

1. 防火墙按采用的技术分类主要分（　　　）、（　　　）和（　　　）三类。
2. 防火墙体系结构一般有三种类型：（　　　　）、（　　　　　）和屏蔽子网体系结构，其中，（　　　　　）是防火墙体系的基本形态。
3. 目前普遍应用的防火墙组成结构可分为（　　　　　）、（　　　　　　）和芯片级防火墙三种。
4. 在屏蔽子网防火墙体系结构中，（　　　　　　）和（　　　　　　　）共同构成了整个防火墙的安全基础。
5. 为控制企业内部对外的访问以及抵御外部对内部网的攻击，最好的选择是（　　　　　）。
6. 防火墙是一个或一组实施（　　　　　　）的系统。

三、判断题

1. 防火墙对内部网起到了很好的保护作用，并且它是坚不可摧的。（　　　）
2. 防火墙策略也称为防火墙的安全规则，它是防火墙实施网络保护的重要依据。（　　　）
3. 双重宿主主机体系结构中，双重宿主主机至少有三个网络接口。（　　　）
4. 包过滤又称"报文过滤"，它是防火墙最传统、最基本的过滤技术。（　　　）
5. 包过滤防火墙通常工作在 OSI 的三层及三层以上。（　　　）
6. 应用级网关的安全性高并且有较好的访问控制，是目前最安全的防火墙技术。（　　　）
7. 状态检测技术最早是 CiSCo 提出来的。（　　　）
8. 防火墙能够完全防止传送已被病毒感染的软件和文件。（　　　）
9. 防火墙必须记录通过的流量日志，但是对于被拒绝的流量可以没有记录。（　　　）
10. 在配置访问规则时，源地址、目的地址、服务或端口的范围必须以实际访问需求为前提，尽可能地缩小范围。（　　　）

四、简答题

1. 什么是防火墙？为什么要设置防火墙？
2. 防火墙主要有哪些类型？并分述各自特点。
3. 简述常见的几种防火墙系统结构。

五、实训题

1. 安装、设置和管理防火墙软件：上网下载一款免费的防火墙软件，练习其安装与基本设置及管理。
2. 增加修改访问规则：利用第 1 题安装的防火墙软件禁止用户使用 QQ 程序、禁止 FTP 下载、禁止外部机器 ping 本机，但本机可以 ping 其他机器。

第 5 章 电子商务安全协议

- SET 协议
- SSL 协议

5.1 SET 协议概述

安全电子交易（Secure Electronic Transaction，SET）是目前已经标准化且被业界广泛接受的一种网际网络信用卡付款机制。消费者发出的支付指令，在由商户送到支付网关之前，是在公用网上传递的，这一点与持卡人在 POS 机上刷卡付费有着本质的不同。因为从商户 POS 机到银行之间使用的是专线。因此，我们必须考虑公用网上支付信息的安全性。在这种需求的推动下，VISA 与 MasterCard 联合推出了安全电子交易协议。并且由众多信息产业公司，如 Microsoft、Netscape、RSA 等共同协作发展而成。SET 的实现不需要对现有的银行支付网络进行大改造。SET 协议确保了网上交易所要求的保密性、数据的完整性、交易的不可否认性和交易的身份认证。

其实，SET 协议完全是一项支付协议，只是在持卡人向商户发送支付请求、商户向支付网关发送授权或获取请求，以及支付网关向商户发送授权或获取回应、商户向持卡人发送支付回应时才起作用，它并不包含挑选物品、价格协商、支付方式选择和信息传送等方面的协议。

5.1.1 SET 的由来

在 Internet 上开发对所有公众开放的电子商务系统，从技术角度来看，关键的技术问题有两个：一是信息传递的准确性；二是信息传递的安全可靠性。前者是各种数据交换协议已经解决了的问题；后者则是目前学术界、工商界和消费者最为关注的问题。为此，西方学者和企业在这方面投入了大量的人力、物力，并于 1996 年提出了安全数据交换的 SET、SEPP（Secure Electronic Payment Protocol）等标准协议模式。1997 年 4 月以 IBM、Netscape、MasterCard International、Visa 以及美国数家大银行为首的一个巨大的国际合作集团联手推出了基于 SET 和 SEPP 的网络商贸（Net Commerce）系统。该系统所涉及的商贸范围包括企业对企业（Business to Business，B2B）、企业对消费者（Business to Consumer，B2C）、商贸与支付等多个领域。基于安全网络数据交换协议的电子商务系统的出现将会使现有企业经营模式和商贸流通模式从根本上发生改变。它不但是技术发展中的一件大事，而且是整个社会网络化、信息化进程中的一个飞跃，对未来社会的发展十分重要。由于 SET 协议是基于 Internet 的 TCP/IP 标准和 WWW 的技术规范，并以安全网络数据交换为宗旨，它一经提出就立刻受到普遍欢迎。

SET 协议主要通过使用密码技术和数字证书的方式来保证信息的机密性和安全性。1997 年

5月底，SET Specification Version 1.0发布，它是面向B2C模式的，完全针对信用卡来制定的，涵盖了信用卡在电子商务交易中的交易协定、信息保密、资料完整等各个方面，是为了在Internet上进行在线交易时保证用卡支付的安全而设立的一个开放的规范，现在已经成为工业标准。

SET协议的内容包括SET的交易流程、程序设计规格与SET协议的完整描述三部分，其中第一部分提供处理的总述；第二部分介绍数据区、消息以及处理流程，具体又分为系统设计原则、证书管理、支付系统三部分和附录；第三部分提供SET消息和数据区的最严格描述。

在SET协议中主要定义了以下内容：

1) 加密算法（如RSA和DES）的应用。
2) 证书消息和对象格式。
3) 购买消息和对象格式。
4) 付款消息和对象格式。
5) 参与者之间的消息协议。

在各方期盼健全网络购物的安全环境时，SET协议标准的产生满足了大家的要求。自SET 1.0发布以来，Microsoft、IBM、Brokat、CyberCash等软件公司相继发布了一些相应软件，如Microsoft Wallet 3.0、IBM Payment Registry 1.2、CyberCash CashRegister 4.0等，并通过了由Visa和MasterCard组成的SET检测中心SETCo的测试。

目前，SET协议中的核心技术主要有共享密钥加密（Secret-Key Cryptography）技术、公开密钥加密（Public-Key Cryptography）技术、电子数字签名（Digital Signature）技术和数字信封（Digital Envelope）技术等。SET通过使用公共密钥和对称密钥方式加密保证了数据的保密性，通过使用数字签名来确定数据是否被篡改，保证数据的一致性和完整性，并可以完成交易防止抵赖。

5.1.2 网上购物与现实中购物的比较

传统购物是在现实物理世界中真实进行的商务活动，其过程可以简单地分为查询、订货和交易三个环节。首先，消费者根据自己的实际情况确定自己需要何种商品，找到出售该种商品的商家，进行价格、性能、服务、信誉等方面的查询，然后在比较的基础上进行选择，商家将产品或服务提供给消费者，而消费者按商家要求的支付手段进行支付，最终完成交易。在传统购物中，商家和消费者需要直接见面，交易过程中需要的信息传输手段往往也是多种多样的，如电话、传真、信件等。

与传统购物一样，网上购物也分为查询、订货、交易等环节，但这种交易不需要消费者和商家直接见面，并且可以通过Internet这一媒介来进行。下面以普通消费者为例，来分析一下在现实生活中购物与网络购物的情景。

1. 现实生活中使用信用卡购物的情景

1) 持卡人在商场中浏览并选择商品。
2) 持卡人决定购买一些商品，如将有关商品放入购物车或购物篮中。
3) 持卡人在商场的收款台前，由POS机逐一确认所购物品，并自动打印购物清单（单价、总价和有关折扣等信息），交给持卡人。
4) 持卡人将选择付款，即指定要用来付款的信用卡。

5）持卡人在 POS 机上刷信用卡。
6）商户的 POS 机将持卡人的账号信息发送到银行验证。
7）商户接收 POS 机所打印的清单确认。
8）商户按清单将货物给持卡人（可以当时提货或送货）。
9）商户要求持卡人开户行将货款通过银行间清算网络付给它。

2. 网络购物中使用信用卡购物的情景

1）持卡人使用浏览器去查看互联网上商户建立的购物中心主页上发布的商品。
2）持卡人决定购买一些商品，并加入购物篮。
3）持卡人将一个订货单，包括商品名称、单价、总额、提货方式等，提交给商户站点。
4）持卡人选择付款方式，即指定要用来付款的信用卡。
5）持卡人将订货单和付款指令发给商户（商户看不到付款信息）。
6）商户将持卡人的账号信息发送到持卡人开户银行验证。
7）商户接收订货合同。
8）商户按订单将货物发给持卡人。

从上面的比较不难看出，相对于现实生活中的购物活动，网上购物活动有着独特的优势。从消费者方面来看，他们可以方便快捷地比较各个商家的商品价格，可以节省现实购物中消耗的体力，可以随心所欲地选择购物时间，甚至于 24 小时的任何一个时间段都可以进行。从商家方面来看，他们可以最大限度地节约销售成本，缩减租用场地等方面的开支，提高自己商品的竞争力。

但是，网上购物需要消费者拥有一台能够接入 Internet 的个人计算机，需要花费等候商家送货的时间。而且这种方便快捷的购物方式还会以牺牲传统购物中的休闲愉悦为代价。另外，也并不是所有的商品都适合于网上购买的方式。

5.1.3 SET 的主要目标

SET 是一个复杂的协议，它详细而准确地反映了卡交易各方之间的各种关系。事实上，SET 不只是一个技术方面的协议，它还说明了每一方所持有的数字证书的合法性，希望得到数字证书以及响应信息的各方应有的动作，与每一笔交易紧密相关的责任分担。SET 是一个基于可信的第三方认证中心的方案，它要实现的主要目标有下列三个方面：

1）保障付款安全　确保付款资料的隐秘性及完整性，提供持卡人、特约商店、收单银行的认证，并定义安全服务所需的演算法及相关协定。

2）确定应用的互通性　提供一个开放式的标准，明确定义细节，以确保不同厂商开发的应用程序可共同运作，促成软件互通；并在现存各种标准下构建该协定，允许在任何软硬件平台上执行，使标准达到相容性与接受性的目标。

3）达到全球市场的接受性　在对特约商店、持卡人影响最小及容易使用的前提下，达到全球普遍性。允许在目前使用者的应用软件上，嵌入付款协定的执行，对收单银行与特约商店、持卡人与发卡银行间的关系，以及信用卡组织的基础构架改变最少。

因此，SET 协议保证了电子交易的机密性、数据完整性、身份的合法性和不可否认性。

1）机密性（Confidentiality）　SET 协议采用先进的公开密钥算法来保证传输信息的机密性，以避免 Internet 上任何无关方的窥探。公开密钥算法容许任何人使用公开的密钥将加密信息发送给指定的接收者，接收者收到密文后，用私人密钥对这个信息解密，因此，只有指定的接收者才能读这个信息，从而保证信息的机密性。

SET 协议也可通过双重签名的方法将信用卡信息直接从客户方透过商家发送到商家的开户行，而不容许商家访问客户的账号信息，这样客户在消费时可以确信其信用卡号没有在传输过程中被窥探，而接收 SET 交易的商家因为没有访问信用卡信息，故免去了在其数据库中保存信用卡号的责任。

2）数据完整性（Data Integrity） 通过 SET 协议发送的所有报文加密后，将为之产生一个唯一的报文摘要值（Message Digest），一旦有人企图篡改报文中包含的数据，该数值就会改变，从而被检测到，这就保证了信息的完整性。

3）身份的合法性（Verification of Identity） SET 协议可使用数字证书来确认交易涉及的各方（包括商家、持卡客户、受卡行和支付网关）的身份，为在线交易提供一个完整的可信赖的环境。

4）不可否认性（Non-repudiation of Disputed Charges） SET 交易中数字证书的发布过程也包含了商家和客户在交易中存在的信息。因此，如果客户用 SET 协议发出一个商品的订单，在收到货物后他（她）不能否认发出过这个订单；同样，商家以后也不能否认收到过这个订单。

除此以外，SET 还要求软件遵循相同的协议和报文格式，使不同厂家开发的软件具有兼容和互操作功能，并且可以运行在不同的硬件和操作系统平台上。

5.1.4 SET 协议中的相关成员

SET 协议中的角色有：

1）持卡人（Cardholder） 是指使用付款卡在网络上实现支付的用户。

在电子商务环境中，消费者和团体购买者通过计算机与商家交流，持卡人通过由发卡机构颁发的付款卡（如信用卡、借记卡）进行结算。在持卡人和商家的会话中，SET 协议可以保证持卡人的个人账号信息不被泄露。

2）发卡机构（Card Issuer） 是指发行信用卡给持卡人的金融机构，并在持卡人申请 SET 数字证书时，对持卡人进行核实。

发卡机构是一个金融机构，为每一个建立了账户的顾客颁发付款卡，发卡机构根据不同品牌卡的规定和政策，保证对每一笔认证交易的付款。

3）商家（Merchant） 是指在网络上商品或服务的提供者。

商家负责提供商品或服务，使用 SET 协议就可以保证持卡人个人信息的安全。接受付款卡支付的商家必须和银行有联系。

4）收单银行（Acquiring Bank） 是指商家开立账号所在的金融机构，它在商家申请 SET 数字证书时，对商家进行核实。

在线交易的商家在银行开立账号，并且处理支付卡的认证和支付。

5）支付网关（Payment Gateway） 实现对支付信息从 Internet 到银行内部网络的转换，并对商家和持卡人进行认证。

支付网关是由银行操作的，将 Internet 上的传输数据转换为金融机构内部数据的设备，或由指派的第三方处理商家支付信息和顾客的支付指令。

6）认证中心（Certificate Authority，CA） 在基于 SET 的电子商务体系结构中，认证中心起到一个很重要的作用。CA 签发数字证书给持卡人、商家和支付网关，让持卡人、商家和支付网关之间通过数字证书进行认证。

CA 存在着一种树状连接的信任关系。不同 CA 签发的数字证书都包括其上一级签发者的数字证书，两个数字证书是否彼此信任是通过向上层追述证书签发者来实现的。如果在追述过程中，两个数字证书有相同的上层签发者，则这两个数字证书是彼此信任的。

5.2　SET 的相关技术

5.2.1　SET 的双重签名技术

SET 协议的安全措施十分完善，它把对称密钥体制和公开密钥体制完善地结合了起来，利用数字信封技术进行密钥的安全可靠交换，通过 DES、RSA 等进行高效率数据加密，利用数字证书、报文摘要、时间戳、数字签名和双重签名等技术确保信息的完整性和不可抵赖性等，具有安全性高、密钥管理简便等优点。

有关数据加密、数字证书、报文摘要、数字信封、数字签名以及时间戳等技术前文已有论述，这里仅就 SET 中的双重签名技术进行讨论。

数字签名在 SET 协议中一个重要的应用就是双重签名。在交易中持卡人发往银行的支付指令是通过商家转发的，为了避免在交易过程中商家窃取持卡人信用卡信息，以及避免银行跟踪持卡人的行为，侵犯消费者隐私，但同时又不能影响商家和银行对持卡人所发信息进行合理的验证，只有当商家同意持卡人的购买请求后，才会让银行给商家付费。SET 协议采用双重签名来解决这一问题。

假设持卡人 C（Customer）从商家 M（Merchant）购买商品，持卡人不希望商家看到他的信用卡信息，也不希望银行 B（Bank）看到他有关商品的信息，于是他采用双重签名，流程如图5-1所示，具体说明如下：

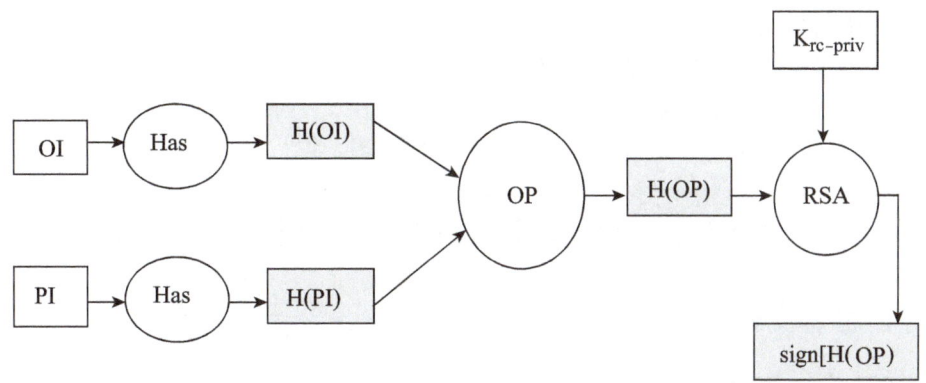

图 5-1　双重签名流程示意图

首先 C 产生发往 M 的订购信息 OI 和发往 B 的支付指令 PI，并分别产生 OI、PI 的报文摘要 H(OI)、H(PI)，其中摘要由一个单向哈希函数产生。连接 H(OI) 和 H(PI) 得到 OP，再生成 OP 的报文摘要 H(OP)，用 C 的 RSA 私钥 $K_{rc\text{-}priv}$ 签名 H(OP)，得到 sign[H(OP)]，称为双重签名。

然后，C 将消息 {OI，H(PI)，sign[H(OP)]} 发给 M，将 {PI，H(OI)，sign[H(OP)]} 发给 B。在验证双重签名时，接受者 M/B 分别创建报文摘要，M 生成 H(OI)，B 生

成 H(PI)，再分别将 H(OI)/H(PI) 与另一接收到的报文摘要 H(PI)/H(OI) 连接，生成 OP 及其摘要 H(OP)′，接受者 M/B 用 C 的 RSA 公钥 K_{rc_pub} 解开 sign[H(OP)]，得到 H(OP)，比较生成的 H(OP)′ 与接收到的 H(OP) 是否相同，如果相同，则表示数据完整且未被篡改。

5.2.2 SET 的认证技术

1. 身份验证问题

上述加密体制仍然存在一个漏洞，这就是身份验证问题。举例来说，从 A 方发送电子信息给 B 方时，B 方怎样才能够仅仅通过 A 方的报文核实报文确实出自 A 方之手？通过上文的叙述，B 方可以确信所收到的报文没有其他人能够阅读，也没有任何人能够修改，但 B 方无法断定是否有人假冒 A 方给自己发信。当信件内容是一条支付请求的时候，若无其他有效手段，B 方很有可能要承担相当大的风险。

在常规业务中，交易双方现场交易，可以确认买卖双方的身份。但在网上做交易时，由于交易双方并不现场交易，持卡人和商家都需要确认对方的身份，怎样保证交易双方身份的真实性和交易的不可抵赖性，就成为人们迫切关心的一个问题。因此，在电子商务中，必须从技术上保证在交易过程中能够实现：身份认证、安全传输、不可否认性、数据一致性。在采用 CA（Certificate Authority）证书认证体系之前，交易安全一直未能得到真正的解决。由于 CA 数字证书认证技术采用了加密传输和数字签名技术，能够实现上述要求，因此在国内外的电子商务中得到了广泛的采用，以数字证书认证来保证交易能够正常地执行。

2. 电子证书（Certificate）

证书就是一份文档，它记录了用户的公共密钥和其他的身份信息。SET 中主要的证书是持卡人证书、商家证书。持卡人证书是支付卡的一种电子化的表示，持卡人证书不包括账号和截止日期信息，而是用单向哈希算法根据账号和截止日期生成的一个码，如果知道账号、截止日期、密码值，即可导出这个码值，反之不行。

商家证书就像是贴在商家收款台小窗上的付款卡贴画，以表示它可以用什么卡来结算。它是由金融机构签发的，不能被第三方改变。在 SET 环境中，一个商家至少拥有一对证书，与一个银行打交道；一个商家也可以有多对证书，表示他与多个银行有合作关系，可以接受多种付款方式。

除了持卡人证书和商家证书以外，还有网关证书、银行证书和发卡机构证书。

5.3 SET 购物流程概述

5.3.1 SET 购物流程

SET 协议主要是为了解决用户、商家和银行之间通过信用卡支付的交易而设计的，要保证支付信息的机密、支付过程的完整、商户及持卡人的合法身份以及可操作性。SET 的核心技术主要有公开密钥加密、数字签名、电子信封、电子安全证书等。SET 能在电子交易环节上提供更大的信任度、更完整的交易信息、更高的安全性和更少受欺诈的可能性。SET 协议支持 B2C 类型的电子商务模式，即消费者持卡在网上购物与交易的模式。SET 交易分三个阶段进行：

第一阶段，在购买请求阶段，用户与商家确定所用支付方式的细节。

第二阶段，在支付的认定阶段，商家会与银行核实，随着交易的进展，他们将得到付款。

第三阶段，在收款阶段，商家向银行出示所有交易的细节，然后银行以适当方式转移货款。

如果不是使用借记卡，而直接支付现金，商家在第二阶段完成以后的任何时间即可以供货支付。第三阶段将紧接着第二阶段进行。用户只和第一阶段交易有关，银行与第二、三阶段有关，而商家与三个阶段都要发生关系。每个阶段都涉及 RSA 对数据加密，以及 RSA 数字签名。使用 SET 协议，在一次交易中，要完成多次加密与解密操作，故要求商家的服务器有很高的处理能力。

SET 支付系统规范了使用信用卡的购物流程，也定义了每一步骤使用的通信协议、信息格式和数据类型。SET 购物流程与传统的购物流程比较相似，具体如下：

1) 在消费者与特约商店之间，持卡人消费前先确认商店合法性，由商店出示它的证书。

2) 持卡人确认后即可下订单，其订单经消费者以数字签名的方式确认，而消费者所提供的信用卡资料则另由收单银行以公钥予以加密。这里，特约商店会收到两个加密过的资料，其中一个是订单资料，另一个是关于支付的资料，特约商店可以解密前者，但无法解密后者，避免特约商店搜集或滥用持卡人消费资料。

3) 特约商店将客户的资料连同自己的 SET 证书发给收单银行，向银行请求交易授权及授权回复。

4) 收单银行会同时检查两个证书来验证其是否为合法的持卡人及特约商店。所以收单银行会用支付系统网关来解密，核对资料无误后，再连线到传统的网络（如 Visa 或 MasterCard）进行交易授权及清算。

5) 授权确认后由特约商店向消费者进行订单确认，交易完成。

6) 至于特约商店与收单银行间，则基于该授权提出请款要求并由银行付款。

SET 协议的简易工作流程如图 5-2 所示。

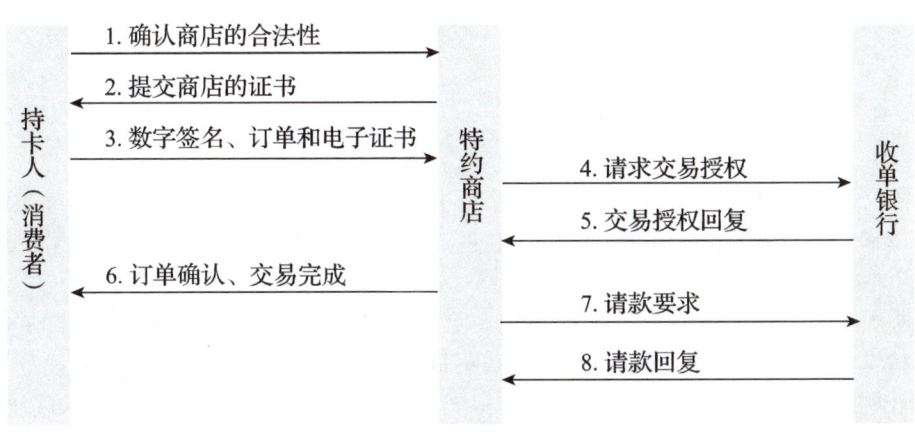

图 5-2　SET 协议的简易工作流程

可以看到，在此过程中，CA 扮演了系统中很重要的角色。SET 标准重点在于交易安全及隐秘性，其中，证书为其核心，它提供了简单的方法来确保进行电子交易的人们能够互相信任。信用卡组织提供数字证书给发卡行，然后发卡行再提供证书给持卡人；同时，信用卡组织也提供数字证书给收单银行，然后收单银行再将证书发给特约商店。在进行交易的时候，持卡人和特约商店两边符合 SET 协议，在资料交换前分别确认双方的身份，也就是检查由授权的第三方所发给的证书。在 SET 协议中，有下列证书：

- 持卡人证书（Cardholder certificates）
- 特约商店证书（Merchant certificates）
- 支付网关证书（Payment gateway certificates）
- 收单银行证书（Acquirer certificates）
- 发卡行证书（Issuer certificates）

持卡人的证书必须由发卡行来颁发。在第一次上网购物之前，持卡人必须先通过一个客户端程序输入基本资料给发卡银行，包括姓名、卡号、卡片有效日期、邮寄地址等，可以确认持卡人的身份资料。这些资料使用银行的公钥加密，安全地送至银行。发卡银行确认此账户正确无误后，便会发给持卡人一张具有电子安全数字签章的证书。持卡人只要将证书储存在计算机中，即可电子购物。同样，商店也必须取得收单银行的电子证书才可以接收 SET 方式的支付。商店要将它们的基本资料发给收单银行，收单银行在确认无误后，就会发出一张数字证书，允许它们从事电子商业行为。

请看下面是一个基于 SET 的交易，如图 5-3 所示。

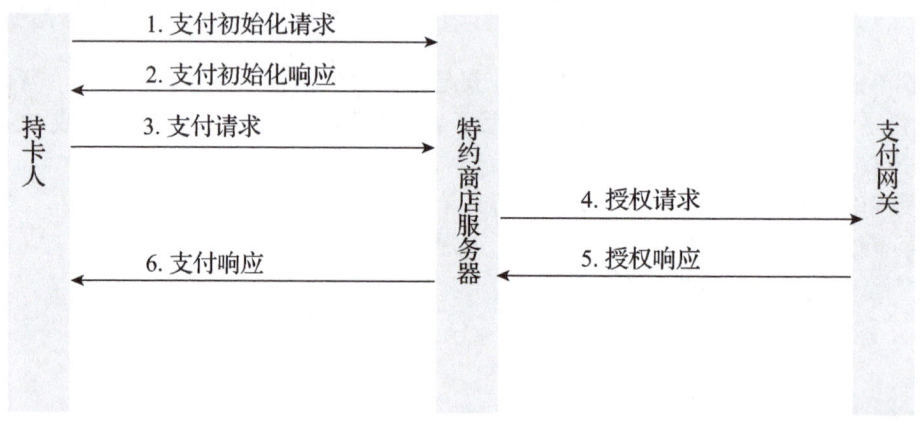

图 5-3　基于 SET 的交易

SET 协议规定发给每一个持卡人一个数字证书。持卡人选中一个口令，用它对数字证书和私钥、信用卡号码以及其他信息加密存储。这些与符合 SET 协议的软件一起组成了一个 SET 电子"钱夹"。

SET 所规定的内容远远不止以上的描述。除了支付授权以外，SET 还定义了许多交易类型，包括持卡人、机构和支付网关的登记、购买请求、支付记录等。SET 的报文规范与多年来在银行私有网络上使用的报文规范本质上是相同的，只不过 SET 使得这些报文可以在开放的 Internet 上传送，这正是解决电子商务安全问题的关键。

5.3.2　支付处理流程

SET 是针对用卡支付的网上交易而设计的支付规范，对不用卡支付的交易方式，像货到付款方式、邮局汇款方式则与 SET 无关。另外像网上商店的页面安排，保密数据在购买者计算机中如何保存等，也与 SET 无关。

最简单的网上支付模式是单纯安全套接层（Secure Socket Layer，SSL）模式。SSL 由

Netscape 设计，用来进行网上加密签证通信的协议。SSL 主要用在浏览器和 Web 服务器之间的通信中。

但是 SSL 模式的缺点颇多，最致命的是安全性不高，40 位的 SSL 容易被黑客攻破。另外就是信用卡号码和支付信息对商家是可见的，以及不能实现不可否认。SSL 模式应用在早期的电子商务系统中，而现在应用较多的网上支付模式主要是以下三种。

1. 面向商家的 SET（Merchant-oriented SET，MOSET）模式

在面向商家的 SET 模式下，持卡人的浏览器与商家的服务器之间的通信通过标准的 SSL 连接进行。现今，大多数的浏览器都使用 SSL 进行信用卡支付，该模式的示意图如图 5-4 所示。

其运作过程：当持卡人确认进行购买时，商家服务器软件接收持卡人信用卡信息，包括信用卡号码、金额等，然后商家服务器向能够处理 MOSET 支付的支付服务器提交。支付服务器把这些购买信息作为 SET 交易内容发送给支付网关。

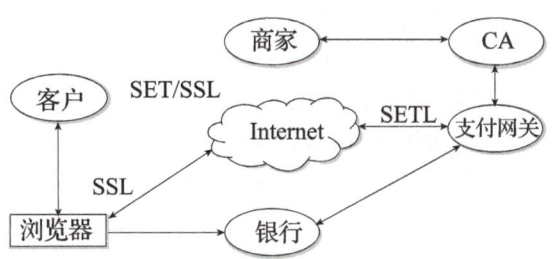

图 5-4　面向商家的 SET 模式流程图

MOSET 与 SET 的最大不同在于证书。SET 提供一个扩展功能，可以将"需要卡证书"选项设置为无效，此时支付网关就可以支持 MOSET 模式。所有流行的 CA 都支持这个扩展功能，并且支付网关应用软件基本不受 MOSET 影响。

MOSET 的优点：持卡人不必向 CA 申请持卡证书；持卡人购物时只需输入信用卡信息，是网上购物最简单的方法；由于 SSL 模式是 Web 服务器普遍采用的技术，商家为了接收 MOSET 而进行的修改相对 SET 而言要少得多。

MOSET 的缺点：商家可以看见信用卡号码以及到期日期等金融数据；不能实现不可否认等。

2. 无证书 SET（CertLess）模式

在无证书 SET 模式下，持卡人也不需要向 CA 申请持卡人证书，但必须使用电子钱包进行网上交易，须事先在电子钱包软件中增加一个无证书的账号等相关信息，如信用卡号码等。然后订单和支付信息通过 Internet 使用 SET 协议传到支付服务器。

无证书 SET 与 SET 的不同就是在证书上。CA 必须将支付网关证书的"需要信用卡证书"指示符设置为"假"以允许无证书 SET 交易。

对于接受 SET 支付的商家来说，不需进行任何改动就可接受无证书 SET 支付。这种支付方式不仅给商家提供了灵活性，也为持卡人提供了方便。无证书 SET 模式的处理流程如图 5-5 所示。

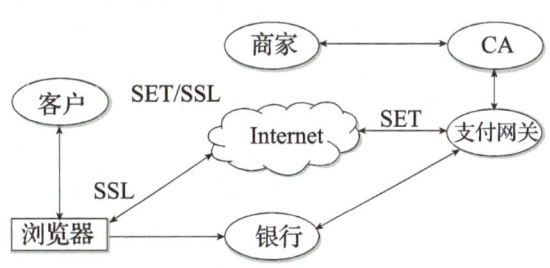

图 5-5　无证书 SET 模式的处理流程图

无证书 SET 具有的优点：持卡人不必向 CA 申请证书；信用卡号码以及相关金融信息对商家是不可见的，采用 SET 协议在持卡人、商家、支付网关之间传送金融和订单信息比单纯使用 SSL 协议更安全；实现 SET 后，要接受无证书 SET，商家无须进行任何改动，对支付网关的影响也小。

无证书 SET 的缺点：持卡人必须安装电子钱包软件，这就增加了应用的难度；由于没有数字签名，网上电子商务操作的不可否认性也难以保证。

3. 完全 SET 模式

SET 是 Internet 上较安全可靠的支付手段。所有 SET 成员都可互操作，各方（包括支付网关、商家和持卡人）必须拥有由 CA 签发的有效证书。

持卡人需要电子钱包软件来处理 SET 支付，即向商家发送 SET 购买申请。然后，商家的支付服务器接收来自购买申请的订单和支付信息，并将加密的支付信息传送给支付网关以获得批准。支付信息对商家来说是不可见的。

支付网关在 Internet 上代表金融机构。支付网关收到来自支付服务器的 SET 支付信息后，将其转变为标准 ISO8583 报文发送给金融机构（银行）。随后，支付网关等待银行的处理结果，当它接收到银行的授权信息后就把这些信息传回商家。商家接到支付网关的回答信息后，就转交给持卡人，告之授权结果。

完全 SET 模式的处理流程如图 5-6 所示。

完全 SET 模式有以下优点：信用卡号码以及相关金融信息对商家不可见，商家只能检索订单信息；由于参与各方可以在线确认其他各方的身份，因而比较可靠；能够实现不可否认。

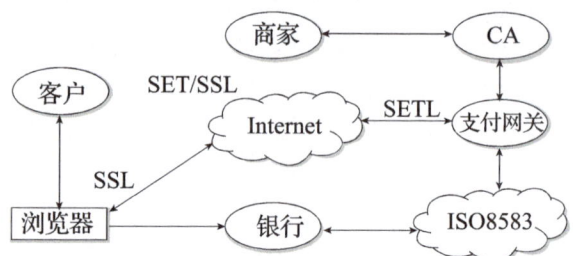

图 5-6　完全 SET 模式的处理流程图

完全 SET 模式的缺点是：实现很复杂，所有 SET 成员必须可以互操作；持卡人需要安装电子钱包。

5.4　SSL 协议概述

进入到 21 世纪，由于计算机技术尤其是网络技术的飞速发展，使得 Internet、Intranet、Extranet 等进入到社会的各个领域。因此企业间以及企业和个人间通过网络进行信息交换的信息量就在不断地增加。但是，由于安全性引发的各种信息丢失事件却严重地阻碍着网络技术应用的普及与发展。很多计算机公司开始着手研究如何更好地解决网络间信息传输的安全问题。目前，Internet 上对应的七层网络模型的每一层都已经提出了相应的加密协议。人们所说的 SSL 是工作于网络层（Socket Layer）的网络安全协议。

由于 Web 浏览器经常要传输重要的或者敏感的信息，所以 Netscape 公司在推出 Web 浏览器的同时，也提出了安全套接（Secure Socket Layer，SSL）协议。目前，利用公开密钥的 SSL 协议已经基本上成为 Internet 上保密通信的工业标准。现在使用的 Web 浏览器基本上都是使用 HTTP 和 SSL 相结合的办法来实现安全通信的。

5.4.1　SSL 协议

SSL 协议是一种在可持有证书的浏览器软件上（如 Internet Explorer、Netscape Navigator）和 WWW 服务器（如 Netscape 的 Netscape Enterprise Server）之间构造的安全通道中传输数据的协议。该协议由两个部分组成，底层是建立在可靠的传输协议（TCP/IP）上的 SSL 的记录协议，为高层协议提供数据的封装、压缩、加密等基本功能。上层是位于应用层（HTTP、LDAP、LMAP）之下的握手协议，用于服务器与客户在开始传输数据之前，通信双方进行身份认证、协商加密算法、交换加密密钥等。SSL 有一个特点：它本身是一个具有独立性的应用协议，其他高层协议可以建立在 SSL 之上。

SSL 可以采用一种公开密钥加密技术（RSA）作为用户端与服务器端传送保密资料时的加密通信协议。此技术基于我们所说的密钥对：公开密钥和私有密钥两种加密方法。在连接过程中使用公开密钥加密方法，在会话过程中采用私有密钥加密方法。加密的类型和强度则在两端之间建立连接的过程中判断决定。

由于在 Internet 中服务器的数量要远远少于客户机的数量，所以服务器能否处理签字和密钥管理的业务量就显得很重要了，而且与客户端的联系要比给其他方面同样的保证更重要。所以在 SSL 的实现中，客户机的数量和认证业务的要求也在不断地增加。

5.4.2　SSL 协议的安全交易过程

SSL 协议主要是为交易的双方提供一个可靠的、安全的交易通道。那么，交易双方是如何利用这个通道来进行安全交易的呢？

首先，客户端（购买者）将自己的交易信息和私有信息（信用卡号及密码）发送给商家。然后，商家自己处理客户的交易信息，并将客户的私有信息转发给银行，由银行来鉴定这些信息的真实性和合法性。如果，银行验证没有问题，会将这次交易涉及的款项进行转账，并会将结果通知给商家，告诉商家，客户已经付款成功了。当商家得到客户已经付款的消息后，会通知客户已经成功地进行了这次交易，这样，整个交易的过程就结束了，如图 5-7 所示。

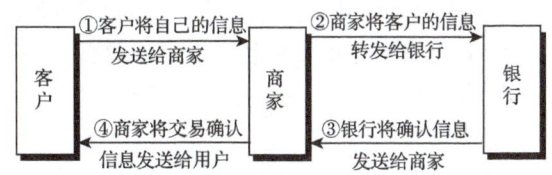

图 5-7　SSL 协议的安全交易过程

当然，在这个过程中，SSL 协议会为各方传送的信息进行加密处理，以保证数据的安全性和完整性。并向客户保证，服务器端的身份是真实可靠的。SSL 的设计公司 Netscape 在设计初期，并没有想到 SSL 协议会用在电子商务交易中，只是作为一个保证应用程序之间传输数据安全的协议。归纳 SSL 协议的整个概念，可以说 SSL 协议是保证所有安装了安全套接层协议的客户和服务器在进行通话的时候，拥有一个安全的通道，并提供相关安全保证的一个网络协议。

5.4.3　SSL 协议的安全通道

SSL 协议不仅提供了编程界面，而且还向上层（应用层）提供相应的安全服务。SSL 协议通过加密来保证数据的完整性和安全性，通过数字签名和数字证书来为交易双方（客户端浏览器和商家的 Web 服务器）提供身份的证明和身份的验证。当身份验证通过后，交易双方就可以使用安全的通道进行安全的对话了。

SSL 提供的安全通道具有三个特征：

1) 具有私密性　当握手协议定义了双方会话的专有密钥后，在安全通道里传输的所有信息都要经过加密处理，以保证数据的安全性和完整性不遭到破坏。

2) 具有确认性　在身份认证方面，虽然用户端的认证是可选的，但是服务器端始终是被认证的。

3) 具有可靠性　通过 MAC（Message Authentication Code）对传输的消息进行消息完整性

检查。

每个 SSL 安全通道使用的加密算法和连接密钥都是在这次通话前，交易双方通过协商认定并验证的。在为上层提供的安全传输通道上可以透明地加载任何高层的应用层协议，如 HTTP、LDAP、LMAP 等，并保证应用层数据传输的安全。SSL 协议的实现是比较简单的，并且独立于应用层协议，所以现在网上的大部分 B 2 C 交易都是使用 SSL 协议来传输用户的信用卡有关信息的。

5.4.4　SSL 协议的基本安全服务

我们都知道，SSL 协议是一种网络安全协议，那么它到底为网络上的信息交流提供哪些安全服务呢？简单地说，SSL 协议提供的安全服务可以分为三种：

1）提供认证服务　SSL 协议提供了认证机制，也就是保证了交易双方实体身份的合法性。这样使得客户端和服务器端能够确信数据将被发送到正确的客户端或者服务器端。客户端和服务器端都有自己的识别号码，是由公开密钥来编排的。为了验证交易双方身份的合法性，安全套接协议要求在握手交换数字时同时进行数字认证。

2）提供加密服务　因为在传输的过程中使用了密钥机制，所以 SSL 协议保证了第三方不能破译在两个实体间通信的内容。安全套接协议采用的加密技术中，既有对称密钥，也有公开密钥。在实际的交易过程中，在交易双方进行数据交换之前，首先要交换 SSL 初始握手协议。在这个握手协议的信息中采用了各种加密技术，以保证数据的安全性和完整性，并且经过数字证书鉴别，这样就能防止非法用户的恶意破坏。

3）保证数据的完整性　SSL 协议使用 MAC（Message Authentication Code）来保证两个实体之间的通信内容不会被第三方篡改。SSL 协议采用的是 Hash 函数和机密共享的办法，来保证数据完整性。

因为 SSL 协议具有以上的这些功能和特点，所以目前大部分的网络服务器（Web Server）和浏览器（Browser）都广泛地使用 SSL 技术。

5.5　SSL 协议的原理

SSL 协议是由 Netscape 公司开发出来的一种在浏览器和服务器之间构造的安全通道中传输信息的网络协议。

浏览器端就是我们所说的客户端，SSL 为这一端提供的认证可以使服务器端获得客户的有关信息。支持 SSL 协议的服务器端软件可以用公开密钥算法验证客户的证书和公开 ID 是否合法，以及是否拥有服务器端信任的 CA 机构所发放的数字证书。

服务器端的认证可以将服务器的信息传递给客户。支持 SSL 协议的客户端软件可以用公开密钥算法验证服务器端的证书和公开 ID 是否合法，以及是否拥有客户端信任的 CA 机构所发放的数字证书。

SSL 提供的安全通道会将双方传输的数据全部加密，这样就保证了数据在传输的过程中不能被恶意的窃取和更改。

SSL 协议是由 SSL 握手协议（SSL Hand Shake Protocol）和 SSL 记录协议（SSL Record Protocol）两个子协议构成的。前者制定数据以什么样的加密格式传输；后者在前者建立好通道以后提供一系列的消息，以实现某些功能。

5.5.1 SSL 握手协议

SSL 握手协议是在客户端与服务器端之间交换消息强化安全性的协议，它是通过使用公钥加密算法使服务器端在客户端得到验证，这样以后就可以使双方用商议成功的对称密钥来更快速地对信息进行加密和解密。握手过程一般是由五个阶段构成的。

1. 接通阶段（Hello 阶段）

这个过程主要是服务器端和客户端对保密的密钥以及认证的算法达成一致，除此之外还要找到在这次交易之前已经存在的会话 ID。首先客户端向服务器端发送 Client-Hello 消息，在这个消息中包括客户端的 SSL 版本号、客户端可以处理的数据加密算法设置、在以前会话中断时保留下来的会话 ID、其他服务器需要用来跟客户通信的数据以及向服务器端提出询问用的随机产生的数据。当服务器端接到客户端的消息后，向客户端发出 Server-Hello 消息，如果服务器端识别出了由客户端发送的以前会话的 ID，则双方会重新开始上次被中断的会话；如果这是一次新的联系的话，服务器端的消息应该包括服务器端的 SSL 版本号、数据处理需要的加密算法设置、用来询问的随机产生的数据、其他客户机需要用于跟服务器端通信的数据以及一个属于自己的 X.509 证书（在这个证书当中包括服务器端的公钥，并用证书认证机构（CA）的秘密密钥签署），如果客户端正在请求需要认证的信息，那么服务器端同时也要请求获得客户端的证书。客户端使用 CA 的公钥将服务器端的公钥解密，然后再使用这个被解密的公钥来解读服务器端出示的证书。如果证书是合法的，那么继续进行对话，否则，用户会得到一个警告，加密数据链接将无法建立。在这个阶段中，服务器端与客户端交换的信息为 Client-Hello 消息和 Server-Hello 消息。

2. 密钥交换阶段

在这个阶段，客户端和服务器端之间交换并建立主密钥。SSL 中支持 3 种密钥交换方式，即 Fortezza-KEA、Diffie-Hellman 和 RSA，这种交换是利用服务器端的公开密钥实现的。在这个阶段，服务器端与客户端交换的信息为 Client-Master-Key 和 Client-DH-Key。

3. 会话密钥（会话—钥匙）生成阶段

该阶段，客户端先送出自己的会话密钥（Client-Session-Key），并和服务器端建立一个或者两个会话密钥（Session-Key）。用来交换的会话密钥是客户端从选择的数据中推导出来的，这个数据用服务器端的公开密钥加密。在每次 SSL 会话（交易双方的身份都已被认证）中，都要求服务器必须完成一次使用服务器专用密钥的操作和一次使用客户公开密钥的操作。因为目前大部分的系统都是采用 RSA 这种加密算法，所以每次操作都需要完成模数算法下的指数运算。为了减少工作量，选择的公开指数一般都是小数。也就是说，每次 SSL 会话只需要进行一次硬加密运算就可以了。在这个阶段中，双方交换的是客户端会话密钥（Client-Session-Key）。

4. 认证阶段

在某些情况下，真正开始交流数据之前，双方还要对彼此的身份进行最后的认证。如果认证没有问题，才会进入到下一个阶段。

5. 结束阶段

客户端和服务器端会同时产生 Session Key，从此，两端都会用对称密钥算法来和对方交流信息。首先客户端向服务器端发送信息以说明以后的信息都会用 Session Key 加密，并传送一个单独的信息标示客户端的握手部分已经结束。服务器也会向客户端发送消息来说明以后的信息都会用 Session Key 加密以及服务器端结束握手部分。客户端通过发送会话 ID 作为加密文本表示完成了认证。服务器端则发送消息 Server-Finished，其中包括主密钥和会话 ID，这样在客户端和服务器端间就建立了可信赖的会话，也就是 SSL 握手过程成功的结束，一个 SSL 数据传送过程建立。交易双方可以使用 Session Key 加密发给对方的信息和解开对方发过来的信息。此阶段双方使用的信息是 Server-Finished 和 Client-Finished。

握手过程有不需要新密钥、需要新密钥和需要客户端认证三种典型情况。不同的情况在握手过程中有着不同的步骤，表 5-1 就是三种握手过程的比较。

表 5-1　三种握手过程的比较

	传输消息的类型	传输方向
不需要新密钥	Client-Hello	客户端向服务器端
	Server-Hello	服务器端向客户端
	Client-Finished	客户端向服务器端
	Server-Verify	服务器端向客户端
	Server-Finished	服务器端向客户端
	传输消息的类型	传输方向
需要新密钥	Client-Hello	客户端向服务器端
	Server-Hello	服务器端向客户端
	Client-Master-Key	客户端向服务器端
	Client-Finished	客户端向服务器端
	Server-Verify	服务器端向客户端
	Server-Finished	服务器端向客户端
	传输消息的类型	传输方向
需要客户端认证	Client-Hello	客户端向服务器端
	Server-Hello	服务器端向客户端
	Client-Finished	客户端向服务器端
	Server-Verify	服务器端向客户端
	Request-Certificate	服务器端向客户端
	Client-Certificate	客户端向服务器端
	Server-Finished	服务器端向客户端

一个 SSL 传输的握手过程基本上就是这样的，但是这其中很重要的一个环节就是客户端和服务器端是如何利用证书来进行身份验证的。一个支持 SSL 的客户端软件认证服务器的身份是通过以下几个步骤的。

1）从服务器端传送过来的证书中提取相关的信息。
2）服务器端证书的合法有效期是否已经过期。
3）给服务器端发放证书的认证机构是否是客户端所信任的。
4）用来签发证书的公钥是否符合签发机构的数字签名。
5）证书中服务器的域名是否和服务器自己的域名吻合。
6）一切验证合格，两端继续进行握手过程。

服务器端验证客户端身份的步骤为：
1）从客户端发送过来的证书中提取相关的信息。
2）用户端的公钥是否符合用户的数字签名。
3）证书的有效期是否已经过期。
4）给客户端发放证书的认证机构是否是服务器端所信任的。
5）用户的证书是否被列在服务器端的 LDAP 里存在的用户的信息中。
6）得到服务器端认证的用户是否仍然有权力访问请求的服务器资源。

5.5.2　SSL 记录协议

SSL 记录协议为信息的交流提供通信和认证功能，并且它的保护是建立在一个面向连接的可靠传输协议（如 TCP/IP）之上的。在 SSL 中，所有传输的数据都是存放在记录当中被传送的，SSL 握手层协议的报文也要求必须是放在一个 SSL 记录层的记录里来传送的。只有应用层协议的报文允许放在多个 SSL 记录层的记录里来传送。记录头和长度不为零的数据共同组成了一条记录。其中记录头的长度可以占用 2B 或者是 3B（当有粘贴数据时使用）。

先来看一下记录头的格式。记录头主要是记录下记录头的长度、记录里所含数据的长度和记录中含有的粘贴数据。这里面所说的粘贴数据是指在使用块加密算法（Block Encryption）时，粘贴实际数据，使其长度正好为块长度的整数倍。如果记录头的最高位是 0，说明这个记录不含有粘贴数据，记录头的长度为 2B，记录中的数据长度最长为 32767B；如果记录头的最高位是 1，那么这个记录还有粘贴数据，记录头长度为 3B，记录中数据的长度最长为 16383B。如果记录头的长度为 3B，那么整个记录的次高位也有着特殊的含义。如果次高位是 0，说明所传输的记录是安全的空白记录（用来协议将来的扩展）；如果次高位是 1，说明所传输的记录是普通的数据记录。

人们所说的记录中数据的长度并不包括记录头所占的字节长度。记录头长度的不同，决定了它们各自记录长度的计算方法也不相同。如果记录头的长度为 2B，记录长度的计算公式：记录长度 = ((byte[0]&0x7f)<<8)|byte[1]。如果记录头的长度为 3B，记录长度 = ((byte[0]&0x3f)<<8)|byte[1]。这里出现的 byte[0] 和 byte[1] 分别表示传输的第一个和第二个字节。判断是否是使用的空白记录的计算公式：(byte[0]&0x40)!=0。粘贴数据的长度为传输的第三个字节。

那么 SSL 记录中数据的格式到底是什么样的呢？一般数据的格式由三部分组成，分别是 MAC（Message Authentication Code）数据（MAC-Data）、实际数据（Actual-Data）和粘贴数据（Padding-Data）。

其中 MAC-Data 是消息认识码，用于数据的完整性检查。计算 MAC-Data 所用的散列函数是由握手协议中的 Cipher-Choice 消息确定的。一般 MAC-Data 采用的是 MD-2 和 MD-5 算法，长度是 128bit（16B）。MAC 的计算公式：MAC 数据（MAC-Data）= Hash［密钥（Secret），实际数据（Actual-Data），粘贴数据（Padding-Data），序号（Sequence-Number）］。密钥取决于传递消息的对象和加密类型，当会话的客户端发送数据时，密钥是客户端的 Client-Write-Key（服务器端用 Server-Read-Key 来验证 MAC 数据）；而当会话的客户端接收数据的时候，密钥是客户的 Client-Read-Key（服务器用 Server-Write-Key 来产生 MAC 数据）。公式中的序号是一个可以被发送和接收双方递增的计数器，一般是长度为 32bit（4B）的无符号数字。发送者和接收者都拥有这个计数器，计数值循环使用，每发送一个记录，计数值就会增加一次。序号的初始值为 0。

实际数据（Actual-Data）是被传送的应用数据，这一部分是完全加密的。

粘贴数据（Padding-Data）是采用分组码时所需要的补充数据。如果 SSL 使用的是块加密方式，那么当加密数长度不是块长度的整数倍的时候，就需要粘贴数据来补足。

5.6 实训项目

安全套接层（SSL）协议是一套提供身份验证、保密性和数据完整性的加密技术。SSL 协议最常用来在浏览器和服务器之间建立安全通信通道。为支持 SSL 协议通信，必须为 Web 服务器配置 SSL 协议证书。本实训的内容主要包括获取 SSL 协议证书，以及如何配置 Microsoft Internet 信息服务（IIS），以便支持浏览器和其他客户端应用程序之间使用 SSL 协议安全地进行通信。

实训项目：配置 SSL 协议证书

实训步骤

1. 环境准备

安装 Windows Server 2012 环境的服务器，其 IP 地址为 192.168.1.10，安装在 Windows XP 及以上系统的计算机，保持计算机处于联网环境。

2. 安装证书服务器 CA

1）启动 Windows Server 2012，选择"服务器管理器"→"仪表板"，在服务器管理器的仪表板窗口，选择"添加角色和功能"，如图 5-8 所示。在弹出的添加角色和功能向导对话框中，按提示正确设置服务器的管理员账号、密码、IP 地址等属性后，单击"下一步"继续操作。

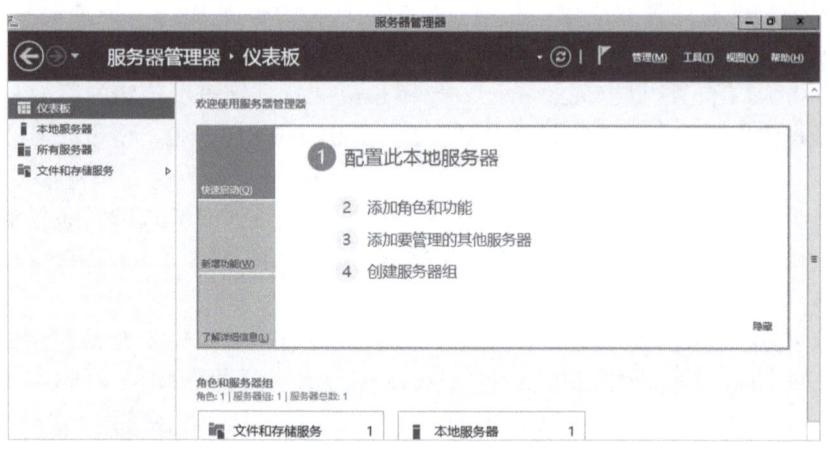

图 5-8 服务器管理器的仪表板窗口

2）在弹出的选择安装类型对话框中，选择"基于角色或基于功能的安装"，并单击"下一步"按钮。

3）在弹出的选择目标服务器对话框中，选择"从服务器池中选择服务器"，并选中服务器（名称为 server，IP 地址为 192.168.1.10），如图 5-9 所示。

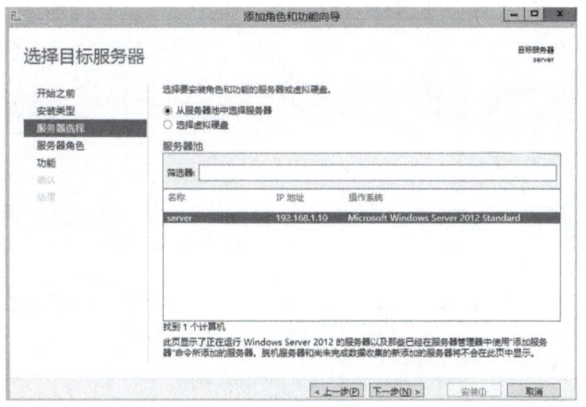

图 5-9　选择目标服务器窗口

4）在图 5-9 中，单击"下一步"，弹出选择服务器角色窗口，选择"Active Directory 证书服务"，如图 5-10 所示。单击"下一步"，弹出确认添加 Active Directory 证书服务所需的功能窗口，单击"添加功能"按钮，选择要添加的功能，本实训中选择默认选项即可。

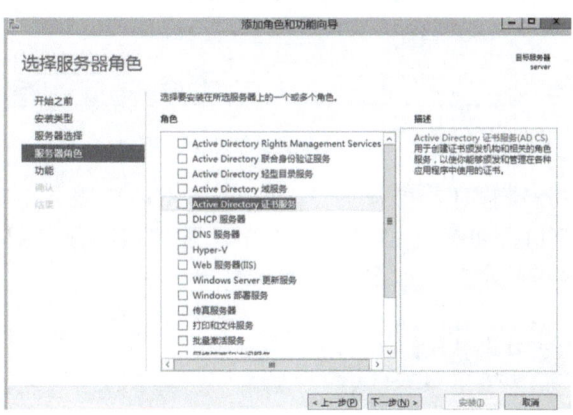

图 5-10　选择服务器角色窗口

5）单击"下一步"，在选择角色服务窗口中，选择"AD CS"下的"角色服务"，勾选"证书颁发机构"和"证书颁发机构 Web 注册"，如图 5-11 所示。

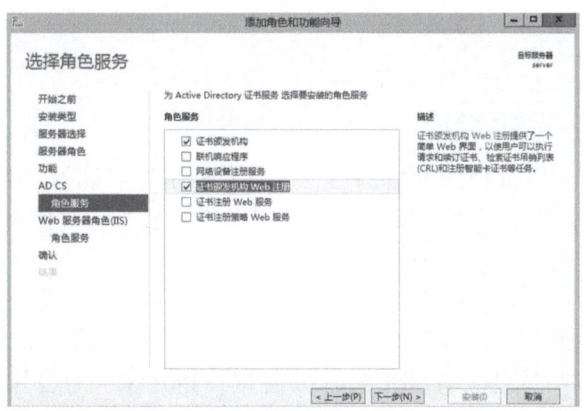

图 5-11　选择角色服务窗口

6）单击"下一步"，确定要安装的所有内容。在图 5-12 中，单击"安装"按钮，开始安装证书。

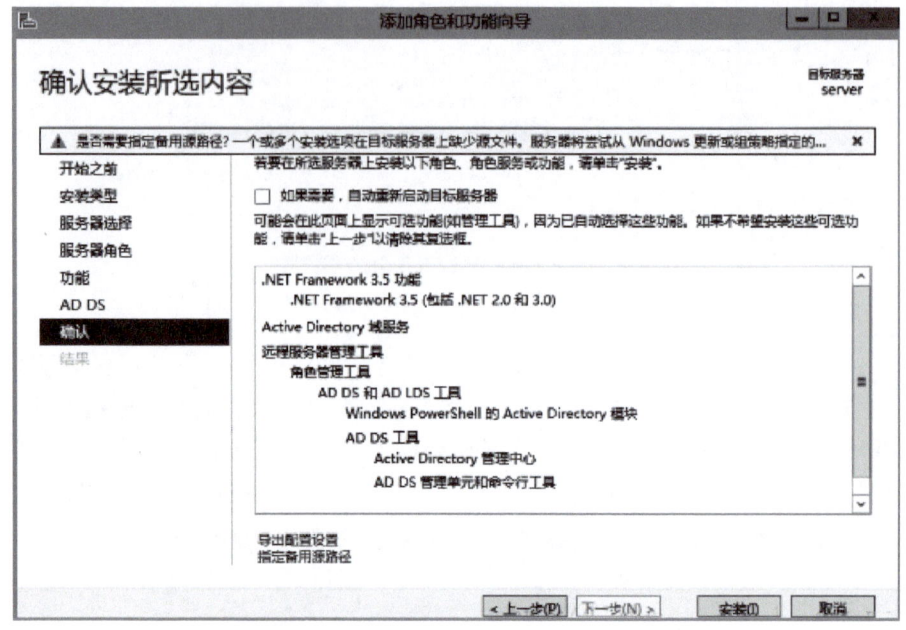

图 5-12　选择目标服务器窗口

7）安装完成后，服务器管理器窗口的左边将出现 AD CS 服务，单击右上角通知工具图标，将弹出部署后配置窗口，如图 5-13 所示。选中"配置目标服务器上的 Active Directory 证书服务"，将弹出 AD CS 配置窗口，如图 5-14 所示。

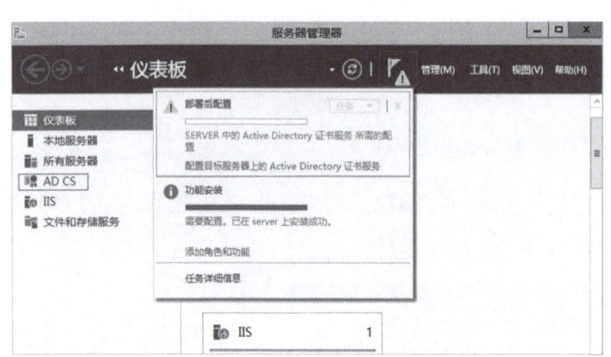

图 5-13　部署后配置窗口

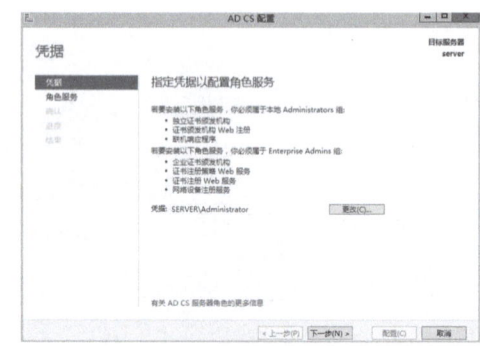

图 5-14　AD CS 配置窗口

8）单击"下一步"，在选择要配置的角色服务对话框中，选择"证书颁发机构"和"证书颁发机构 Web 注册"，单击"下一步"。在指定 CA 的设置类型对话框中，选择"独立 CA"，如图 5-15 所示。

9）单击"下一步"，指定 CA 类型为"根 CA"。指定私钥类型为"创建新的私钥"。单击"下一步"，弹出 CA 加密窗口，选择默认算法。

10）单击"下一步"按钮，弹出 CA 名称窗口，指定 CA 的公用名称为服务器有效的域名。

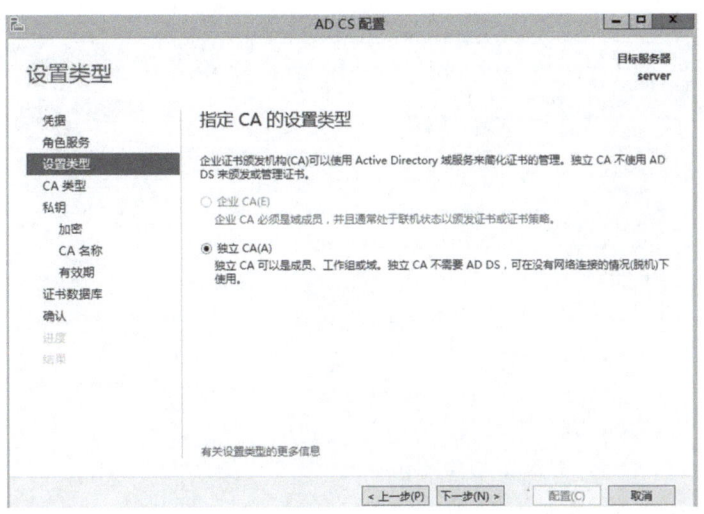

图 5-15　指定 CA 的设置类型对话框

11）单击"下一步"，在弹出的"有效期"窗口指定此 CA 生成的证书的有效期，默认为 5 年。在"证书数据库"窗口中指定数据库的存放位置，使用默认位置即可。

12）所有属性指定完成后，在弹出的确认窗口，单击"配置"按钮，开始安装证书。安装完成后，将出现结果窗口，如图 5-16 所示，单击"关闭"结束安装。

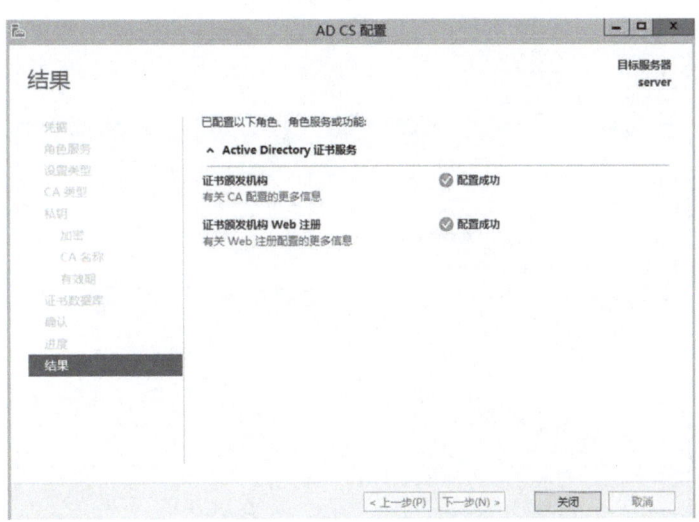

图 5-16　结果窗口

3. Web 服务器证书申请和安装

对于构建基于 SSL 的 Web 站点，需要申请、下载、安装和管理自己的证书，以便在合适的时候将自己的公开密钥传递给浏览器。本实训中，应确保服务器上已经构建了合法的站点，并可以使用域名（如 www.lnjd.com）进行访问。

1）在服务器管理器窗口，选择"Internet 信息服务管理器"选项，打开 Internet 信息服务（IIS）管理器界面。在界面中，网站列表下出现"CertSrv"选项说明已经成功安装了证书服务。在 IIS 管理控制台中，选择"服务器证书"图标，如图 5-17 所示。

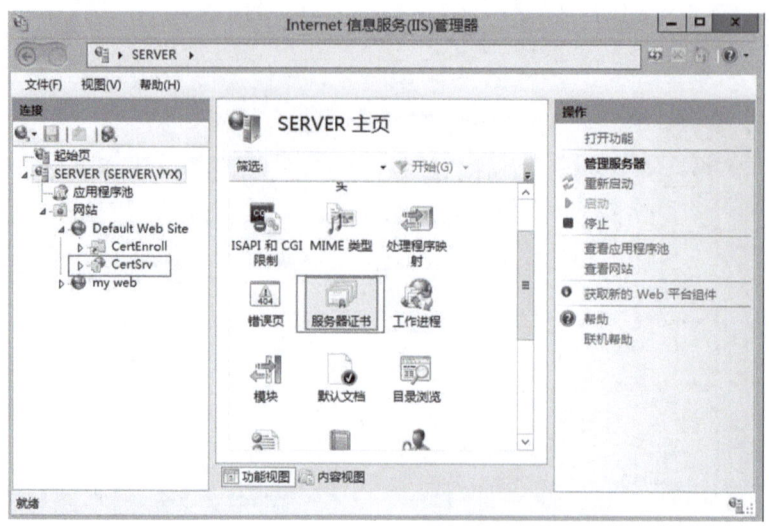

图 5-17　IIS 管理控制台

2）在弹出的服务器证书窗口中，单击右侧操作栏中的"创建证书申请"选项。

3）在弹出的可分辨名称属性对话框中，将"通用名称"填写为"www.lnjd.com"，其他项根据网络实际情况进行填写。单击"下一步"，在加密服务提供程序属性窗口中，各选项保持默认属性。

4）在文件名对话框中，设置文件名和存放位置，单击"完成"按钮，证书申请创建完成，如图 5-18 所示。

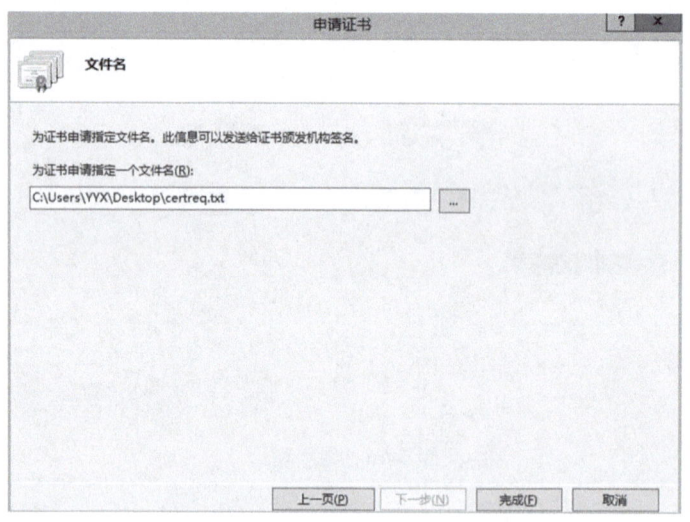

图 5-18　证书申请创建完成

5）证书申请创建完成后，需要将该文件提交给证书颁发机构（证书颁发机构的 IP：192.168.1.10）。启动 IE 浏览器，在地址栏中输入"http://192.3168.1.10/CertSrv"，弹出证书服务主页，如图 5-19 所示。

6）单击"申请证书"选项，弹出申请一个证书窗口，如图 5-20 所示。在该窗口，选择"高级证书申请"。

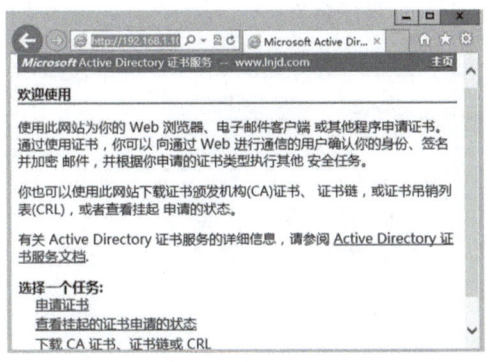

图 5-19　证书服务主页

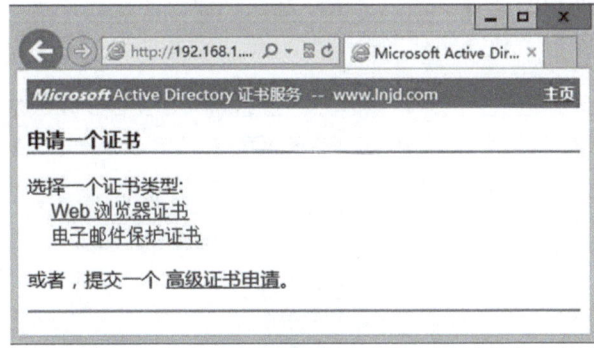

图 5-20　申请一个证书窗口

7）在高级证书申请窗口，选择"使用 base64 编码……"选项，如图 5-21 所示。

8）在新弹出的提交一个证书申请或续订申请窗口中，将图 5-18 保存的证书申请文件 certreq.txt 的内容复制到"保存的申请"文本框内，如图 5-22 所示。单击"提交"按钮，将证书申请文件传送到安装有证书颁发机构的服务器中，如图 5-23 所示。

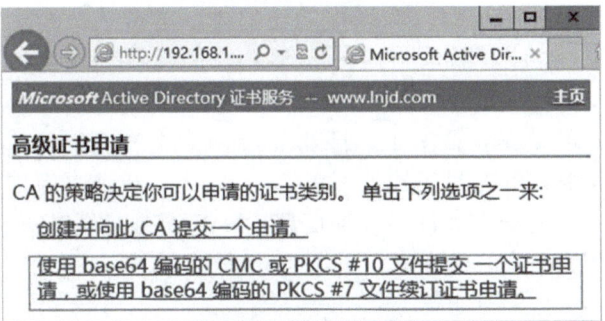

图 5-21　高级证书申请窗口

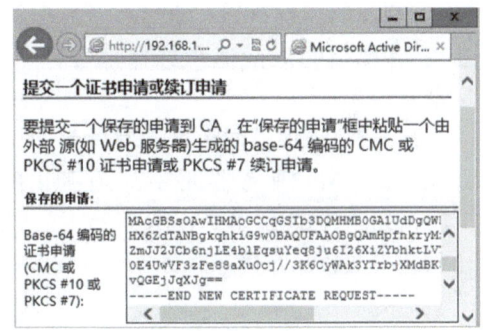

图 5-22　选择证书申请文件

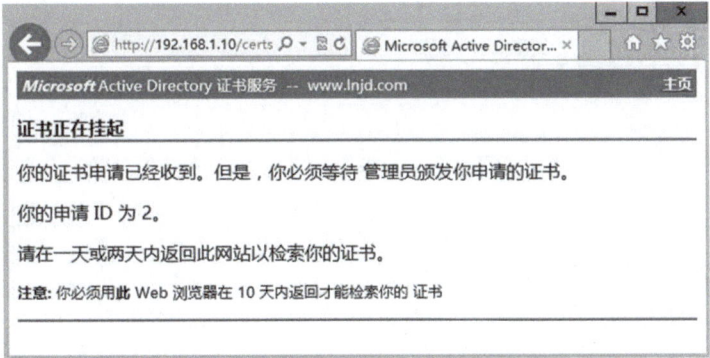

图 5-23　证书提交完成

4. 颁发证书

1）打开服务器管理器，选择"工具"→"证书颁发机构"，弹出 certsrv - [证书颁发机构（本地）\www.lnjd.com\挂起的申请] 页面。

2）单击左侧窗口的"挂起的申请"选项，将会列出所有未处理的证书申请信息。选择要处理的证书申请，单击右键，在弹出的快捷菜单中，选择"所有任务"→"颁发"，如图 5-24 所示。颁发的证书将会显示在"颁发的证书"列表中。

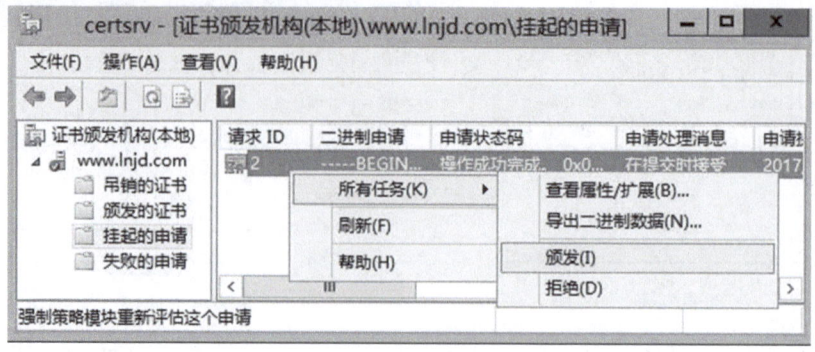

图 5-24　颁发的证书

5. 下载安装证书和启动 SSL 功能

1）在 IE 浏览器地址栏中输入"http：//192.168.1.10/CertSrv"，打开证书服务主页。单击"查看挂起的证书申请的状态"，选择要查看的证书申请，在弹出的窗口中，单击"下载证书"，在弹出的对话框中选择保存证书文件（文件名默认为 certnew.cer），并保存到指定的目录。

2）获得证书颁发机构颁发的证书后，就可以安装证书了。打开 Internet 信息服务（IIS）管理器，双击"服务器证书"。在弹出的窗口中，单击"完成证书申请"，弹出完成证书申请页面，如图 5-25 所示。在图 5-25 中，输入下载的证书文件名称等信息，单击"确定"按钮，完成证书安装，并可在服务器证书窗口列表中查看安装的证书。

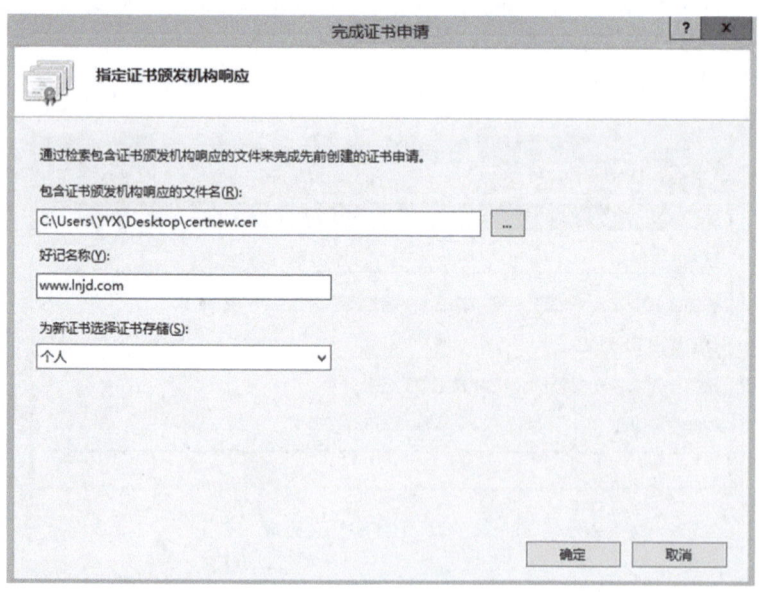

图 5-25　完成证书申请

3）启动 SSL 功能。在 Internet 信息服务（IIS）管理器中，选择默认站点（Default Web Site），单击右侧操作栏中的"绑定"，如图 5-26 所示。

图 5-26　选择默认站点

4）在弹出的网站绑定对话框中，单击"添加"按钮，在新弹出的对话框中，"类型"选择"https"，"IP 地址"设置为"192.168.1.10"（即网站地址），"端口"设置为"443"，"SSL 证书"选择"www.lnjd.com"（即前面安装的证书），并单击"确定"按钮，如图 5-27 所示。

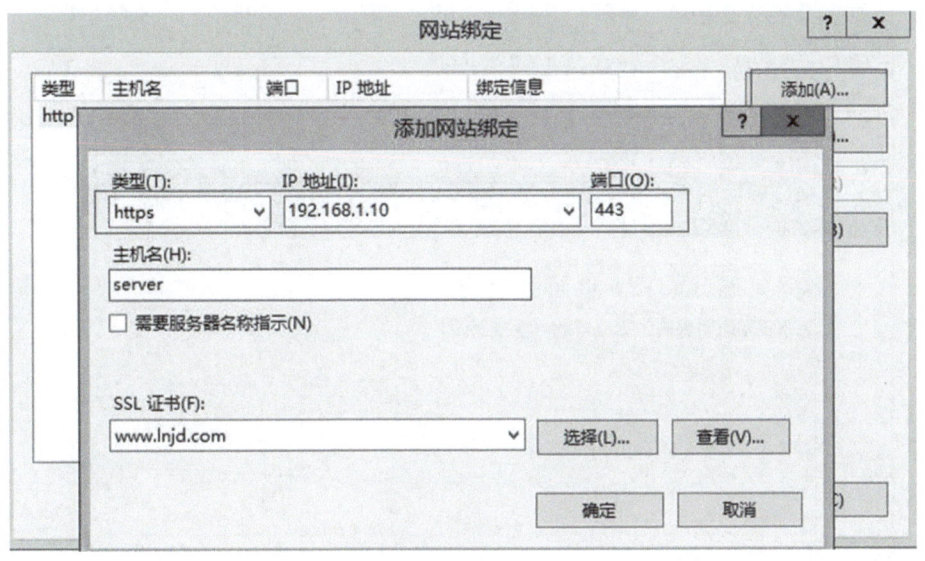

图 5-27　添加网站绑定

5）在 Internet 信息服务（IIS）管理器的默认站点窗口中，双击"SSL 设置"，进入 SSL 设置窗口。在 SSL 设置窗口中，勾选"要求 SSL"，单击操作栏中的"应用"选项，完成设置，如图 5-28 所示。

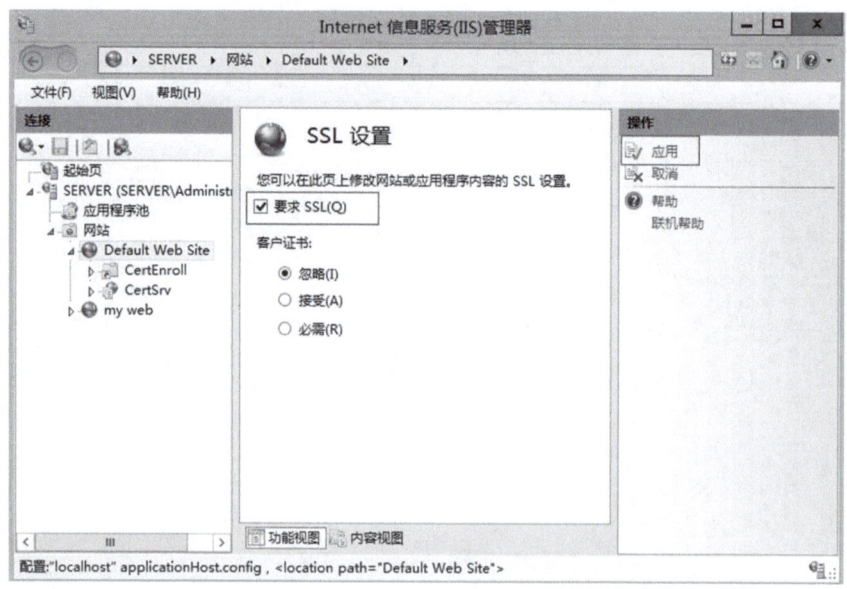

图 5-28　SSL 设置窗口

6. 建立与启用网站之间的 SSL 安全连接

1）客户端计算机上打开 IE 浏览器，地址栏中输入网站地址"http://192.168.1.10/"或"https://www.lnjd.com"，如果显示图 5-29 所示界面，说明站点已经启用了安全通道，无法访问。

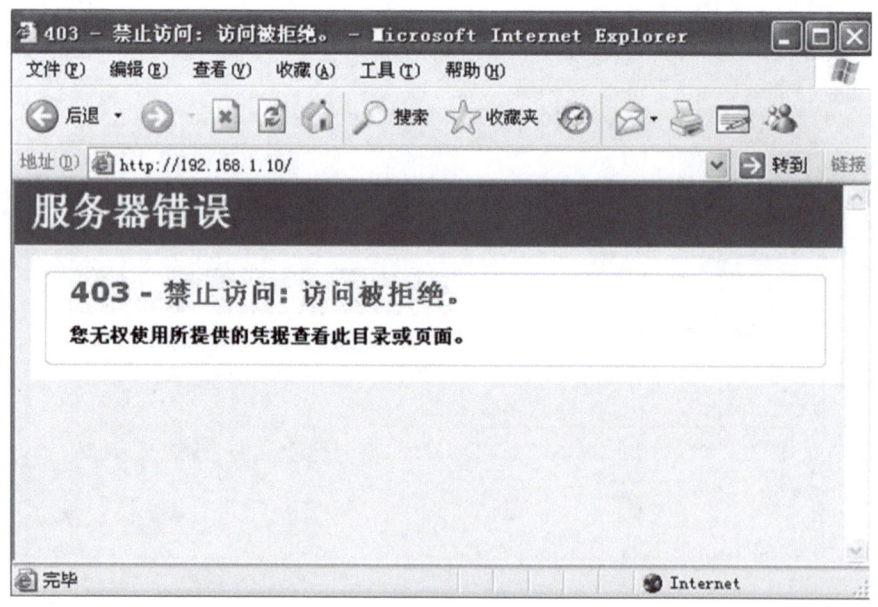

图 5-29　使用 http 协议访问启用了 SSL 的 Web 站点

2）客户端计算机上，在 IE 浏览器的地址栏中输入"http://192.168.1.10/"或"https://www.lnjd.com"，如果该计算机信任发送证书的 CA，则可以直接看到网站的内容，否则会出现图 5-30 所示窗口。

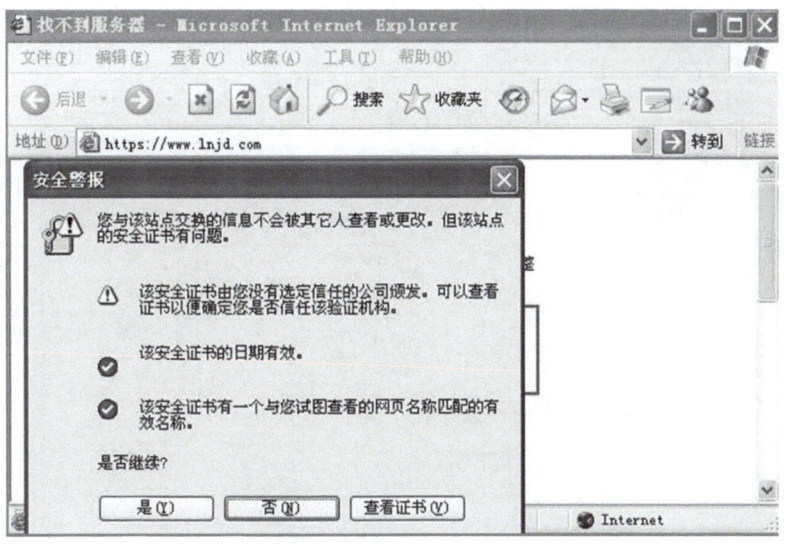

图 5-30　通过 SSL 访问 Web 站点安全警报

3）单击"是",与网站建立 SSL 安全连接。在浏览器与网站建立连接后,该服务器将自动向浏览器发送站点证书并开始加密形式的数据传输,访问结果如图 5-31 所示。

图 5-31　通过 SSL 访问 Web 站点

7. 保存备份 Web 服务器证书

将 Web 服务器证书导出保存后,在计算机重装 IIS 或重新建立网站时,只要将证书导入即可具有 SSL 功能。

（1）将网站证书导出存盘

1）打开 Internet 信息服务（IIS）管理器,在服务器主页窗口双击"服务器证书",在服务器证书列表中选择要导出的证书,单击右键选择"导出"或在操作栏中选择"导出"操作,如图 5-32 所示。

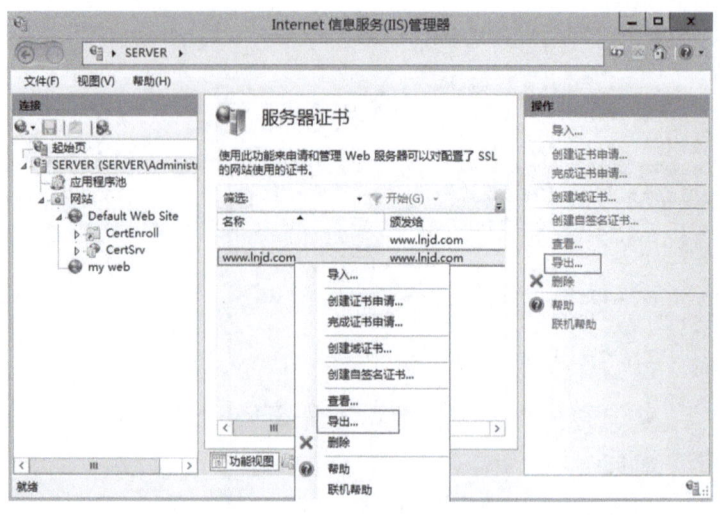

图 5-32 服务器证书窗口

2)在导出证书对话框中，设置存储路径及保存文件名和密码，如图 5-33 所示。单击"确定"按钮，完成证书导出。

(2) 导入证书

1)打开 Internet 信息服务（IIS）管理器，在服务器主页窗口双击"服务器证书"，在服务器证书窗口，单击右键选择"导入"，或在操作栏中选择"导入"。

2)在弹出的导入证书对话框中，选择已保存的证书文件，输入正确密码，确认无误后单击"确定"按钮，即可导入证书，如图 5-34 所示。

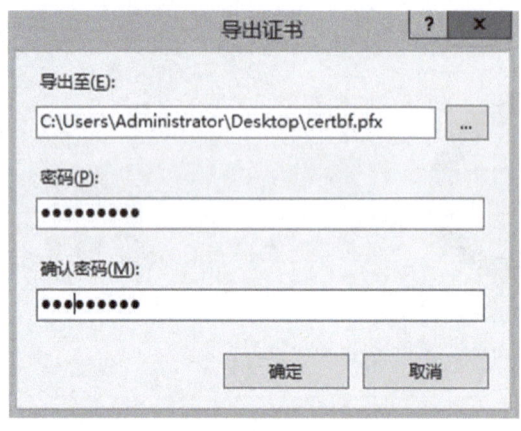

图 5-33 导出证书

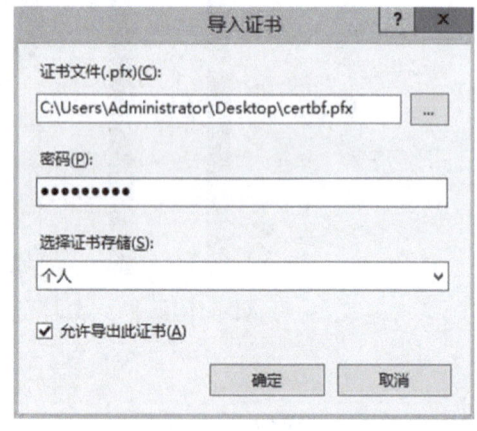

图 5-34 导入证书

练习与实训题

一、选择题（单选或多选）

1. SSL 协议提供的基本安全服务包括（　　）。
   A. 加密服务　　　　　　　　　　　　B. 企业证书
   C. 认证服务　　　　　　　　　　　　D. 保证数据完整

2. SSL 协议支持的加密算法有（　　）。
   A. RC2　　　　　　B. RC3　　　　　　C. RC4
   D. DES　　　　　　E. IDEA
3. SSL 协议和 SET 协议相比较，区别可以归纳为（　　）。
   A. 功能简单，费用昂贵　　　　　　B. 功能强大，费用便宜
   C. 功能强大，费用昂贵　　　　　　D. 功能简单，费用便宜
4. 下列内容属于 SSL 协议的特点（优、缺点）的是（　　）。
   A. 不用为客户端安装软件　　　　　B. 不能使用大量的图形文件
   C. 可以在互联网以及公共网上使用　D. 不必进行实时通信
5. 应用在电子商务过程中的各类安全协议，（　　）提供了加密、认证服务，并可以实现报文的完整性，以完成需要的安全交易操作。
   A. 安全套接层协议 SSL　　　　　　B. 安全超文本协议 S-HTTP
   C. 安全电子交易协议 SET　　　　　D. 安全交易技术协议 STT

二、填空题

1. SET 的内容包括（　　）、（　　）和（　　）。
2. SET 协议中的相关成员有（　　）、（　　）、（　　）、（　　）、（　　）、（　　）和（　　）。
3. 在 SET 中使用（　　）产生的（　　）密钥来加密数据。然后将此（　　）用接受者的（　　）称为消息的数字信封。
4. （　　）是 SET 提出的数字签名的新应用。
5. SSL 协议工作于网络的（　　）层，是由（　　）和（　　）两个子协议构成的。
6. SSL 协议提供的安全通道具有（　　）、（　　）和（　　）三个特征。
7. SSL 协议的握手阶段可以包括五个阶段：（　　）、（　　）、（　　）、（　　）和（　　），其中（　　）阶段不是一定会出现的。
8. SSL 记录中数据的格式一般由（　　）、（　　）和（　　）三部分组成。
9. SSL 协议对（　　）端的认证要求比较严格，而对（　　）端的认证是可选的。

三、判断题

1. 如果一个记录的最高位是 0，那么这个记录不含有粘贴数据；如果最高位是 1，说明含有粘贴数据。记录头长度是 2B。（　　）
2. SSL 协议一般使用的是对称加密体制中的 RSA 加密算法。（　　）
3. SSL 协议和 SET 协议对客户端的性能影响比较小，而当二者被使用到大型服务器的时候都需要进行硬件加速。（　　）
4. 服务器密钥的长度应该在 1024 位以上。（　　）
5. SET 即安全电子交易。（　　）
6. Visa 与 MasterCard 两家公司共同制定了 SET 协议。（　　）
7. 密钥系统又称非对称密码系统。（　　）
8. 公钥系统又称密码系统。（　　）
9. Hash 算法并不是加密算法。（　　）

四、简答题

1. 简述 SSL 协议的握手过程。
2. 简述 SET 协议比 SSL 协议在功能上有什么优势。

案例分析

为提高单位内部局域网的网站、FTP 站点的安全性，使网站具备 SSL 安全连接的功能，必须为网站申请证书。

任务要求：

1）申请证书。
2）设置网站启用 SSL 安全连接。
3）设置客户端信任发放此证书的 CA。
4）建立 SSL 安全连接。
5）理解 SSL 的工作原理以及 SSL 安全连接的建立过程。

作为网络管理员，应该如何进行设置？

第 6 章　电子商务安全支付技术

- 支付技术及其发展
- 电子商务支付系统概述
- 电子现金、电子信用卡、电子钱包、电子支票
- 微支付系统

电子商务较之传统商务的优越性，如实时、在线交易等，成为吸引越来越多的商家和个人上网消费的原动力。然而，人们在选择网上交易时，首先要考虑的问题就是如何通过电子支付安全地实现整个交易过程，本章将就什么是电子支付、电子支付系统的构成和功能、几种电子交易模型以及电子支付工具等问题进行较为深入的探讨。

6.1　支付技术及其发展

自从出现了作为一般等价物的货币，人类社会进入了具有现代意义的货币结算支付方式的时代。无论是企业还是个人，在实际生活和生产及销售过程中经常不断地购得商品或服务，并向商品或服务的提供方支付费用。因此，一般将支付定义为：为清偿商品交换和劳务活动引起的债权、债务关系，由银行所提供的金融服务业务。从简单的意义来说，支付是将现金的实体从发款人传送到收款人的商务过程。

21 世纪是信息技术空前发展的时代，在互联网、云计算和大数据飞速发展的今天，支付方式已经发生了翻天覆地的变化。人们出门不用再装着厚厚的钱包，不用东奔西走地寻找ATM，足不出户就可以买遍全世界……经济生活中，支付方式的虚拟化、快捷化，使得消费者的消费方式正悄无声息地发生着变化，人们的消费生活变得更加丰富和便利，同时支付技术也对现代经济发展做出了不可磨灭的贡献，无论是普惠金融、绿色金融，还是共享经济，都离不开支付技术的革新。

在经济全球化的趋势下，电子商务凭借便捷、低成本的优势日益深入人心，作为电子商务的核心环节，在线支付也得到了迅速发展。互联网的发展，促进了第三方支付行业的发展。随着第三方支付的不断完善、升级，中国第三方支付企业加速布局。到目前为止，国内已有以支付宝、财付通为首的互联网型支付企业，以银联商务、快钱、易宝等为首的金融型支付企业。

6.2　电子支付

电子支付是指从事电子商务交易的当事人，包括消费者、商家和金融机构，使用安全电子支付手段通过网络进行的货币支付或资金流转。

与传统的支付方式相比，电子支付具有以下特征，见表6-1。

1）电子支付是在开放的网络系统中以先进的数字流转技术来完成信息传输，采用数字化的方式进行款项支付的，而传统的交易支付方式则以传统的通信媒介通过现金流转、票据转让和银行的汇兑等物理实体来完成款项的支付。

2）电子支付的工作环境是基于一个开放的系统平台之中，而传统的交易支付方式在较为封闭的系统中运作。

3）电子支付对软、硬件设施有很高的要求，一般要求有联网的计算机、相关的软件及其他一些配套设施，而传统的交易支付方式对设施的要求相对较低。

4）电子支付具有方便、快捷、高效、经济的优势，交易方只要拥有一台上网的PC，便可足不出户，在很短的时间内完成整个支付过程。电子支付费用仅相当于传统支付费用的几十分之一，甚至几百分之一。

由于电子支付过程具有无形化的特征，它将传统支付方式中面对面的信用关系虚拟化。对支付工具的安全管理不是依靠普通的防伪技术，而是通过用户密码、软硬件加解密系统以及路由器等网络设备的安全保护功能来实现的。

表6-1 传统支付与电子支付比较

支付方式比较项目	传统支付	电子支付
款项支付方式	现金的流转、票据的转让以及银行的汇兑等物理实体完成	采用先进的信息技术完成信息传输和款项汇兑
工作环境	在较为封闭的系统中运作	在基于开放的网络平台中运作
设备要求	使用传统的通信媒介，对软、硬件要求相对较低	使用先进的通信手段，对软、硬件要求相对较高
支付效率	支付时间相对较长，效率低费用高	在很短的时间内完成支付，费用仅相当于传统支付的几十分之一，甚至几百分之一

1. 电子支付的分类

随着计算机技术的发展，电子支付的工具越来越多。这些支付工具可以分为三类：

1）电子货币类，如电子现金、电子钱包等。

2）电子信用卡类，包括智能卡、借记卡、电话卡等。

3）电子支票类，如电子支票、电子汇款（EFT）、电子划款等。

这些方式各有自己的特点和运作模式，适用于不同的交易过程。除了将电子支付分为以上三类外，电子支付还可以依据不同的分类标准进行分类，见表6-2。

表6-2 电子支付各种分类

分类标准	类型
交易金额大小	宏支付
	小额支付
	微支付

(续)

分类标准	类　　型
支付时间	预先支付
	即时支付
	延后支付
用户在银行中是否有账号	基于账号支付（包括电子支票和电子信用卡）
	基于代币支付（电子现金）
支付者隐私保护程度	无匿名性的支付系统（电子支票）
	完全匿名的支付系统
	条件匿名的支付系统
支付者和受款人是否直接通信	直接支付
	间接支付

2．电子支付的流程

一般电子支付流程如图 6-1 所示。

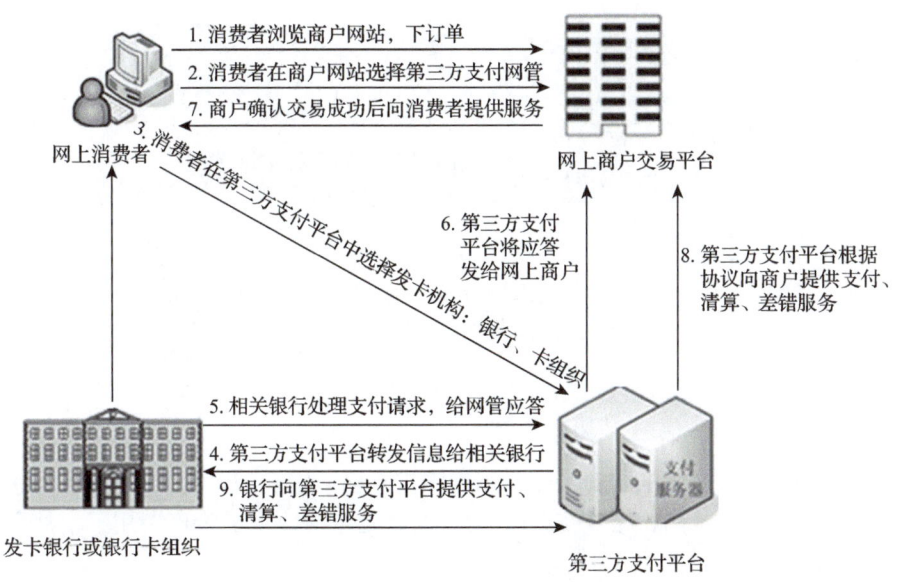

图 6-1　一般电子支付流程

1）用户浏览电子商务网站，选择中意的商品，向商家提出购买请求。
2）商家将经用户核对后的订单进行数字签名，提交到支付系统。
3）支付网关调用支付界面，要求用户填写账户信息。
4）用户用支付系统的支付网关的公开密钥对账户信息进行加密，传递给支付系统的支付网关。
5）支付系统支付网关核对用户提供的账户信息进行数据转换，通过金融专网或者专线发给金融机构，要求核对用户账户信息。
6）金融机构将核对的结果和用户用于支付确认的信息传递给支付系统。

7）支付系统将金融机构传递来的用户支付确认信息传递给支付确认系统，要求进行支付确认。

8）支付确认系统接收到要求确认的信息后，进行支付确认预处理，然后按事先选择好的确认方式通知用户（实时确认、分时确认）进行确认。

9）用户根据选择的确认方式，进行相应的确认资料的填写，填写好后提交给支付确认系统。

10）支付确认系统比较金融机构和用户提交的支付确认信息，如果一致则进行下一步的确认，否则返回错误，最后支付确认系统将确认结果返回给支付系统支付网关。

11）确认成功，以 Email 的方式告知用户他的支付请求被认可，资金已经从他的账户上划出，否则以 Email 的方式告知用户，他的支付请求不被认可。

12）确认成功，数字签名金融机构将返回结果发送给商家，并通知商家发货，否则通知商家交易失败。

13）确认成功，要求金融机构划款。

14）金融机构返回数字签名的划款信息，完成交易。

3. 电子支付的发展

电子支付方式的出现要早于互联网，银行采用信息技术进行电子支付的形式有五种，分别代表着电子支付发展的不同阶段，具体如图 6-2 所示。

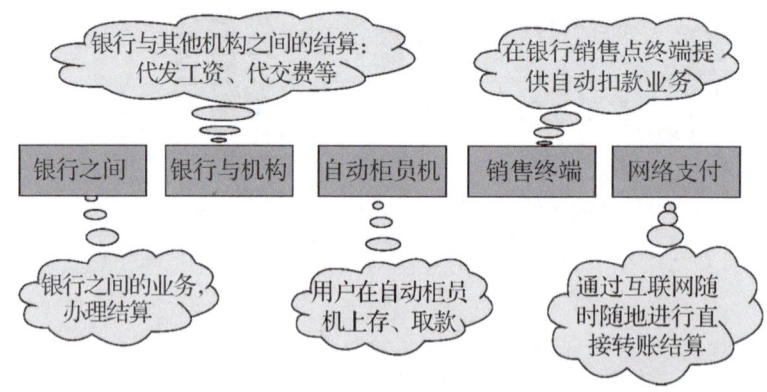

图 6-2 电子支付的五种形式

1）第一阶段是银行之间采用安全的专用网络进行电子资金转账（EFT），即利用通信网络进行账户交易信息的电子传输，办理结算。EFT 的好处包括减少了管理费用，增加了效率，简化了簿记，并且更加安全。

2）第二阶段是银行计算机与其他机构计算机之间资金的结算，如代发工资、代交水费、电费、煤气费、电话费等业务。

3）第三阶段是利用网络终端向用户提供各项银行服务，如用户在自动柜员机（ATM）上进行存、取款操作。它是由计算机控制的持卡人自我服务的金融专用设备，ATM 可以向持卡人提供存款、查询余额、更改密码等服务。

4）第四阶段是利用银行销售点终端（POS）向用户提供自动扣款服务。POS 是英文 Point of Sales 的缩写，POS 系统是由银行计算机与商业网点、收费网点、金融网点之间通过公用电话线或网络进行联机业务处理的银行计算机网络系统。

5）第五阶段是最新发展阶段——网络支付。网络支付可随时随地通过互联网进行直接转账结算。目前国际通行的网络支付工具主要有电子信用卡、电子借记卡、电子支票和电子现金等。

随着通信技术的不断发展，中国移动互联网迅速崛起。移动互联时代颠覆了桌面互联网时代人类的生产生活方式，创造了新的信息传播模式和商业模式。移动互联网加速发展，相关的行业也随之经历着深刻的变革。其中，移动支付向线下支付领域的快速渗透，极大地丰富了支付场景，移动支付正逐渐成为电子支付发展的新方向。

目前，我国电子支付市场主要有四大阵营：一是独立的第三方支付企业，如快钱、易宝支付等；二是国内电子商务交易平台价值链延伸的在线支付工具，如支付宝、财付通等；三是银行阵营，如中国银联的 ChinaPay 以及各银行自己的网上银行；四是以中国移动等电信运营商为代表的移动支付企业。

6.3 电子现金

电子现金（E-cash）又称为电子货币（E-money）或数字货币（Digital Cash），是一种非常重要的电子支付系统，它可以被看作是现实货币的电子或数字模拟，电子现金以数字信息形式存在，通过互联网流通它把现金数值转换成为一系列的加密序列数，通过这些序列数来表示现实中各种金额的币值，用户在开展电子现金业务的银行开设账户并在账户内存钱后，就可以在接受电子现金的商店进行购物。

电子现金的特点如下：

1) **匿名性**：电子现金不能提供用于跟踪持有者的信息，这样可以保证交易的保密性，也就维护了交易双方的隐私权。

2) **安全存储**：电子现金能够安全地存储在用户的计算机或 IC 卡中，并且可以方便地在网络上传输。

3) **独立性**：电子现金不依赖于所用的计算机系统，必须通过电子现金自身使用的各项密码技术保证电子现金的安全以及在互联网上传输过程的安全。

4) **不可重复使用**：电子现金一次花完后，就不能用第二次。

5) **可传递性**：电子现金可以方便地从一人传给另一个人，并且不能提供跟踪这种传递的信息。

6) **可分性**：电子现金可以用若干种货币单位，并且可以像普通的现金一样，把大钱分为小钱。

7) **可存储性**：电子现金能够安全地存储在计算机硬盘、IC 卡、电子钱包或电子现金专用软件等特殊用途的设备中。

6.3.1 电子现金的分类

1) 根据交易的载体，可分为基于账户的电子现金系统和基于代金券的电子现金系统。

2) 根据电子现金在花费时商家是否需要与银行进行联机验证，分为联机电子现金系统和脱机电子现金系统。

3) 根据一个电子现金是否可以合法地支付多次，将电子现金分为可分电子现金和不可分电子现金。

4) 根据电子现金的使用功能，可以把电子现金分为专门用途型电子现金和通用型电子现金。

5）根据电子现金的使用形式，可以把电子现金分为基于卡的预付款式电子现金和纯电子形式电子现金。

6.3.2 电子现金使用密码技术

1. 分割选择技术

分割选择技术是用户正确构造 N 个电子现金传给银行，银行随机抽取其中的 N-1 个让用户给出它们的构造，如果构造是正确的，银行就认为另一个的构造也是正确的，并对它进行签名。用户如果想要伪造一张大额电子现金欺骗银行，则只有 1/N 的概率能成功，即该伪造的电子现金恰好被银行抽中。

2. 零知识证明

证明者向验证者（银行）证明并使其相信自己知道或拥有某一消息，但证明过程不能向验证者泄漏任何关于被证明消息的信息。零知识证明由于不需要向银行透露某些用户的信息，因此能实现电子现金的匿名性，也可实现条件匿名。

3. 认证

认证一方面是鉴别通信中信息发送者是真实的而不是假冒的；另一方面是验证被传送信息是正确和完整的，没有被篡改、重放或延迟。电子现金在传递前必须要先进行认证。

4. 盲数字签名

签名申请者将待签名的消息经"盲变换"后发送给签名者，签名者并不知道所签发消息的具体内容，该技术用于实现用户的匿名性。

5. 离线鉴别技术

离线鉴别技术的核心是在没有银行等第三方参与的条件下，完成对电子现金真实性的鉴别。目前，离线鉴别技术主要是通过数字签名技术来实现的。

6.3.3 电子现金支付模型

电子现金支付模型主要涉及客户、商家和 E-cash 银行三类参与方，具体如图 6-3 所示。E-cash 银行和商家应该有协议和授权关系，客户、商家和 E-cash 银行需要使用 E-cash 软件，E-cash 银行负责客户和商家之间的资金转移，电子现金对使用者来说都是匿名的。

客户要提取电子现金，首先要在 E-cash 银行开设一个账户，并提供表明身份的证件。当客户想提取电子现金消费时，客户可以通过互联网访问 E-cash 银行并提供身份证明。在确认了身份后，E-cash 银行可以向客户提供电子现金，并从客户账户上减去相同金额，然后客户可以将电子现金保存到电子钱包或智能卡中。

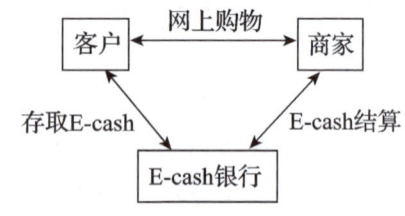

图 6-3 电子现金支付模型

电子现金支付系统要求客户预先购买电子现金，它属于预支付系统。在电子现金生命周期中，主要经过提款、支付和存款三个阶段和取款、支付、存款、重用检查四个基本协议。

1) 取款协议 从客户账户中提取电子现金的协议。它要求客户与银行中间的通道必须要通过身份鉴别。

2) 支付协议 是客户向商家支付电子现金的协议。

3) 存款协议 商家利用该协议存储电子现金。当商家将电子现金存入到自己的银行账户后，银行将检查存入的电子现金是否有效。

4) 重用检查协议 用于检查电子现金是否为重复花费。

6.3.4 电子现金支付流程

当用户拨号进入网上银行，使用一个口令（Password）和个人识别码（PIN）来验明自身，直接从其账户中下载成包的低额电子"硬币"，这时候电子现金才起作用。然后，这些电子现金被存放在用户的硬驱当中，直到用户从网上商家进行购买为止。为了保证交易安全，计算还为每个硬币建立随时选择的序号，并把这个号码隐藏在一个加密的信封中，这样就没有人可以搞清是谁提取或使用了这些电子现金。按这种方式购买可以实现匿名性，具体支付过程如图 6-4 所示。

E-cash 采用的是公钥加密和数字签名技术，保证电子现金在传递过程中的安全性和匿名性。具体如图 6-5 和图 6-6 所示。

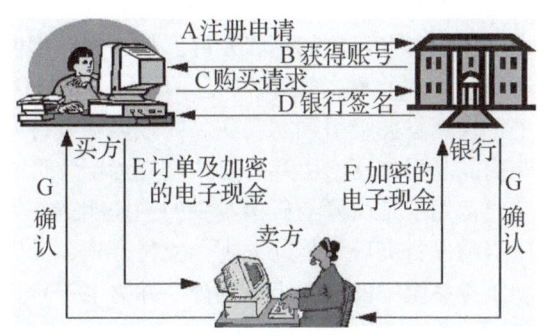

1) 客户在 E-cash 银行开立 E-cash 账号，并预先存入现金，用预先存入的现金来购买电子现金证书，这些电子现金就有了价值，并被分成了若干成包的"硬币"，可以在商业领域中流通。

2) 客户使用 E-cash 终端软件从 E-cash 银行取出一定数量的 E-cash 存在硬盘上备用，通常不超过 100 美元。

图 6-4 电子现金支付过程

3) 客户和同意使用 E-cash 的商家洽谈，签订订货合同，使用 E-cash 支付所购商品的费用。

商家将收到的 E-cash 向银行申请兑付，E-cash 银行收回 E-cash，保留其序列号备查，再将等值货币存入商家的银行账户。

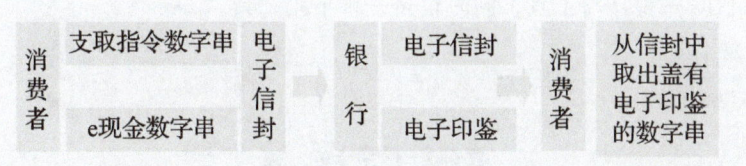

图 6-5 消费者从银行提取 E-cash

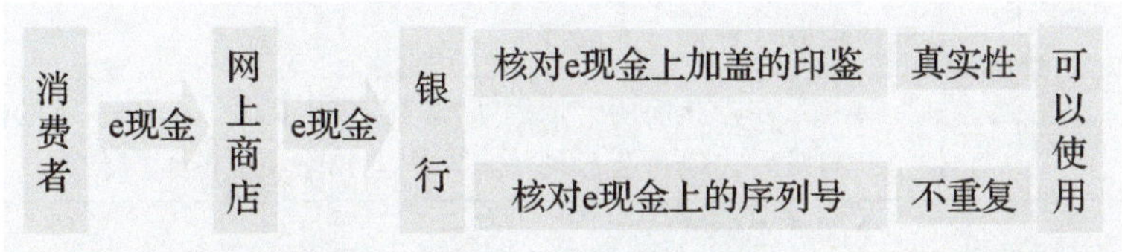

图 6-6 E-cash 支付时处理过程

以上分析可发现，E-cash（电子现金）具有以下特点：

1）E-cash 银行和商家之间应有协议和授权关系。
2）客户、商家和 E-cash 银行都需使用 E-cash 软件。
3）E-cash 银行负责客户和商家之间资金的转移。
4）身份验证是由 E-cash 本身完成的，E-cash 银行在发放电子货币时使用了数字签名，商家在每次交易中，将电子货币传送给 E-cash 银行，由 E-cash 银行验证用户支持的电子货币是否有效（伪造或使用过等）。
5）匿名性。
6）具有现金特点，可以存、取、转让，适用于小额交易。

6.4 电子信用卡与电子钱包

6.4.1 电子信用卡

1. 信用卡的产生

随着市场经济的不断发展，现金和票据的流通速度已无法满足银行业务不断增长及客户对质量和效率的更高要求。1915 年，在美国诞生了第一张信用卡，其最初是商业、饮食业业主为了扩大销售，吸引顾客，在一些顾客中发行"信用筹码"，凭此筹码顾客能享受分期付款、赊购商品。后来逐渐由筹码形式演变为卡片形式并逐渐在其他领域推广使用。

信用卡是由发卡机构签发的，证明持有人信誉良好，能为其提供信用消费的信用凭证。信用卡的发行突破了传统的现金支付形式，为银行建立先进的自动服务体系创造了条件，成为自动服务系统中的主要组成部分，并为电子货币时代的来临奠定了基础。

2. 信用卡的作用

信用卡已经广泛应用于各个领域，如银行业的银行卡，服务业的购物卡、加油卡、娱乐卡、电话卡等，其中尤以银行卡应用最为广泛、功能最强、品种最多。

信用卡具有购物消费、信用借款、转账结算、汇兑储蓄等多项功能。信用卡可在商场、饭店等许多场合使用，可采用刷卡记账、售货终端机结账、自动柜员机提取现金等多种支付方式。信用卡不仅仅是一种支付工具，同时也是一种信用工具。

3. 信用卡的分类

信用卡的分类见表 6-3。

表 6-3 信用卡的分类

分 类	类 型	使 用 特 点
结算方式	贷记卡	发卡行允许持卡人"先消费、后付款"，提供给持卡人短期消费信贷，到期依据有关规定完成清偿
	借记卡	持卡人在开立信用卡信用账户时按规定向发卡行交一定的备用金，持卡人完成消费后，银行会自动从其账户上扣除相应的消费款项
使用权限	金卡	允许透支限额较高
	普通卡	允许透支限额较低

(续)

分 类	类 型	使 用 特 点
持卡对象	个人卡	持卡人是有稳定收入来源的社会各界人士,其信用卡账户上的资金属持卡人个人存款
	公司卡	又称单位卡,是各企业、事业单位部门中指定人员使用的卡,其信用卡账户资金属公款
使用范围	国际卡	可以在全球许多国家和地区使用,如著名的 VISA 卡和 MASTER 卡等
	地方卡	只局限在某地区内使用,如我国各大商业银行发行的人民币长城卡、牡丹卡、太平洋卡等都属于地方卡
载体材料	磁卡	在信用卡背后贴有的磁条内存储有关信用卡业务所必需的数据,使用时必须有专门的读卡设备读出其中所存储的数据信息
	IC 卡	IC 卡是集成电路卡(Integrated Circuits Card),为法国人 Roland Moreno 于 1970 年所研制,并由法国 BULL 公司于 1979 年推出第一张可工作的 IC 卡,IC 卡的卡片中嵌有芯片,信用卡业务中的有关数据存储在 IC 卡芯片中,既可以脱机使用也可以联机使用

4. 电子信用卡(又称 IC 卡或智能卡)

随着技术的发展,信用卡的卡基由磁条卡发展为能够读写大量数据、更加安全可靠的智能卡,人们称其为电子信用卡。

(1) IC 卡

IC 卡与磁卡相比,具有存储信息容量大、安全性能高、使用快捷方便等优点,国际信用卡组织和各国银行都在大力推广 IC 卡的应用。我国在"金卡工程"的总体规划中也提出了金融交易卡要"以 IC 卡为主导,以磁条卡为过渡"的方针。

IC 卡的突出特点是安全性高、可脱机操作。如果用磁条卡作储值卡,则用卡消费必须访问银行主机账户,因此,消费只能在联机处理时间内进行,其速度的快慢和稳定取决于通信线路的质量,在网络不能到达的场所还无法使用。另外,磁条卡上的信息很容易被复制,增加了发行储蓄卡的风险。如果用 IC 卡作为储蓄卡,由于 IC 卡的高安全性和可脱机操作,则完全克服了上述不足。把 IC 卡用作信用卡则有所不同,从安全性的角度看有很大的意义,IC 卡将逐步取代磁条卡已成为一种趋势。

符合技术标准的智能卡不仅代替磁卡成为电子钱包、电子存折,并且可以模拟磁卡,保证现有的投资。除在金融领域广泛应用外,智能卡在保险、税务、交通等领域也有很大的市场空间。现在各生产厂家都在一卡多用上投入一定的技术力量,打算在这方面开拓市场。一卡多用在节省投资、方便使用上无疑都是明智的选择,但在技术和安全机制的实现方面也存在一定的难度,成为技术人员面临的无法回避的挑战。

智能卡的问世和在金融领域应用中独有的优势,使磁条卡的辉煌成为"明日黄花",电子货币在钱币的发展史中也进入了智能卡阶段。在我国,IC 卡必然会在促进金融、商贸电子化的进程中一显身手,独领风骚。

（2）银行 IC 卡

IC 卡的外形和大小规格与一般磁卡如信用卡、储蓄卡等完全一样。它按照内部制作时是否带有微处理器，可分为存储卡和智能卡，存储卡仅仅包含存储芯片而无微处理器，一般的 IC 电话卡即属于这一类。而银行 IC 卡一般是指智能卡，是一种带有内存的单芯片微处理器卡。将微处理器等芯片通过特殊加工和处理，制成手指甲盖大小并嵌入一塑料基片中，就制成了智能卡，它的制作成本是一般磁卡的 3~5 倍，它同磁卡一样还具有磁条和凸印字，磁条信息包括 IC 卡号等。另外，银行 IC 卡可以由银行独自发行，也可以与某行业合作发行（该行业一般要求涉及面广、持卡队伍强大），合作发行的卡成为联名卡。不同卡的封面制作也可以不同。在操作上，基本采用插入式 IC 卡和接触感应式 IC 卡。

银行 IC 卡的账户设置与一般的信用卡、储蓄卡等磁卡区别很大，它一般包括以下几个相对独立的账户：

1）基本账户。按照人民银行的规定，银行 IC 卡的基本账户必须是储蓄账户。基本账户的余额信息并不存储在 IC 卡上而存储于银行卡中心。凡是涉及基本账户的操作均应实时与银行卡中心通信，基本账户的账户处理与一般储蓄账户一样，即计息、计名、采用密码。它的主要作用是与 IC 卡其他账户之间的转账，代收代付时也是通过基本账户余额的变化来接受存款和扣款的。

2）电子存折（大钱包）。IC 卡上存储有电子存折的余额，它具有计息、计名、用密码、金额较大等特点。电子存折的消费和存取可以脱机实现。每日结算时，银行卡中心根据商户终端上传的流水及时更改 IC 卡电子存折对应的银行卡中心的账户余额以保持 IC 卡与银行卡中心账户余额一致。另外，持卡人可以在基本账户与电子存折之间转账（所谓大额圈存/圈提）。

3）电子钱包（小钱包）。它相对电子存折来说除了不计息、不计名、不用密码以外，其他与电子存折基本相同。电子钱包与基本账户之间一般规定只能圈存（即从基本账户转账到电子钱包）。

4）信用钱包。由于电子存折与一般电子钱包均不允许出现负金额，为实现信用消费而增加信用钱包。信用钱包的特点与电子钱包一样，只是钱包的初始金额是规定的信用额度，在普通钱包消费金额不足时，可动用信用钱包。信用钱包的存款（实际是信用额度的恢复）与普通钱包的圈存一起进行，并且先进行信用钱包的加款，再对普通钱包加款。

5）专用钱包。专用钱包是银行与企事业单位合作发行的一种电子钱包。例如，医疗保险专用钱包，它具有不得消费、不得取现、只能在指定医院等场所使用等特点。

另外，根据不同的需求，IC 卡上还可以开设预授权钱包、外币存折账户等。

（3）银行 IC 卡技术和交易特点

按照人民银行规定，银行 IC 卡必须为内存不小于 1KB（一般为 1~3KB）且符合 ISO 标准的单芯片微处理器卡。卡上文件类型分为数据主控文件（MF）、业务专用文件（DF）和基本数据文件（EF），应用目录为"EFTPOS"，各电子钱包、电子存折均在此目录下。同时，IC 卡还应具有各种数据文件，用来记录磁道信息、交易明细、持卡人个人资料（医疗保险）、商户优惠积分等资料。

在交易设计方面，人民银行也做了明确的规定，即一般银行 IC 卡除了查询、修改密码等还至少应具有以下主要交易功能：

1）电子存折与基本账户之间的大额圈存/圈提，必须联机实现。

2）电子存折与基本账户之间的小额圈存，必须联机实现。

3）电子存折的大额取现/消费，可以脱机实现。
4）电子钱包的小额取现，可以脱机实现。
5）个人 IC 卡对商户 IC 卡之间的转账消费，可以脱机实现。

另外，根据各银行 IC 卡的账户设计特点，还可以有专用钱包的转账、信用透支、预授权、退货等交易。

这里所说商户 IC 卡与普通 IC 卡的主要区别在于存储容量较大，可以存储其他 IC 卡对其进行转账的每笔流水，而且可随时在圈存机等设备上根据流水联机更改自身余额，达到真正转账的目的。商户 IC 卡适用于带有双 IC 卡槽的 POS 机，这种 POS 机体积小，可随意移动，特别适用于巴士等移动收费点。

银行 IC 卡的使用媒介包括储蓄网点、POS 机、ATM 机和圈存机等。其中圈存机是一种类似没有现金的自动柜员机，主要用来完成 IC 卡中各账户之间联机圈存/圈提、查询、打印等功能。

（4）银行 IC 卡的应用特点

银行 IC 卡的应用主要包括以下几个方面：

1）储蓄功能。持卡人可像磁卡一样在银行储蓄柜台或 ATM 机上存取款、查询、对账单等。

2）转账消费。持卡人可以在银行特约商户的 POS 机上进行转账消费，或在 ATM 机、银行网点、圈存机上做转账交易。

3）代收代付功能。经过授权，银行通过对 IC 卡基本账户余额的变动可达到代收代付的功能，免去了排队交费或发放现金的麻烦。对代缴电费、水费、税费等公用事业费和企业代发工资、代分红等相当实用。

4）信用透支。银行根据持卡人的信用情况和申请，可以对 IC 卡设定某一信用额度。

5）联名卡。银行可以在人民银行规定允许的条件下与各企事业单位合作发行联名卡，在 IC 卡上开辟专用钱包和个人资料文件以及商户积分文件，方便特约商户对其顾客的查询、统计和进行折扣优惠。目前联名卡主要有：保险卡（财产、养老、医疗保险金）、交通卡（加油费、路桥收费、停车费、年检费等）、校园卡（伙食费、学费、奖学金）、财税卡（地税、国税）等几种。

由此可见，银行 IC 卡与普通磁卡相比具有明显的优势。

1）IC 卡实际上集中了信用卡、储蓄卡、提款卡、联名卡、专用卡等几乎所有磁卡的所有功能，既方便持卡人的携带，也有利于特约商户的结算，可真正做到一卡多用。

2）银行 IC 卡的许多交易能脱机完成，不仅大大减少了交易时间，同时对于移动收费点或通信不顺畅的场所也尤其有利。对通信顺畅的场所还可以起到节省电话费的作用。

3）银行 IC 卡采用了高科技手段，具有相当完善的安全措施，其安全性远远超过了普通磁卡，一般人要改写或盗取 IC 卡信息几乎是不可能的。

4）银行 IC 卡充分考虑了持卡人的各种不同要求，可任意选择使用多种账户，可使用电子钱包而不用输入密码、允许信用透支、商户可选用商户 IC 卡进行结算等，从而满足了不同层次的客户需求。

目前，我国信用卡主要在银行专用网络中使用，电子商务中更先进的方式是在互联网环境下通过特殊协议进行网上支付。电子信用卡支付系统的特点：每张卡对应着一个账户，资金的支付最终是通过转账实现的；由于消费中实行"先消费、后付款"的办法，因此，对信用卡账户的处理是滞后于货款支付的，也就是说，购物支付是通过银行提供消费信贷来完成的，对信用卡账户的处理还是其后的事情。因此属于"延迟付款"一类，与电子转账有实质上的不同。电子信用卡支付系统需采用在线操作，可以透支。

在电子商务中，信用卡付款方式最简单的形式是让客户提前在某一公司登记一个信用卡账户和密码，当客户通过网络在该公司购物时，客户只需将密码传送到该公司。购物完成后，客户会收到一个电子邮件确认，询问购买是否有效。若客户对电子邮件回答有效，公司就从客户的信用卡账户上减去这笔交易的费用。在 Internet 环境下通过 SET 协议进行网络支付，具体方式是客户在网上发送信用卡号和密码，并且采用加密方式发送到银行进行支付。当然支付过程中要进行客户、商家及付款要求的合法性验证。

6.4.2 电子钱包

电子钱包（Electronic Purse）是一种具有存取款和转账消费功能的智能卡。持卡人需事先在卡中存入一定金额，用款时逐笔扣减，并可以随时往卡中存入资金。它可以显示使用者还有多少钱存在自己的智能卡上，并且在相互认可的情况下，可以在多个钱包之间划拨资金。电子钱包是电子商务活动中顾客购物常用的一种支付工具，是在小额购物或购买小商品时常用的方式。有一些电子钱包还可以进行无线数据通信，使电子支付更具生命力。使用电子钱包时，通常要将电子钱包接入银行网络，还要综合应用电子钱包软件（如 Microsoft Wallet 和 Globalset Wallet 等）。

1. 电子钱包的产生

世界上最早的电子钱包是由英国西敏斯国民银行（National-westminster）、米德兰银行（Midland）共同创办的名为 Mondex UK 的企业开发的。1995 年 7 月首先在斯温顿市（Swindon）试用。由于其具有简单、快捷、安全特性，很快打开了局面，被广泛应用于市场、酒吧、珠宝店、宠物店、餐饮店、食品店、停车场、电话间和公共车辆中。

2. 电子钱包的特点（以 Mondex 电子钱包为例）

1）保证匿名。
2）安全性。允许用户锁定一张指定卡上的钱数，以防丢失。
3）具有现金货币所具有的诸多属性。

3. 电子钱包的使用及购物步骤

使用电子钱包的顾客通常要在有关银行开立账户。在使用电子钱包时，将电子钱包通过电子钱包应用软件安装到电子商务服务器上，利用电子钱包服务系统就可以把自己的各种电子货币或电子金融卡上的数据输入进去。在发生收付款时，顾客需用电子信用卡付款，如用 Visa 卡或 Mondex 卡等付款时，顾客只要单击一下相应项目（或相应图标）即可完成。这种电子支付方式称为单击式或点击式支付方式。

在电子钱包内可以装入电子现金、电子零钱、安全零钱、电子信用卡、所有者的身份证书、所有者地址及电子商务网站的收款台上所需的其他信息。电子钱包提高了购物的效率。电子商务活动中的电子钱包软件通常都是免费提供的。客户可以直接使用与自己银行账号相连接的电子商务系统服务器上的电子钱包软件，也可以通过各种保密方式使用互联网上的电子钱包软件。目前已有许多信息厂商开发了电子钱包软件，如 Microsoft 的 Microsoft Wallet、IBM 的 IBM Consumer Wallet 和 Cybercash 的 Internet Wallet 等。

在电子商务服务系统中设有电子钱包功能管理模块，叫作电子钱包管理器（Wallet Administration），顾客可以用它来改变保密密码或保密方式，用它来查看自己银行账号上收付往来的电子货币账目、清单和数据。电子商务服务系统中还有电子交易记录器，顾客通过查询记录器，可以了解自己都买了什么物品，购买了多少，也可以把查询结果打印出来。

利用电子钱包在网上购物，通常包括以下步骤：

1) 客户使用浏览器在商家 Web 主页上查看在线目录、浏览商品，并选择要购买的商品。

2) 客户填写订单，包括项目列表、价格、总价、运费、搬运费、税费等。订单可以通过电子化方式来传输，或由用户的电子购物软件建立。

3) 客户确认后，选定用电子钱包付款。将电子钱包装入系统，单击电子钱包的相应项或电子钱包图标，电子钱包立即打开，然后输入自己的保密密码，在确认是自己的电子钱包后，从中取出一张电子信用卡来付款。

4) 电子商务服务器进行合法性确认后对此信用卡号码采用某种保密算法并加密后，发送到相应的银行去，同时销售商店也收到经过加密的购货账单，销售商店将自己的顾客编码加入电子购货账单后，再转送到电子商务服务器上去。这里，商店对顾客电子信用卡上的号码是看不见的，不可能也不应该知道，销售商店无权也无法处理信用卡中的钱款。因此，只能把信用卡送到电子商务服务器上去处理。在信用卡公司和商业银行之间进行应收款项和账务往来的电子数据交换和处理。

5) 如果经商业银行确认后拒绝并且不予授权，则说明客户这张电子信用卡上的钱数不够用了或者是没有钱了，或者已经透支。遭商业银行拒绝后，客户可以再单击电子钱包，打开后取出另一张电子信用卡，重复上述操作。

6) 如果经商业银行证明电子钱包付款有效并授权后，商店发货并将电子收据发给顾客，与此同时，销售商店留下整个交易过程中发生往来的财务数据。

7) 商店按照客户提供的电子订单将货物发送到顾客或其指定人手中。

上述购物过程中虽经过信用卡公司和商业银行等多次身份确认、银行授权、各种财务数据交换和账务往来等，但这些却是在极短的时间内完成的。实际上，从顾客输入订货单后开始到拿到销售商店出具的电子收据为止的全过程仅用 5~20 秒的时间。这种电子购物方式十分省事、省力、省时，而且对于顾客来说，整个购物过程自始至终都是十分安全、可靠的。

总之，这种购物过程彻底改变了传统的面对面交易和一手交钱一手交货的购物方式，是一种很有效的而且非常安全可靠的电子购物过程，是一种与传统购物方式根本不同的现代高新技术购物方式。

6.5 电子支票

目前，对于小额的网上交易一般采用卡支付方式，还基本能够满足网上支付的需求；而对于大额的网上交易，卡支付方式已不能满足需要，主要还是采用离线的传统支付方式。B2B 交易的加速发展迫切需要发展适合大额交易的网上支付手段。电子支票正是一种适合大额支付（也适合小额支付）的网上支付工具，它能够满足 B2B 交易方式的支付需求。

6.5.1 电子支票的定义

电子支票是一种借鉴纸支票转移支付的优点，利用数字传递将钱款从一个账户转移到另一个账户的电子付款形式。这种电子支票的支付是在客户及银行相连的网络上以密码方式传递的，多数使用公用关键字加密签名或个人身份证号码（PIN）代替手写签名。电子支票是用来吸引不想使用现金，而愿意使用信用方式的个人客户和公司。电子支票样本及打印机如图 6-7 所示。

图 6-7　电子支票样本及打印机

简单地说，将支票改变为带有数字签名的电子报文，或利用其他数字电文代替传统支票的全部信息，就是电子支票。电子支票中包含有与纸支票完全相同的支付信息，如收款方名称、付款方账户、金额和日期。同时电子支票包含有数字证书和数字签名，它们连同加密解密技术一起，被用来防止对银行和银行客户的欺诈，提高电子支票的安全性，以保证信息的真实性、保密性、完整性和不可否认性。另外一些附件（如付款清单）也可以一起"捆绑"传送。

电子支票仿真纸质支票，不过是用电子方式启动，使用电子签名做背书，而且使用数字证书来验证付款者、付款银行和银行账号。电子支票的安全认证工作是由公开密钥算法的电子签名来完成的。

由于电子文档可以取代纸文档，而基于公钥的数字签名可以替代手写签名，所以使用电子支票取代纸支票，不需要创建一个全新的支付手段，可以充分利用现有支票处理基础设施（如法律政策和商业环境等）。在充分利用电子支付手段的前提下，可以对付款人、收款人、银行和金融系统带来尽量少的影响。银行的基础设施与网络的集成是电子支票的基础。

电子支票将整个处理过程自动化，帮助银行缓解处理支票的压力，节省大量的人力和开支，极大地降低了处理成本；可以在任何时间、地点通过互联网进行传递，打破了地域的限制，最大限度地提高支票的支付速度，从而为顾客提供了更方便快捷的服务和减少了途中资金；通过应用数字证书、数字签名以及加密解密技术，提供了比使用印章和手写签名更加安全可靠的防欺诈手段。电子支票在这三个方面的巨大进步，无疑会使其成为支票发展史上的一次革命。

6.5.2　电子支票的使用

电子支票使用的基本流程如图 6-8 所示。

首先，付款方使用称作"电子支票簿"的硬件或软件来生成电子支票并签名，再通过互联网在任何时间和任何地方利用电子邮件或 WWW 浏览器将电子支票发送给收款方；其次，收款方使用自己的"电子支票簿"对收到的电子支票进行背书，生成进账单，签名后（将电子支票和进账单）一起发送给银行；最后，银行在确认双方身份后，根据电子支票里的内容，把款项从付款方账户划转到收款方账户，这样客户无须亲自到银行办理存入或转账手续。电子支票的使用流程与纸支票类似，具体如下：

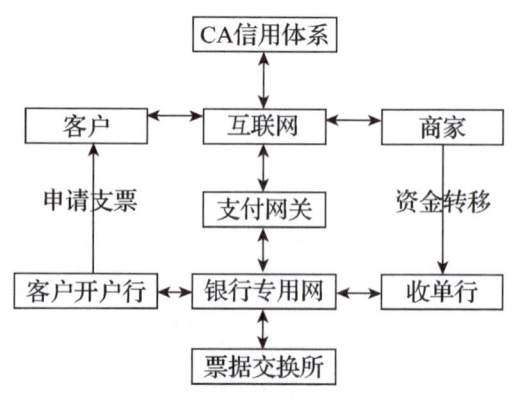

图 6-8　电子支票使用的基本流程

1）客户到银行开设支票存款账户，存入存款，申请电子支票的使用权。
2）客户开户行审核申请人资信情况，决定是否给予使用电子支票的权利。
3）顾客网上购物，填写订单，使用电子支票生成器和开户行发放的授权证明文件生成此笔支付的电子支票，一同发往商家。
4）商家将电子支票信息通过支付网关发往收单行请求签证，收单行将通过银行专用网络验证后的信息传回商家。
5）支票有效，商家则确认客户的购物行为，并组织发货。
6）支票到期前，商家将支票向收单行背书提示，请求兑付。

电子支票在使用过程与传统支票相比有如下优点：

1）电子支票与传统支票运作方式相同，简化了顾客的学习过程，且因其功能更强，所以接受度更高。
2）电子支票的付款方式可以脱离现金和纸张进行，购买方通过计算机或 POS 机获得一个电子支票证明，而不是寄支票或直接到柜台前付款，这样可以减少事务的费用，而且处理速度会大大增加。
3）电子支票的即时认证能加快交易的速度，并在一定程度上保障交易的安全性，减少了处理传统支票的时间成本和财务成本，对支票丢失或被盗的挂失处理也方便有效得多。
4）电子支票可以为新型的在线服务提供便利。例如，它可以支持新的结算流，自动证实交易各方的数字签名，增强每个环节上的安全性；还可以与基于 EDI 的电子订货集成来实现结算业务的自动化。
5）电子支票可为企业提供服务。企业运用电子支票在网上进行结算，可比采用的其他方法更方便、更快捷。
6）电子支票要求把公共网络与金融专用网连接起来，这就充分发挥了现有的金融结算基础设施和公共网络的作用。

公用网络上电子支票系统用于发出支付和处理支付的网上服务，付款人向收款人发出电子支票，即一个经过付款人私钥加密的写有相关电子信息的电子文件，收款人将其存入银行，以取出现金。电子支票由客户计算机内的专用软件生成，一般应包括支付数据（支付人、支付金额、支付起因等）、支票数据（出票人、收款人、付款人、到期日等）、客户的数字签名、CA证书、开户行证明文件等内容。目前人们正在开发几种系统来处理这样的业务，大部分系统仍处于设计阶段。许多系统是为那些通过 Internet 出售信息或小型软件程序的公司而设计的。几乎所有的方案都依赖第三方或经纪人，他们证实客户拥有买货的款额，也可以证实在客户付款前商家已交货。由于这个过程高度自动化，即使是交易额小至一美分，这种方式也很经济划算。

电子支票系统中主要的各方有客户、商家、客户的开户行、商家的开户行、票据交易所，票据交易所可由一独立的机构或现有的一个银行系统承担，其功能是在不同的银行之间处理票据。

电子支票提供了可以通过互联网以安全的方式处理银行事务的能力。银行可以自动地验证电子支票的合法性，这样，就可以减少所有被涉及的用户被欺骗的可能性。使用金融服务标识语言 FSML（Financial Service Markup Language）、数字签名以及数字证书，可以使系统非常安全。

6.5.3　电子支票系统的安全问题

简单地说，电子支票就是纸支票的电子版。它包含和纸支票一样的信息，如支票号、收款人姓名、签发人账号、支票金额、签发日期、开户银行名称等具有和纸支票一样的金融功能。电子支票系统可以建立在传统纸支票系统基础上，但纸支票系统中的签字、盖章、笔迹等安全机制对电子支票系统已不适用。首先，电子支票中的所有信息都以数据文件的形式存储、传送，涂改不留痕迹。其次，由于 Internet 的开放性也带来了相应的安全风险和可靠性问题，所以电子支票必须满足网上支付的安全需求。

一般认为网上支付的安全需求主要包括真实性、保密性、完整性、不可否认性等几方面：

1）真实性一般是指交易者身份的真实性，网上交易的双方可能素昧平生、相隔千里，必须能确定收款方和付款方是合法的、真实的。

2）保密性是指有些支付信息，如账号、金额等涉及商业机密，为了确保它们在 Internet 网上传输时不被泄露和窃取，必须进行加密。

3）完整性即不可修改性，网上支付涉及电子文档，和实物世界不同，电子文档中的数字信息很容易被不留痕迹地修改、覆盖，使交易方蒙受损失，因此，必须有专门的技术确保信息的完整性。

4）不可否认性是指交易一旦达成，支付一旦实现，双方都不能否认。

目前，网上支付的安全需求都可以通过相应的技术手段加以解决。

具体来讲，在电子支票系统中使用安全认证可以实现身份识别；数字签名可以取代手写签名和签章而且实现了信息的完整性和不可抵赖性；加密解密技术能实现电子支票信息的保密性，这些技术手段满足了网上支付的安全需求。由于电子支票系统采用 PIK（公开密钥密码体制）实现其加解密和数字签名，尽管用于加密和签名的算法很重要，但一般情况下算法是公开的，秘密全部寓于密钥中，所以密钥的管理尤为重要。此外由于电子支票的数字签名是用签发人的私钥生成的，一旦私钥被窃取，任何人都可以签发和使用电子支票，系统必须确保签名私钥的安全性。所以，实现电子支票安全支付的关键是密钥管理和签名私钥的保护。

1. 密钥管理和恢复

电子支票系统中的每个用户拥有两对密钥对。其中，一对密钥用作签名和验证签名，另一对用作加密和解密。支票的签发方在电子支票文档中输入必要的支票信息，用自己的签名私钥对支票签名。然后，用收款方的公开加密密钥对签名进行加密，发送加密签名后的电子支票。收款方在收到支票时，用相应的私有密钥解密签名。同样的过程也会在收款方和银行之间发生。因此，在支票的签发方发送支票前，必须获得接收方的公开加密密钥，这就要求系统具备密钥产生、密钥分发、密钥存储的能力。电子支票是一份电子文档，可能由于种种原因造成损坏，系统必须有能力恢复电子支票和密钥。同时，为了确保公钥来自一个真实的合法用户，需要公钥证书来证实。可见，电子支票系统需要密钥管理体系结构的支持，把身份认证、公钥加密、数字签名等技术集成在一起。具体实现过程如下：

1）密钥的产生　由第三方信任实体或银行执行满足银行业标准的密钥生成算法，产生用于加密或签名的公钥和私钥对，为了确保私钥的安全性，密钥一般在硬件智能卡内生成。密钥生成后，私钥保存在卡内不被泄漏，公钥可从卡内导出。

2）公钥证书的发布　为了确保用于验证签名的公钥确实是来自真实的签发人，需要通过验证数字证书来证实，证书和公钥通常捆绑在一起发布。在电子支票系统中涉及的客户和银行都需要有相应的证书和公钥，系统要保证在每个用户鉴别另一个用户时能获取对方的证书。有两种方式发放证书：一种是由一个中央 CA 机构发放和维护所有银行和用户的公钥证书；一种是由根 CA 发放和维护银行的公钥证书，由银行发放和维护自己用户的证书。

证书的发放，在小范围内可以通过 Email 或 Web 站点发布。在大的商业应用中，由于密钥经常变化，用户也常常开立新账户，必须采用新的方法，如收款方把电子账单与公钥绑定在一起，发往电子支票的签发人，支票签发人使用该公钥对数字签名进行加密。

公钥和证书是通过集中或分布式目录服务器存储，并通过该服务器查询所有用户的公钥和证书。支票和密钥的恢复是指在硬件智能卡接收到支票时，系统将生成该支票的副本，当支票丢失或损坏时，用户可以通知他所在的银行并向银行发送该副本。由于在生成智能卡时，银行或第三方认证机构保留了用户私钥的副本，所以可以解密支票上的签名，解密成功后准备清算。为了防止用户在把支票背书转让给其他人后向银行发送一个拷贝，谎称支票已丢失或损坏，银行将等到支票有效期截止，并且没有发现相关的转让支票时才在用户的账上记入贷方，然后清算支票。

2. 电子支票簿

众所周知，即便是有了手写签名的样本，也很难模仿出一模一样的签名。但如果有了签发人的私钥，任何人都可以很容易使用该私钥伪造出一份完全一样的签名进行欺诈。因此，电子支票系统必须确保签发人私钥的安全性。为了防止私钥在用户个人机器或网络传输时被窃取，私钥一般存放在硬件智能卡或 PC 卡上，由用户随身携带。

在电子支票系统中签名私钥的保护是通过电子支票簿技术实现的。

（1）电子支票簿的生成过程

电子支票簿的生成过程如下：

1）系统执行初始化程序，激活卡内芯片调用满足标准的密钥生成程序，生成加密和签名的密钥对。私钥保存在卡内，公钥可以从卡内导出。

2）发卡银行对支票账号、卡及持卡人进行登记。

3）公钥以安全的方式从卡中发送到银行 CA，银行 CA 把公钥与一定的支票账户和持卡人进行映射。

4）银行验证所有的账户信息和公钥后，给支票簿发放一张用银行私钥签名的公钥证书。

5）系统确认银行证书的完整性，把证书及一些账户信息存入卡内。

6）将中央 CA 给银行发放的证书存入卡内。

7）系统生成电子支票簿卡，在卡面上打印银行的标识、持卡人姓名、识别码。

8）随机生成初始 PIN，安装到芯片。

9）把卡和被覆盖的 PIN 发给用户。

（2）电子支票簿的存放介质

电子支票簿是一种硬件和软件装置，可以实现电子支票的签名、背书等最基本功能。它具有防篡改的特点，并且不容易遭到来自网络的攻击。常见的电子支票簿有智能卡、PC 卡、掌上计算机等。

以智能卡为例说明。智能卡是一种大小和外形与信用卡相同的塑料卡片，在卡片中嵌有计算机芯片和小的存储器。用作电子支票簿的智能卡可实现与支票簿相同的功能，它的芯片中的程序用来执行签名、背书功能并存储签名日志。

(3) 电子支票簿的功能

电子支票簿的功能如下：

1) 密钥生成。系统执行标准的加密算法在智能卡内生成所需的密钥对。其中，公钥可以对外开放，私钥只保存在卡内，除非密钥恢复时能得到私钥的备份，否则，其他任何地方都无法获取私钥。

2) 签名和背书。用户通过执行智能卡内 ROM 芯片中的加密例程实现对信息的加密和签名。

3) 存取控制。用户通过输入个人身份识别码（PIN）来激活电子支票簿，确保私钥的授权使用。系统根据不同的控制级别分别有三种 PIN。第一种 PIN 可实现填写电子支票、对支票签名、背书支票、签发进账单、读取日志信息、更改该级别 PIN 等功能；第二种 PIN 除执行第一种的功能外还增加了对电子支票簿的管理功能，如可增加、删除证书和公钥，读取签发人的公钥和签发人的个人信息，更改管理者的 PIN 等；第三种 PIN 用作银行系统初始化，包括初始化公钥对和初始化签发人的个人数据等。

(4) 电子支票簿的优点

电子支票簿的优点如下：

1) 保证了用户私钥的安全性。

2) 标准化和简化了密钥生成、分发和使用，使电子支票的用户不需要专门的技能和培训就能建立起很高的信任机制。

3) 能理解电子支票的语法，对电子支票的关键数据建立日志并保存。提供了使用卡进行数字签名的安全记录，还提供了解决"特洛伊木马"问题的入口点。

4) 能随机自动生成递增的、唯一的"电子支票号"，杜绝由于 Email 出现问题或人为原因造成的支票副本，防止对支票的多次兑现。

总之，电子支票系统目前一般是专用网络系统，国际金融机构通过自己的专用网络、设备、软件及一套完整的客户识别标准报文、数据验证等规范化协议完成数据传输，从而控制安全性。电子支票系统在专用网络上应用具有成熟的模式，如 SWIFT 系统，其应用范围主要是企业与企业之间（如银行与银行或银行与普通企业之间）。

6.6 微支付

微支付为腾讯旗下财付通（类似支付宝）的产品，微支付被嵌入微信当中，用户绑定银行卡后可用于日常在微信平台支付。微支付适用于 B2C、C2C 的商品交易，特别是音乐、游戏等数字产品，如网站为用户提供搜索服务、下载一段音乐、下载一个视频片段、下载试用版软件等，所涉及的支付费用很小，往往只要几毛钱、几元钱或几十元钱。微支付就是为解决这些"小金额的支付"而提出的。它的特点在于交易额度小。

1. 微支付的定义

微支付是指在互联网上进行的一些小额的资金支付。这种支付机制有着特殊的系统要求，在满足一定安全性的前提下，要求有尽量少的信息传输，较低的管理和存储需求，即速度和效率要求比较高，这种支付形式就称为微支付。目前所说的微支付，主要是指微信支付。

2. 微支付的特点

1）Internet 的信息服务与传统的有形商品购买不同。信息服务的特点是方便和快速，不管距离多远，Internet 的信息服务都可以在几秒钟内完成，这要求支付方式也必须在几秒钟内完成，而且方便有效。

2）Internet 的信息服务的每笔费用很小，因此要求支付系统不能复杂，否则，支付系统处理每笔支付本身的费用可能超过要支付的费用。

3. 微支付的实现

1）定制与预支付。这类方式适用于消费者对所购买的产品与服务有着充分的了解和信任，才可能产生"预先"付款的行为。

2）计费系统与集成。这类支付机制已经大量应用于电信行业，电信公司在利用计费系统对自身的服务进行收费的同时，可以向其他类型的商家提供账单集成服务。

3）储值方案，即电子现金方案。与第一种类型不同，这类方案是基于"电子现金账户"而不是"预付费账户"，电子现金是可以回收并且跨系统运行的，可以是基于互联网的软件方案，也可以是基于智能卡的硬件方案，其发展潜力更多地面向现实环境，起到替代现金的作用。

6.7 实训项目

实训项目：开通并使用微支付

如果你消费腾讯公司的虚拟产品，如何开通并使用微支付呢？

实训步骤

1）登录财付通网站，输入账号和登录密码，如图 6-9 所示。

图 6-9　财付通网站

2)在进入财付通网站后左边会有一个"微支付"选项,如图6-10所示,单击进入。

图6-10 微支付

3)进入微支付界面,会出现"立即激活"按钮,如图6-11所示。

图6-11 激活

4)单击"立即激活"按钮开通微支付,如图6-12所示。

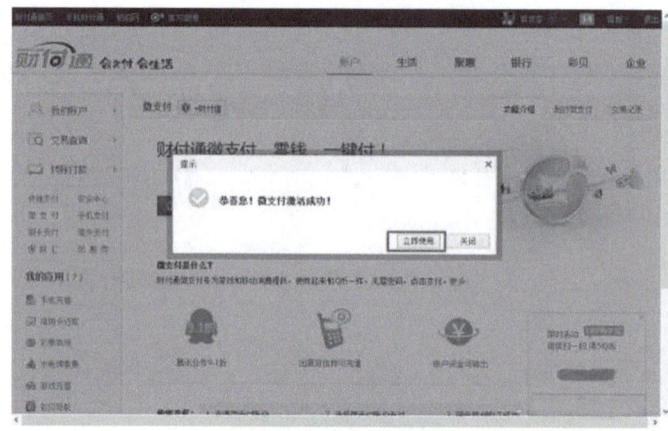

图6-12 微支付激活

5）再次进入微支付，如图 6-13 所示，财付通微支付就可以进行支付操作了，使用起来和 Q 币一样，无需密码，单击支付。

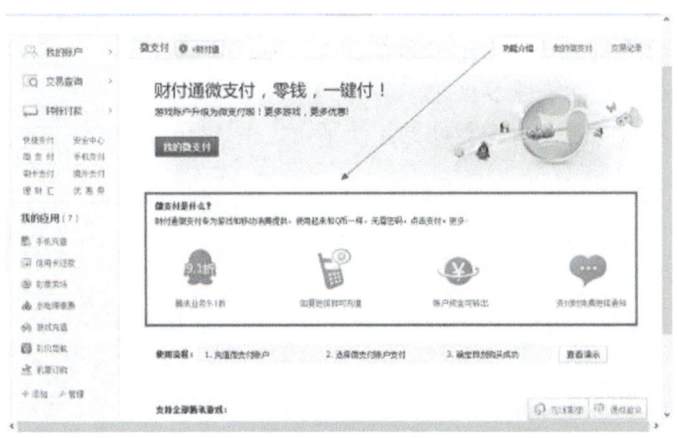

图 6-13　使用界面

练习与实训题

一、选择题（单选或多选）

1. 如果贸易双方的开户行是不同银行，可采取（　　）方式。
   A. 支票支付　　　　　　　　　　B. 汇票支付
   C. 本票支付　　　　　　　　　　D. 通过自动清算所 ACH 支付
   E. 电子资金汇兑支付
2. （　　）不适合小额交易。
   A. 支付系统无安全措施的模型　　B. 通过第三方经纪人支付的模型
   C. 电子现金支付模型　　　　　　D. 支付系统使用简单加密的模型
3. 电子钱包内可以装入（　　）信息。
   A. 传统现金　　　　　　　　　　B. 电子现金
   C. 电子零钱　　　　　　　　　　D. 电子信用卡
   E. 所有者的身份证书
4. 微支付系统的设计目标是（　　）。
   A. 费用低　　　　　　　　　　　B. 延迟为不可忽略程度
   C. 具有普遍性和可伸缩性　　　　D. 单击即可支付

二、填空题

1. 支付是指为清偿（　　）和（　　）引起的债权、债务关系，由（　　）提供的（　　）业务。
2. 信用卡是由（　　）或（　　）签发的证明持卡人（　　）并可以在指定的商店或场所进行直接消费的一种（　　）。
3. 实时在线电子支付是电子商务的（　　），也是电子商务得以顺利发展的（　　）。
4. 目前比较有影响力的电子现金支付系统有（　　）、（　　）、（　　）。
5. 目前流行的主要互联网支票有（　　）、（　　）、（　　）。

三、判断题

1. 纸币本身没有价值。（　　）
2. 硬币本身没有价值。（　　）
3. 信用卡按功能可分为贷记卡、借记卡和复合卡三种。（　　）
4. 电子支付对软硬件设施都有很高要求。（　　）
5. 电子支付的工作环境是基于一个封闭的系统平台之中。（　　）
6. 电子信用卡又称智能卡。（　　）

四、简答题

1. 什么是电子支付？
2. 什么是电子现金？
3. 什么是电子钱包？
4. 什么是电子支票？

五、实训题

申请招商银行的网上支付功能。

案例分析

广州中院近日公布了两起网络诈骗案并提醒网民：网络诈骗成本低、易操作，网民应注意保护个人真实资料，以防被骗。

案例一　虚构售卖信息，骗款 6600 元

今年 24 岁的王国鸣使用的诈骗手法可谓全无"技术含量"。他在国内著名摄影网站——色影无忌上发布信息，声称自己要售卖相机，并承诺收到钱后立即发货，4 天之后，居然真的有人通过银行汇来 6600 元。有心诈骗的王国鸣当然没有相机可以发货，受害人高某在等待数日后怀疑受骗而报案。

海珠区法院审理认为，王国鸣的行为已构成诈骗罪，判处有期徒刑一年，并处罚金人民币 5000 元，返还被害人高某人民币 6600 元。王国鸣以量刑过重提起上诉，但广州中院二审维持了原判。

案例二　替换他人账户，骗款 30 余万元

与王国鸣相比，拥有大学文凭的柳青展可以称得上是高智商犯罪。在广州市番禺区某网吧内，柳青展秘密进入四川迪佳通电子有限公司深圳办事处业务员夏某的电子邮箱。当得知夏某正与也门一客户在使用电子邮件洽谈生意并约定付款方式时，柳青展即以先截留也门客户发给夏某的电子邮件，再从自建的一个与也门客户同名的邮箱内发送邮件给夏某的方式，套取到夏某回给也门客户的邮件，继而将其收款银行账号内容更改为柳青展本人所开设的银行账号，致使也门客户将 4 万美元货款汇入柳青展所持有的账户。

柳青展在广州市天河北路的工行花城支行办理手续后，将 4 万美元（折人民币 328400 多元）分多次取出，占为己有。除事后被缴获赃款人民币 165297 元外，其余的挥霍一空。

天河区法院以诈骗罪判处柳青展有期徒刑十年，并处罚金人民币 2 万元。

问题：

从上述两个小案例中你得到了什么启发？对买家和卖家来说，在进行网上交易和支付的时候应该注意什么？

第 7 章　虚拟专用网技术

- 虚拟专用网概述
- 虚拟专用网基本技术
- IPSec 协议

目前很多单位都面临着这样的挑战：分公司、经销商、合作伙伴、客户和外地出差人员要求随时经过公用网访问公司的资源。为了保证信息的安全性，在传统的企业网络配置中，要进行远程访问，传统的方法是租用数字数据网（DDN）专线或帧中继，这样的解决方案必然导致高昂的网络通信和维护费用。对于移动用户（移动办公人员）与远端个人用户而言，一般会通过拨号线路（Internet）进入企业的局域网，但这样又必然带来安全上的隐患。随着网络技术的发展，通过 Internet 提供的虚拟专用网技术，家庭办公人员、移动用户或其他主机用户只要能上互联网就可以很方便地访问企业服务器。

7.1 虚拟专用网概述

7.1.1 虚拟专用网的定义

虚拟专用网（Virtual Private Network，VPN）技术是指通过一个公用网络建立一个临时的、安全的连接，是一条穿过混乱的公用网络的安全、稳定的隧道。使用这条隧道可以对数据进行几倍加密，达到安全使用互联网的目的。虚拟专用网是对企业内部网的扩展，虚拟专用网可以帮助远程用户、公司分支机构、商业伙伴及供应商同公司的内部网建立可信的安全连接，用于经济有效地连接到商业伙伴和用户的安全外联网。VPN 主要采用隧道技术、加解密技术、密钥管理技术和身份认证技术。

与企业独立构建专用网络相比，VPN 是利用公用网来搭建私人专用网络，具有节省资源、易于扩展、简化管理等特点。"虚拟"的概念是相对传统私用网络搭建方式而言，VPN 不需要建设远程连接，而是通过互联网服务提供商 ISP 提供的公用网来实现广域连接。当需要时 VPN 就从公共网中"挖走"一部分带宽资源，作为私用网使用；当通信停止后，这部分带宽又还给公共网。

7.1.2 虚拟专用网的结构组成

VPN 不是一种简单的高层业务。VPN 技术比普通的点到点应用复杂得多。VPN 的实现需要建立用户之间的网络互联，包括建立 VPN 内部的网络拓扑、进行路由计算、维护成员的加入与退出等。因此，VPN 体系结构较复杂，可以概括为以下三个组成部分：

1) VPN 隧道，包括隧道的建立和管理。

2）VPN 管理，包括 VPN 配置管理、VPN 成员管理、VPN 属性管理（管理服务提供商边缘设备 PE 上多个 VPN 的属性，区分不同的 VPN 地址空间）、VPN 自动配置（指在二层 VPN 中，收到对端链路信息后，建立 VPN 内部链路之间一一对应的关系）。

3）VPN 信令协议，完成 VPN 中各用户网络边缘设备间 VPN 资源信息的交换和共享（对于 L2VPN，需要交换数据链路信息；对于 L3VPN，需要交换路由信息；对于 VPDN，需要交换单条数据链路直连信息），以及在某些应用中完成 VPN 的成员发现。

一个典型 VPN 的组成示意图如图 7-1 所示。其中，VPN 服务器主要负责接受来自 VPN 客户机的连接请求；VPN 客户机可以是终端计算机也可以是路由器；隧道是指数据传输的通道，且在其中传输的数据必须经过封装，在 VPN 连接中，数据必须经过加密；隧道协议是指封装数据、管理隧道的通信标准。公共网络是指 Internet 或其他共享型网络。VPN 中的传输数据指的是经过封装、加密后在隧道上传输的数据。

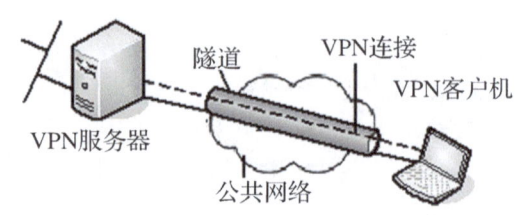

图 7-1　VPN 组成示意图

7.2　虚拟专用网的基本功能要求

VPN 技术的使用主要是为了实现远程用户的接入、网络互连和连接企业网内部网络计算机等功能的。一般来说，企业在选用一种远程网络互联方案时都希望能够对访问企业资源和信息的要求加以控制，所选用的方案应当既能够实现授权用户与企业局域网资源的自由连接，不同分支机构之间的资源共享，又能够确保企业数据在公共互联网络或企业内部网络上传输时安全性不受破坏。因此，一个成功的 VPN 方案应当能够满足以下所有方面的要求：

1）加密数据。通过数据加密来确保数据通过公用网络传输时的安全性，即使被外人看到或截获也不会泄露。

2）身份验证。鉴别用户的身份，对通信实体的身份认证和信息的完整性检查，能够对不同的用户授予不同的访问权限，确保数据是从正确的发送方传输来的。

3）数据完整性。确保数据在传输过程中没有被非法改动，保持数据信息原样地到达目的地，保证信息的完整性、合理性。

4）提供访问控制。能对不同的用户赋予不同的访问权限。

5）多协议支持。支持公共网络上普遍使用的基本协议，包括 IP、IPX 等；支持专线宽带接入、小区宽带接入、ADSL 宽带接入、ISDN 接入、CDMA 接入等多种互联网接入方式。

7.3　虚拟专用网技术分类

VPN 的分类方式有很多种，从不同的角度分类，有不同的 VPN 类型，下面将介绍几种常用的分类方法。

1. 根据 VPN 的组网方式分类

根据 VPN 的组网方式不同，VPN 可分为：远程接入 VPN（Access VPN）、内联网 VPN（Intranet VPN）和外联网 VPN（Extranet VPN）。

1）远程接入 VPN（Access VPN）。远程接入 VPN 是指客户端到网关使用公共网络作为骨干网在设备之间传输 VPN 数据流量,是实现移动用户(如出差在外的企业员工)或企业小分支机构(远程办公室)通过公共网络远程安全访问企业内部网络的 VPN 方式。

远程用户一般是一台计算机,而不是网络,因此组成的 VPN 是一种主机到网络的拓扑模型,主要用在远程用户或移动雇员与公司内部网络之间的互联。需要指出的是远程接入 VPN 不同于拨号 VPN,因为远程接入可以是专线方式接入,也可以是拨号方式接入。典型的远程接入 VPN 是用户通过本地的信息服务提供商 ISP 登录到 Internet 上,并在家庭办公网或异地办公室和公司内部网之间建立一条加密信道,如图 7-2 所示。

Access VPN 有两种类型,一种是由用户发起(Client-initiated)的 VPN 链接,另一种是接入服务器发起(NAS-initiated)的 VPN 连接。基于用户的 VPN 连接是指远程用户通过服务器提供点 POP 拨入 Internet,用户主动通过网络隧道协议与企业网建立一条可加密隧道连接,从而访问企业网内部资源,这种情况下,用户端必须维护与管理发起隧道连接的有关协议和软件。服务器发起的 VPN 连接是指在企业中心部门或 ISP 处安装 VPN 软件,客户端无须安装任何特殊软件,服务提供的起始点和终结点是 ISP 的 POP,其内部构成、实施和管理对 VPN 客户完全透明。

2)内联网 VPN(Intranet VPN)。内联网 VPN 是指企业总部与分支机构之间通过公共网络架构的虚拟网,是一种网络到网络以对等的方式连接组成的 VPN,用于组建跨地区的企业内部互联网络,如图 7-3 所示。使用 Intranet VPN,企事业机构的总部、分支机构、办事处或移动办公人员可以通过公共网络组成企业内部网络,即 Intranet,以便对公司内部资源进行安全的共享和传输等。内联网 VPN 的安全性取决于两个 VPN 服务器之间的加密和验证手段。典型 Intranet VPN 的例子就是连锁超市、仓储物流公司、加油站等具有连锁性质的机构。

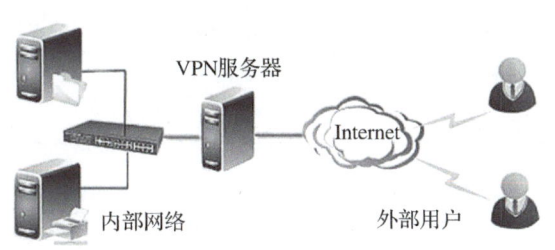

图 7-2　Access VPN 模式示意图

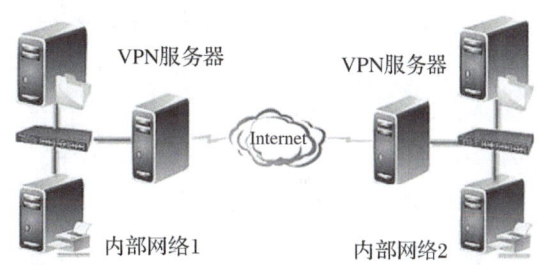

图 7-3　Intranet VPN 模式示意图

3)外联网 VPN(Extranet VPN)。外联网 VPN 是指通过公共网络将企业与供应商、合作伙伴以及供应链上的其他组织连接在一起,用于企业与客户、合作伙伴之间建立互联网络。互联的每一个内部网络只开放部分资源而不是全部资源给外联网用户,而且对于不同的用户授予不同的访问权限。它是一种网络到网络以不对等的方式连接组成的 VPN,使用外联网

图 7-4　Extranet VPN 模式示意图

VPN 既可以向外提供有效的信息服务,又可以保证自身内部网络的安全,其模式如图 7-4 所示。

2. 根据实现层次分类

根据实现层次的不同，VPN 可分为：L3VPN、L2VPN 和 VPDN。

1）L3VPN。也称为 VPRN，包括多种类型，如 IPSec VPN、GRE VPN、基于 RFC2547 的 BGP/MPLS VPN、以 IPSec 或 GRE 作为隧道的 BGP/MPLS VPN，其中 BGP/MPLS VPN 主要用于主干转发层，IPSec VPN、GRE VPN 在接入层普遍采用。

2）L2VPN。随着网络技术的发展，运营商网络越来越复杂，迫切希望出现新的技术，将传统的交换网（如 ATM、FR）与 IP 或 MPLS 网络融合，L2VPN 因此而诞生。L2VPN 包括 VPWS 和 VPLS。VPWS 适合较大的企业通过 WAN 互联，而 VPLS 适合小企业通过城域网互联。由于二层 VPN 只使用 SP 网络的二层链路，从而为支持三层多协议创造条件，L3VPN 也能支持多协议，但不如 L2VPN 灵活，有一定限制。

3）VPDN。严格来说，VPDN 也属于二层 VPN，但其网络构成和协议设计与 L2VPN 有很大不同。在对 IP 报文进行封装时，VPDN 方式需要封装多次，第一次封装使用隧道协议 L2TP，第二次封装使用 UDP（User Datagram Protocol）。

L2VPN 和 L3VPN 比较见表 7-1。

表 7-1　L2VPN 和 L3VPN 比较

比较内容	L2VPN	L3VPN
安全性	高	低
三层协议支持情况	相对灵活	有限制
用户网络对骨干网的影响	小	大
对传统 WAN 的兼容性	大	小
路由管理	用户管理自己的路由	用户路由由 SP 管理
组网应用	主要用在接入层和汇聚层	主要用在核心层

3. 按所用设备的类型分类

针对不同客户的需求，网络设备供应商开发出不同的 VPN 网络设备，主要有交换机、路由器和防火墙三种。

1）交换式 VPN 主要用于连接用户较少的 VPN 网络。

2）路由式 VPN 部署较容易，只要在路由器上添加 VPN 服务即可。

3）防火墙式 VPN 是最常见的一种 VPN 实现方式。

除上述划分标准外，VPN 还可以按接入方式划分为专线 VPN 和拨号 VPN；按 VPN 的发起方划分为基于客户的 VPN 和服务器发起的 VPN；按组网模型分类可分为 VPDN、VPRN、VPWS 和 VPLS 等。

7.4　虚拟专用网基本技术

VPN 技术非常复杂，是一项交叉科学，它涉及通信技术、密码技术和身份认证技术。目前 VPN 主要采用隧道技术（Tunneling）、加解密技术（Encryption & Decryption）、密钥管理技术（Key Management）、使用者与设备的身份认证技术（Authentication）等来保证数据通信安全。

7.4.1 隧道技术

1. 隧道技术概念

隧道技术是一种通过使用公共互联网络的基础设施在网络之间传递数据的方式。使用隧道传递的数据可以是不同协议的数据帧或包。隧道协议将这些不同协议的数据帧或包重新封装在新的包头中发送。新的包头提供了路由信息，从而使封装的负载数据能够通过公共互联网络传递。

被封装的数据包在隧道的两个端点之间通过公共互联网络进行路由。被封装的数据包在公共互联网络上传递时所经过的逻辑路径称为隧道。一旦到达网络终点，数据将被解包并转发到最终目的地。注意，隧道技术包括数据封装、传输和解包在内的全过程。

隧道是由隧道协议形成的，分为第二、三层隧道协议。第二层隧道协议是先把各种网络协议封装到 PPP 中，再把整个数据包装入隧道协议中。这种双层封装方法形成的数据包靠第二层协议进行传输。第二层隧道协议有 L2F、PPTP、L2TP 等。L2TP 是目前 IETF 的标准，由 IETF 融合 PPTP 与 L2F 而形成，主要应用于构建远程访问虚拟专网。第三层隧道协议是把各种网络协议直接装入隧道协议中，形成的数据包依靠第三层协议进行传输。第三层隧道协议有 VTP、IPSec 等，主要应用于构建企业内部虚拟专网（Intranet VPN）和扩展企业内部虚拟专网（Extranet VPN）。

2. 隧道协议

隧道是利用一种协议传输另一种协议的技术，即用隧道协议来实现 VPN 功能。为创建隧道，隧道的客户机和服务器必须使用同样的隧道协议。

隧道技术可以分别以第二层或第三层隧道协议为基础。第二层隧道协议工作在数据链路层，使用帧作为数据交换单位，用来传输第二层网络协议，数据包先封装在 PPP 协议中，再把整个数据包装入隧道协议，主要用于构建 Access VPN。PPTP、L2TP 和 L2F（第二层转发）都属于第二层隧道协议。第三层隧道协议工作在网络层，使用包作为数据交换单位。IP over IP 以及 IPSec 隧道模式都属于第三层隧道协议，都是将 IP 包封装在附加的 IP 包头中通过 IP 网络传送。

1）点到点隧道协议（PPTP）。PPTP（Point to Point Tunneling Protocol）是 1996 年 Microsoft 和 Ascend 等在 PPP 上开发的，它是一种用于让远程用户拨号连接到本地的 ISP，通过公共网安全、远程访问公司资源的技术。PPTP 基于拨号使用的 PPP，使用 PAP 或 CHAP 之类的加密算法，或者使用微软的点对点加密算法 MPPE，通过跨越基于 TCP/IP 的数据网络创建 VPN，实现了从远程客户端到专用企业服务器之间数据的安全传输。PPTP 将 PPP 帧封装成 IP 数据包，以便能够在基于 IP 的互联网上进行传输，它使用 TCP 连接、创建、维护与终止隧道，并使用 GRE（通用路由封装）将 PPP 帧封装成隧道数据。被封装后的 PPP 帧的有效载荷可以被加密或者同时被加密与压缩。但是 PPTP 要求互联网络为 IP 网络，而且只能在两端点间建立单一隧道，不支持隧道认证。

2）第二层转发协议（L2F）。L2F（Layer 2 Forwarding）是 1996 年 Cisco 开发的。这种方式下，隧道的配置和建立对用户是完全透明的。远端用户能够通过任何拨号方式接入公共 IP 网络，即按常规方式拨号到 ISP 的接入服务器（NAS），建立 PPP 连接；NAS 根据用户名等信息发起第二次连接，呼叫用户网络的服务器。

3）第二层隧道协议（L2TP）。L2TP ［RFC2661］ 于 1999 年公布，是 PPTP 和 L2F 相结合

的产物，L2TP 结合了 PPTP 和 L2F 两个协议的优点，成为 IETF 有关第二层隧道协议的工业标准。L2TP 是一种网络层协议，可以让用户从客户端或接入服务器端发起 VPN 连接。L2TP 定义了利用公共网络设施封装传输链路层 PPP 帧的方法。该协议支持封装的 PPP 帧在 IP、X.25、帧中继或 ATM 等包交换网络上进行传送。当使用 IP 作为 L2TP 的数据包传输协议时，可以使用 L2TP 作为 Internet 上的隧道协议。L2TP 还可以直接在各种 WAN 媒介上使用而不需要使用 IP 传输层。

目前，L2TP 及其相关的认证、计费系统已经比较成熟。基于 L2TP 的远程接入 VPN 业务开展得也比较广泛。该服务主要面向分散的、具有一定移动性的用户，一般是运营商提供接入设备，客户提供网关设备并进行管理，也可以委托运营商进行管理。

L2TP 的好处就在于支持多种协议，在安全性考虑上，L2TP 仅仅定义了控制包的加密传输方式，对传输中的数据并不加密。L2TP 并不能满足用户对安全性的需求，如果需要安全的 VPN，则依然需要 IPSec。

4）第三层隧道协议（IPSec）。IPSec 是第三层的协议标准，它是一组开放的网络安全协议的总称，IPSec 提供了比包过滤防火墙更进一步的网络安全性。IPSec 实际上是对 IP 数据包进行加密和认证，保证在互联网上传输数据包的机密性、真实性、完整性，保证通过 Internet 进行通信的安全性。IPSec 包括鉴别首部（AH）和封装安全有效载荷（ESP）两个安全协议。AH 协议主要提供数据来源验证、数据完整性验证和防报文重放功能。ESP 协议除具有 AH 协议的功能之外还提供对 IP 报文的加密功能。

除了对 IP 数据流的加密机制进行了规定之外，IPSec 还制定了 IP over IP 隧道模式的数据包格式，一般被称作 IPSec 隧道模式。一个 IPSec 隧道由一个隧道客户和隧道服务器组成，两端都配置使用 IPSec 隧道技术，采用协商加密机制。IPSec 隧道模式的隧道完成封装、路由与解封装的整个过程。隧道将原始数据包隐藏或封装在新的数据包内部。新的数据包可能会有新的寻址与路由信息，从而使其能够通过网络传输。

IPSec 可以单独使用，也可以和 L2TP、GRE 等隧道协议一起使用，为用户提供更大的灵活性和可靠性。

3. 隧道类型

根据隧道建立方式的不同，隧道可以分为自愿隧道和强制隧道。目前，自愿隧道是普遍使用的隧道类型。

1）自愿隧道。用户端计算机作为隧道客户方成为隧道的一个端点，用户或客户端计算机通过发送 VPN 请求可以配置和创建一条自愿隧道。

2）强制隧道。支持 VPN 拨号接入服务器并配置和创建，用户端计算机不作为隧道端点，而是由位于客户计算机和隧道服务器之间的远程接入服务器作为隧道客户端，成为隧道的一个端点。

使用强制隧道，客户端计算机建立单一的 PPP 连接，当客户拨入 NAS 时，一条隧道将被创建，所有的数据流自动通过该隧道路由。自愿隧道技术为每个客户创建独立的隧道，FEP 和隧道服务器之间建立的隧道可以被多个拨号客户共享，而不必为每个客户建立一条新的隧道。因此，一条隧道中可能会传递多个客户的数据信息，只有在最后一个隧道用户断开连接之后才终止整条隧道。

7.4.2 安全技术

虽然 Internet 为创建 VPN 提供了极大的方便，但是 VPN 是在不安全的 Internet 中通信，需要建立强大的安全功能以确保企业内部网络不受到外来攻击,确保通过公共网络传送的企业数据的安全。VPN 中的安全技术通常由加密、认证、密钥交换与管理组成。

1. 加密技术

加密技术是保证数据机密性的基本技术,包括对称加密(专用密钥)与非对称加密(公用密钥),对称加密由通信双方共享一个秘密密钥;非对称加密或公用密钥,通信各方使用两个不同的密钥,一个是只有发送方知道的公用密钥,另一个则是对应的专用密钥,任何人都可以获得公用密钥。专用密钥和公用密钥在加密算法上相互关联,一个用于数据加密,另一个用于数据解密。

加解密技术是数据通信中一项较成熟的技术,VPN 可直接利用现有技术。第二层隧道协议支持基于 PPP 的数据加密机制。微软的 PPTP 方案支持在 RSA/RC4 算法的基础上选择使用 MPPE。第三层隧道协议可以使用类似方法,如 IPSec 通过 ISAKMP/Oakley 协商确定几种可选的数据加密方法。微软的 L2TP 使用 IPSec 加密保障隧道客户端和服务器之间数据流的安全。

2. 认证技术

认证技术防止数据的伪造和被篡改,它采用一种称为"摘要"的技术。摘要技术在 VPN 中有两个用途:验证数据的完整性和用户身份认证。身份认证最常用的是使用者名称与密码等。

3. 密钥交换与管理技术

密钥交换与管理技术的主要任务是如何在公用数据网上安全地传递密钥而不被窃取。现行密钥管理技术又分为 SKIP 与 ISAKMP/Oakley 两种。SKIP 主要是利用 Diffie-Hellman 的演算法则,在网络上传输密钥;在 ISAKMP 中,双方都有两把密钥,分别用于公用、私用。

作为第二层协议的 MPPE 验证用户时生成密钥,并定期对其更新。IPSec 在 ISAKMP 交换过程中公开协商公用密钥,同样对其进行定期更新。

7.5 IPSec 协议

IPSec 是 IP 安全协议 Internet Protocol Security 的缩写,它是第三层安全协议,提供了在局域网、专用和公用的广域网以及 Internet 上安全通信的能力,既可以在主机实现,也可以在安全网关实现,IPSec 可以保护路由器的安全,在路由器之间交换信息时能够对路由器的身份进行鉴别。

IPSec 主要是用于保护主机与主机之间、安全网关之间以及主机与安全网关之间的一到多条通路。IPSec 提供的安全服务有:访问控制、无连接完整性、数据源鉴别、抗重放攻击、数据机密性和自动密钥管理等。IPSec 最适合可信的 LAN 到 LAN 之间的虚拟专用网,即 Intranet VPN。

IPSec 主要包括鉴别机制、机密性机制和密钥管理机制。鉴别机制确保收到的报文分组来自该分组首部所声称的源实体,并且保证该报文分组在传输过程中未被非法篡改;机密性机制使得通信内容不被第三方窃听;密钥管理机制用于配合鉴别和机密性机制,实现密钥的安全交换。

7.5.1 IPSec 体系结构

IP 安全体系结构关注 IPv4 和 IPv6 环境下 IP 层的安全问题,它描述了 IPSec 协议的安全机

141

制以及该安全机制所提供的安全服务。IP 安全体系结构主要由安全协议、安全关联、密钥管理以及鉴别和加密算法构成，如图 7-5 所示。

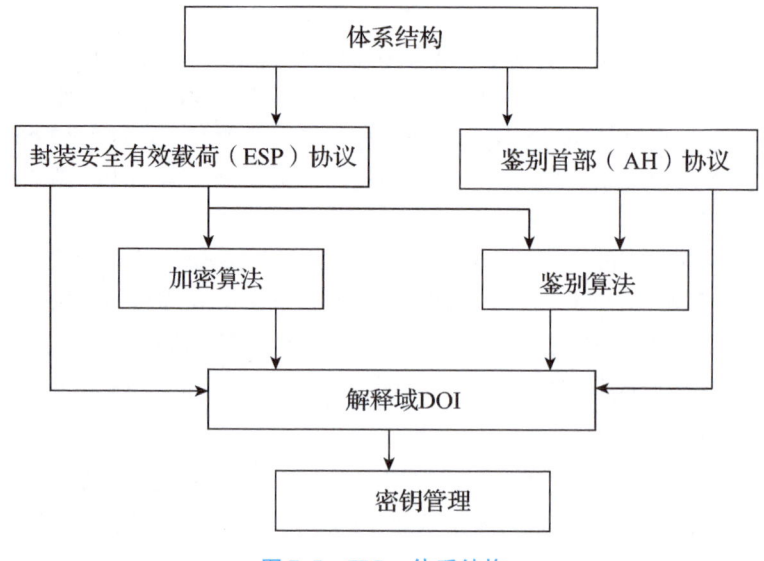

图 7-5　IPSec 体系结构

1. IPSec 的基本通信流程

IPSec 是一种开放标准的框架结构，工作于 OSI 参考模型的网络层，两台计算机之间如果启用了 IPSec，则基本通信流程如下：

1）开始传输信息之前，双方必须先进行协商，以便双方同意如何交换和保护所有传送的数据，这个协商的结果也称为安全关联（SA，Security Association）。SA 内包含用来验证身份和信息加密的密钥、安全通信协议、安全参数索引 SPI 等信息。协商时采用密钥交换协议 IKE。

2）协商完成，双方开始传输数据，利用 SA 内的通信协议与密钥对所传输的数据进行加密和解密，还可以用来确认其在传输过程中是否被截取或篡改。

2. 安全协议

IPSec 使用两个协议来提供安全服务，AH 和 ESP 既可以单独使用，又可以结合使用。

1）由协议的首部，即鉴别首部（AH）指明的鉴别协议。AH 提供的安全服务包括：访问控制、无连接完整性、数据源鉴别和可选的抗重放攻击服务。

2）由协议的分组格式，即封装安全有效载荷（ESP）指明的加密/鉴别混合协议。

ESP 是一个加密/鉴别混合协议，ESP 既可以仅提供加密服务，又可以同时提供加密和鉴别服务。ESP 支持的加密/鉴别服务包括：访问控制、抗重放攻击、无连接完整性、数据源鉴别、内容机密性和有限流量机密性等。

3. 安全关联

两台 IPSec 计算机在交换数据之前，首先必须建立某种约定，这种约定称为"安全关联"，指双方需要就如何保护信息、交换信息等公用的安全设置达成一致，更重要的是，必须有一种方法，使这两台计算机安全地交换一套密钥，以便在它们的连接中使用。安全关联（Security Association，SA）是一种为其承载的通信量提供安全服务的单向的连接关系，若要建立双向连接，则需要两个安全关联。SA 通过使用 AH 或 ESP（但不能同时使用）提供安全服务。

SA 有两种使用模式：传输模式和隧道模式。

1）传输模式 SA 用于两台主机之间的安全关联。

2）隧道模式 SA 既可以用于两台主机之间，也可以用于两个安全网关之间或主机与安全网关之间的安全关联；若安全关联的任何一端为安全网关，则 SA 必须是隧道模式。

安全关联中三大主要技术：安全策略数据库（Security Policy Database，SPD）、选择符（选择器）、安全关联数据库（Security Association Database，SAD）。

1）SPD 是 SA 处理的基本元素，它定义了对主机与安全网关进出的 IP 通信量的处理策略，规定了对 IP 数据报以何种方式提供何种服务。对于需要提供 IPSec 安全保护的通信量，SPD 必须规定所提供的安全服务、采用的 IPSec 协议（AH 或 ESP）以及使用的算法等。

2）选择符用于过滤通信流量，目的是将输出的流量映射到特定的安全关联。

3）SAD 包含与 SA 相关的各种安全参数。SAD 的每一表项定义了与某个安全关联相关的参数。因此，每个 SA 在 SAD 中都有一个对应的表项。

7.5.2　鉴别首部 AH

鉴别首部 AH 协议通过在整个 IP 数据报中实施一个消息文摘计算来提供完整性和认证服务，即 AH 用于为 IP 数据报提供无连接完整性和数据源鉴别，并提供防重放保护（由接收方选择）。AH 为上层协议数据（如 TCP），为尽可能多的 IP 首部字段提供鉴别服务，AH 协议能保护通信免受篡改，但不能防止被窃听，只适合用于传输非机密数据。

1. AH 的工作原理

在每一个数据包上添加一个鉴别首部，该首部包含一个带密钥的散列值（HMAC-MD5-96/HMAC-SHA-1-96），该散列值根据整个数据包进行计算，因此对数据的任何更改将致使散列值无效。

2. AH 首部格式

AH 首部位于 IP 首部之后，且在 IP 首部中的协议字段（IPv4）或下一个首部字段（IPv6）值设置为 51，如图 7-6 所示。

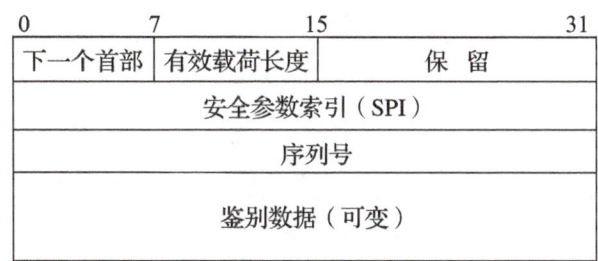

图 7-6　AH 首部格式

1）下一个首部（Next Header）：8 位，标识 AH 首部后的下一个有效载荷，其值为协议号。

2）有效载荷长度（Payload Length）：8 位，以 32 位字为单位，将 AH 首部长度减 2。

3）保留（Reserved）：16 位，保留为将来使用，且必须置 0。

4）安全参数索引（SPI）：是一个任意的 32 位值，用于标识一个安全关联；值 0 被保留来表明没有安全关联存在，值 1～255 保留给 Internet 号码分配权威机构（IANA）。

5）序列号（Sequence Number）：32 位，唯一标识了每个报文分组，为安全关联提供反重放保护；发送方在发送报文分组时必须带有序列号，接收方则根据需要决定是否进行处理。

6)鉴别数据(Authentication Data):长度可变,但为字长的整数倍(对于 IPv4 字长为 32 位,对于 IPv6 字长为 64 位),不足时可通过填充达到,鉴别数据包含完整性校验值 ICV。

3. AH 的应用方式

鉴别首部 AH 有两种应用方式:传输模式和隧道模式。

1)传输模式　在传输模式中,AH 为上层协议数据以及 IP 首部字段(可变部分除外)提供保护。传输模式只能用于两个主机之间的端到端通信。

2)隧道模式　在隧道模式中,AH 为整个 IP 分组提供保护。隧道模式可以用于主机之间、主机与安全网关之间以及安全网关(实现了 IPSec 的防火墙或路由器)之间的通信。原始 IP 数据包可视为乘客协议,AH 协议视为封装协议,最外层的 IP 视为传输协议。

AH 协议的封装格式如图 7-7 所示。

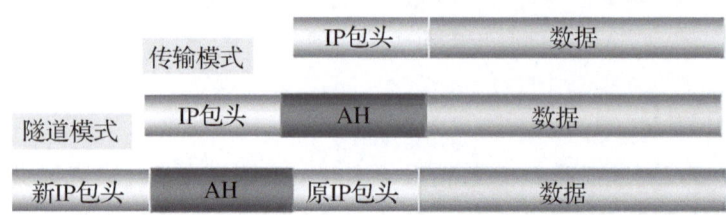

图 7-7　AH 协议的封装格式

7.5.3　封装安全有效载荷 ESP

封装安全有效载荷 ESP 用于提供机密性、有限流量机密性、数据源鉴别、无连接完整性和抗重放攻击服务。ESP 既可以单独使用,也可以与 AH 结合使用,或者通过隧道模式以嵌套方式使用。

ESP 首部位于 IP 首部之后,且将 IP 首部中的协议字段(IPv4)或下一个首部字段(IPv6)值设置为 50,ESP 首部格式如图 7-8 所示。

图 7-8　ESP 首部格式

1)安全参数索引(SPI):是一个任意的 32 位值,用于标识一个安全关联。值 0 被保留来表明没有安全关联存在,值 1~255 保留给 Internet 号码分配权威机构(IANA)。

2)序列号(Sequence Number):32 位,唯一标识了每个报文分组,为安全关联提供反重放保护。发送方在发送报文分组时必须带有序列号,接收方则根据需要决定是否进行处理。

3)有效载荷数据(Payload Data):包含下一个首部所描述的数据,变长字段;是通过加密保护的传输协议数据单元 TPDU 或 IP 分组。

4)填充字段(Padding):加密算法要求明文是某个数目字节的倍数,填充将明文扩充到需要的长度。填充字段用于保证产生的密文32位对齐,填充可以隐藏有效载荷的真正长度,以提供部分通信流量机密性。

5)填充长度(Pad Length):8位,指出填充的字节数,值为0~255B。

6)下一个首部(Next Header):8位,标识有效载荷数据的类型,如上层协议标识符。

7)鉴别数据(Authentication Data):长度可变,为字长的整数倍,该字段的长度由所选的鉴别函数确定,且鉴别数据字段只有在选择了鉴别服务时才存在,包含了完整性校验值ICV。

ESP封装格式如图7-9所示。

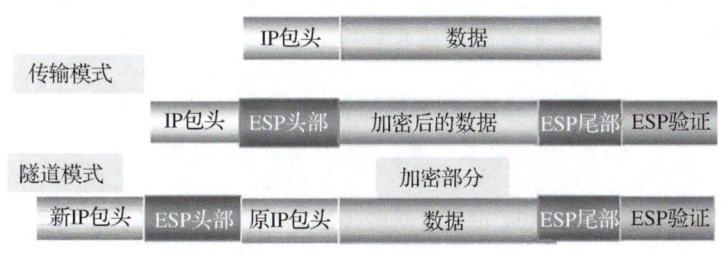

图7-9　ESP封装格式

7.5.4　互联网密钥交换IKE

IPSec的主要功能是实现IP层的加密和认证,为了进行加密和认证IPSec还提供了密钥管理和交换的功能,该功能由IKE协议完成。

IPSec协议本身没有提供在通信实体间建立安全相关的方法,利用IKE建立安全相关。IKE定义了通信实体间进行身份认证、协商加密算法以及生成共享的会话密钥的方法。IKE中身份认证采用共享密钥和数字签名两种方式,密钥交换采用Diffie-Hellman协议。

IKE主要完成:安全关联的集中化管理,减少连接时间;密钥的生成和管理。IKE在建立SA时分两个阶段:主模式SA和快速模式SA。

(1)主模式SA

为建立信道而进行的安全关联,协商创建一个通信信道(IKE SA),并对该信道进行认证,为双方进一步的IKE通信提供机密性、数据完整性以及数据源认证服务。主模式策略协商这一步中,就四个强制性参数值进行协商。

1)加密算法:选择DES或3DES。

2)Hash算法:选择MD5或SHA。

3)认证方法:选择证书认证、预置共享密钥认证或Kerberos v5认证。

4)Diffie-Hellman组的选择。

(2)快速模式SA

策略协商过程中双方交换保护需求。

1)使用哪种IPSec协议:AH或ESP。

2)使用哪种Hash算法:MD5或SHA。

3)是否要求加密:若是,选择加密算法3DES或DES。

主模式SA用于在计算机之间建立一个安全的、经过身份验证的通信管理;而快速模式SA用来确保双方传输的信息能够受到保护。

7.6 实训项目

实训项目：架设、连接 VPN 服务器

虚拟专用网 VPN 的核心就是利用公共网络建立一个临时的、安全的连接，是一条安全稳定的隧道。使用这条隧道可以对数据进行几倍加密，达到安全使用互联网的目的。VPN 可以帮助远程用户、公司分支机构、商业伙伴及供应商同公司的内部网建立可信的安全连接。本实训项目主要介绍利用 Windows 8 系统架设 VPN 服务器的方法，以及通过网络进行远程用户的接入连接和验证的基本方法。

实训步骤

1. 构建 VPN 服务器（IP 地址：192.168.51.100）

1）单击"开始"→"控制面板"→"网络和 Internet"→"网络和共享中心"→"更改适配器设置"，进入网络连接窗口，如图 7-10 所示。

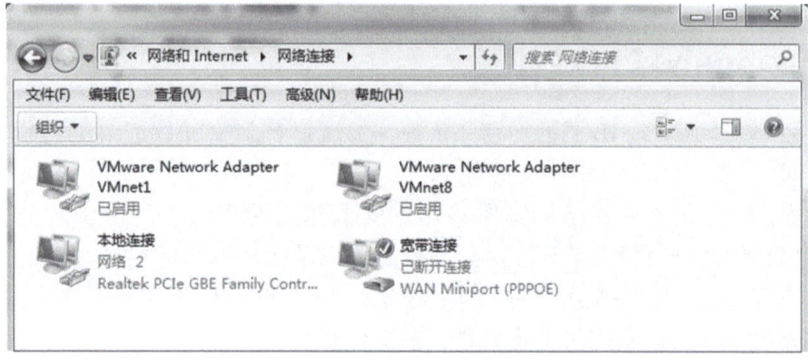

图 7-10 网络连接窗口

2）在菜单栏单击"文件"，如图 7-11 所示。单击"新建传入连接"，在图 7-12a 对话框中选择允许连接到这台 VPN 服务器的用户，可以在列表中选择已建立的用户，也可以新建用户。

单击"添加用户"按钮，添加新用户"vpn-test"，并设置密码为"123456"，单击"确定"按钮即可完成用户添加，如图 7-12b 所示。

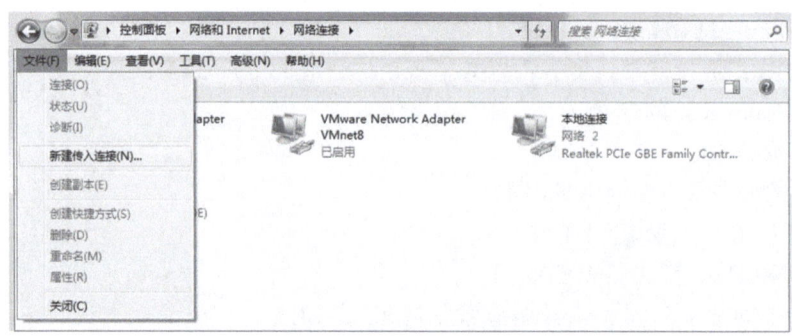

图 7-11 新建传入连接

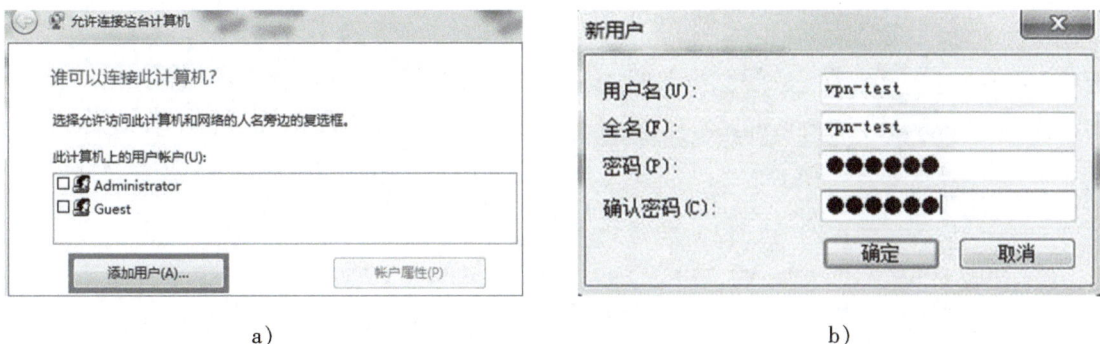

图 7-12 新建用户

勾选新建用户"vpn-test（vpn-test）"，如图 7-13 所示。

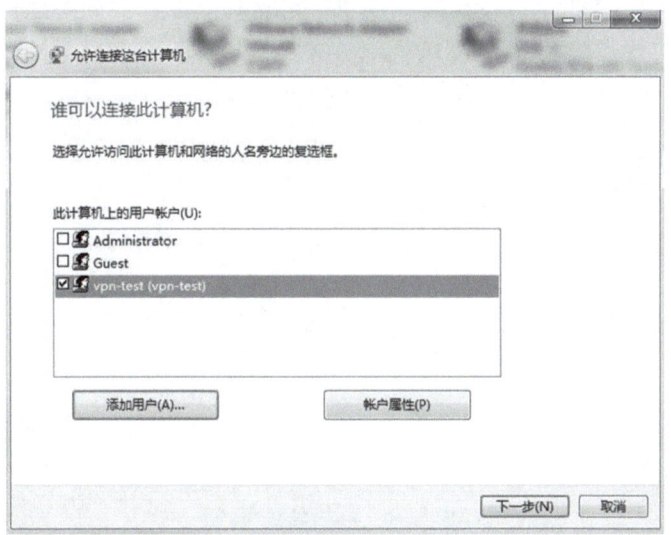

图 7-13 选择允许接入的用户

3）单击"下一步"，设置用户连接该服务器的方式，选择"通过 Internet"方式，单击"下一步"，如图 7-14 所示。

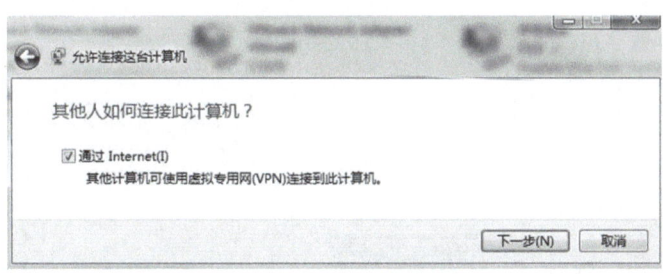

图 7-14 设置传入的 VPN 连接属性

4）设置允许连接访问的 IP 属性。在图 7-15a 中，单击"属性"弹出传入的 IP 属性对话框。在传入的 IP 属性对话框中，指定允许的 IP 地址范围：192.168.51.130～192.168.51.150，单击"确定"按钮完成 IP 属性设置，如图 7-15b 所示。

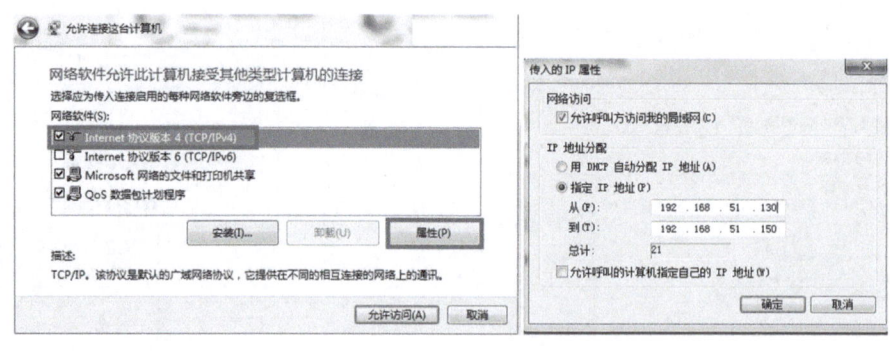

a) b)

图 7-15 传入的 IP 属性设置

5）在图 7-15a 中，单击"允许访问"按钮，完成 VPN 服务器的搭建，返回网络连接窗口将会出现新建立的"传入的连接"，如图 7-16 所示。

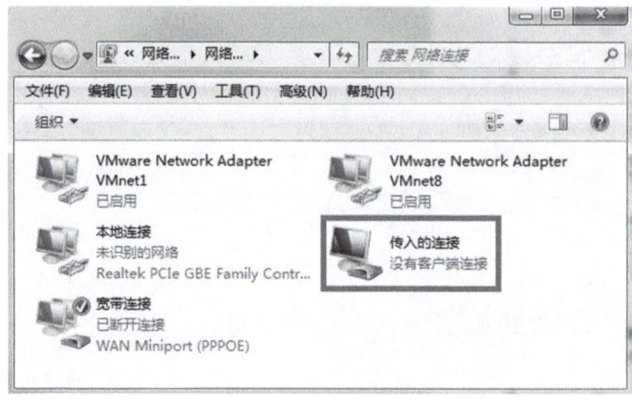

图 7-16 网络连接窗口

2. 客户端创建 VPN 连接

1）打开网络和共享中心界面，单击"设置新的连接或网络"，在设置网络或连接窗口选择"连接到工作区"，如图 7-17 所示。

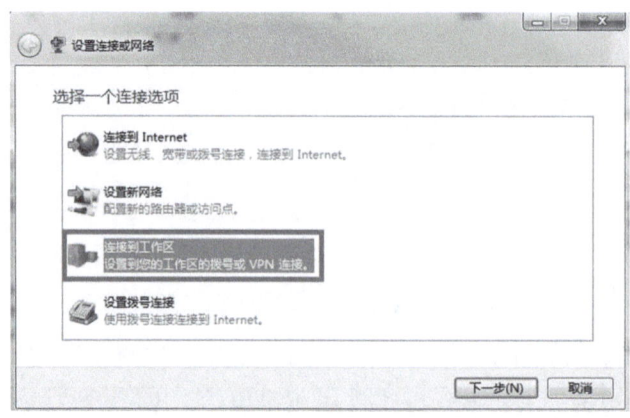

图 7-17 选择连接类型

2)单击"下一步",选择"使用我的 Internet 连接(VPN)",如图 7-18 所示。

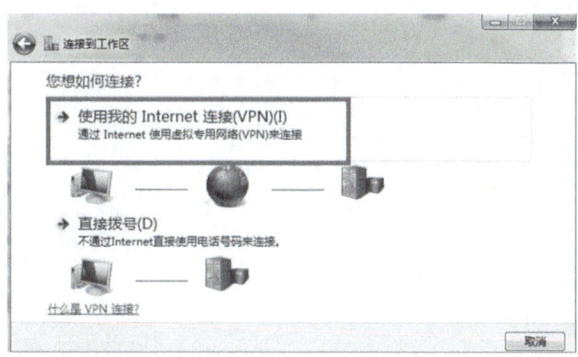

图 7-18　选择连接方式

3)设置要连接的 Internet 地址。在图 7-19 中,输入 VPN 服务器的 Internet 地址"192.168.51.100",单击"下一步"。

4)在连接到工作区窗口输入用户名"vpn-test"和密码"123456",并单击"创建"按钮,完成 VPN 连接的创建,如图 7-20 所示。返回网络连接窗口,将会出现新创建的 VPN 连接(但处于断开状态)。

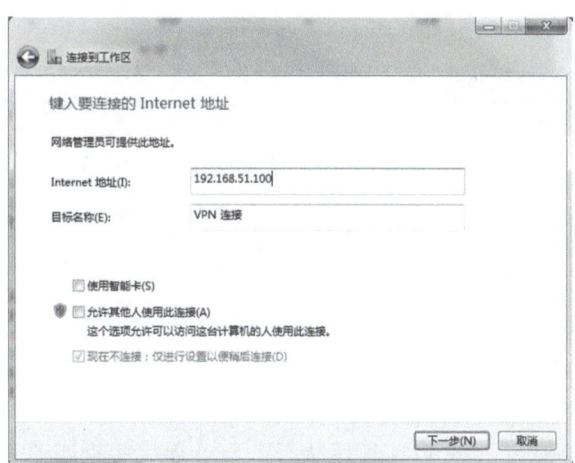

图 7-19　设置要连接 VPN 服务器的 Internet 地址

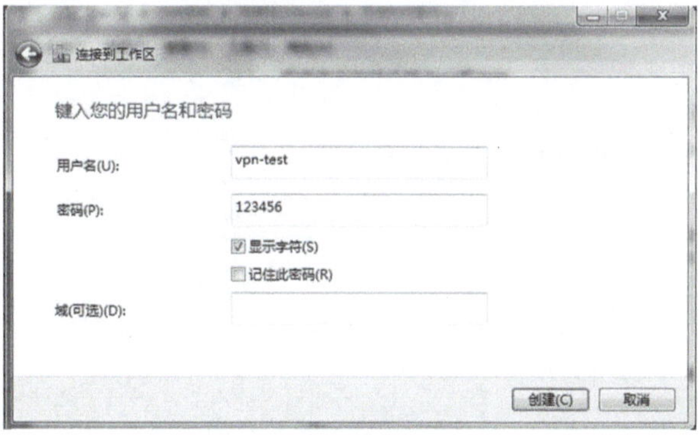

图 7-20　设置用户名和密码

3. 客户端连接到 VPN 服务器

1) 打开网络连接窗口，选中"VPN 连接"，单击右键并选择"连接"，如图 7-21 所示。

图 7-21　连接 VPN

2) 在连接 VPN 连接界面，输入用户名和密码（用户名：vpn-test，密码：123456），单击连接，如图 7-22 所示。提示连接成功后，返回网络连接界面，可以看到 VPN 连接变为已连接状态。

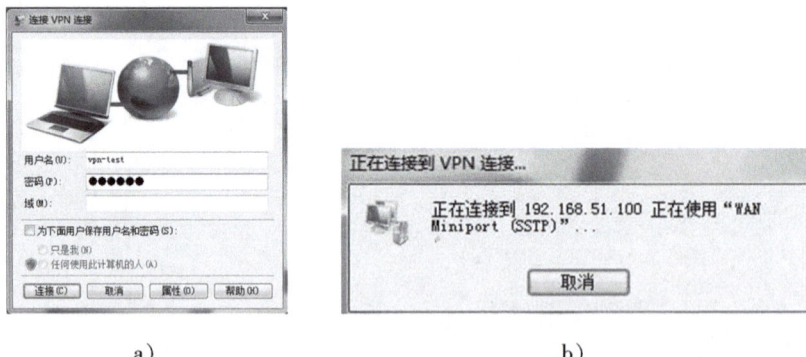

a)　　　　　　　　　　　b)

图 7-22　连接 VPN 连接界面

3) 打开 VPN 服务器端，查看 VPN 连接状态，VPN 连接结果如图 7-23 所示。

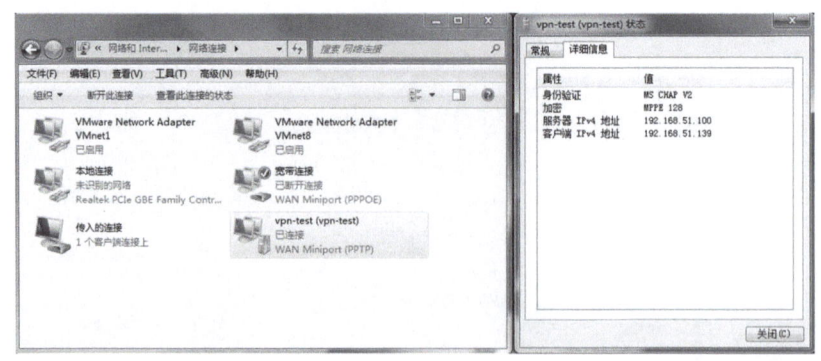

a)　　　　　　　　　　　b)

图 7-23　VPN 连接结果

> 练习与实训题

一、选择题

1. 关于 VPN，以下说法正确的有（　　）。
   A. VPN 的本质是利用公网的资源构建企业的内部私网
   B. VPN 技术的关键在于隧道的建立
   C. GRE 是三层隧道封装技术，把用户的 TCP/UDP 数据包直接加上公网的 IP 包头发送到公网中去
   D. L2TP 是二层隧道技术，可以用来构建 VPDN
2. VPN 按照组网应用分类，主要有哪几种类型？（　　）
   A. Access VPN　　　　　　　　　　　B. Extranet VPN
   C. Intranet VPN　　　　　　　　　　 D. Client initiated VPN
3. 设计 VPN 时，对于 VPN 的安全性应当考虑的问题包括哪些？（　　）
   A. 数据加密　　　　B. 数据验证　　　　C. 用户验证
   D. 隧道协议设计　　E. 防火墙与攻击检测
4. VPN 网络设计的安全性原则包括（　　）。
   A. 隧道与加密　　　B. 数据验证　　　　C. 用户识别与设备验证
   D. 入侵检测与网络接入控制　　　　　　E. 路由协议的验证
5. IPSec 协议是开放的 VPN 协议，对它的描述有误的是（　　）。
   A. 适应于向 IPv6 迁移　　　　　　　　B. 提供在网络层上的数据加密保护
   C. 可以适应设备动态 IP 地址的情况　　D. 支持除 TCP/IP 外的其他协议
6. IPSec 包括报文验证头协议 AH 协议号（　　）和封装安全载荷协议 ESP 协议号（　　）。
   A. 51　50　　　B. 50　51　　　C. 47　48　　　D. 48　47
7. IPSec 的两种工作方式（　　）。
   A. NAS-initiated　B. Client-initiated　C. tunnel　　　D. transport
8. IKE 的主要功能包括（　　）。
   A. 建立 IPSec 安全联盟　　　　　　　 B. 防御重放攻击
   C. 数据源验证　　　　　　　　　　　 D. 自动协商交换密钥
9. 以下关于 VPN 说法不正确的是（　　）。
   A. VPN 指的是用户自己租用线路，与公共网络物理上完全隔离的、安全的线路
   B. VPN 指的是用户通过公共网络建立的临时的、安全的连接
   C. VPN 不能做到信息验证和身份认证
   D. VPN 只能提供身份认证、不能提供加密数据的功能
10. 下列 VPN 技术中，属于第二层 VPN 的有（　　）。
    A. SSL VPN　　　B. GRE VPN　　　C. L2TP VPN　　　D. IPSec VPN

二、填空题

1. 根据对报文的封装形式，IPSec 工作模式分为（　　）和（　　）。
2. VPN 按照组网方式分类，主要有（　　）、（　　）和（　　）三种类型。
3. 通常所说的移动 VPN 是指（　　）。

4. 隧道技术可以分别以第二层或第三层隧道协议为基础。第二层隧道协议工作在（　　　）层，使用（　　　）作为数据交换单位。第三层隧道协议工作在（　　　），使用（　　　）作为数据交换单位。

5. 目前，VPN 使用了（　　　）、（　　　）和身份认证等技术保证通信的安全性。

三、判断题

1. IPSec 协议族通过 AH 和 ESP 两种模式完成数据的验证功能，同时 ESP 还可以完成数据的加密功能。（　　　）
2. VPN 只能提供身份认证，不能提供加密数据的功能。（　　　）
3. IP VPN 是指利用 IP 设施（包括公用的 Internet 或专用的 IP 骨干网）实现 WAN 设备专线业务（如远程拨号、DDN 等）的仿真。（　　　）
4. IPSec 协议属于二层隧道 VPN 协议。（　　　）
5. L2TP 特别适合于单个或少数用户接入企业的情况，其点到网的特性是其承载协议 PPP 所决定的。（　　　）

四、简答题

1. 什么是 VPN？VPN 主要实现哪些功能？
2. VPN 常用的协议有哪些？各有什么特点？
3. 什么是 IPSec？简述 IPSec 的基本通信流程。

五、实训题

1. 上网了解 VPN 技术在企业中的典型应用。
2. 搭建一个实验环境，通过设置 VPN 服务器端和客户端实现 VPN 的接入。

第 8 章　入侵检测系统

- 入侵检测的内涵
- 入侵检测系统构成
- 入侵检测应用

一般防范网络攻击最常用的方法是防火墙。然而，随着网络安全威胁日益增加，单纯的防火墙系统无法防范复杂多变的网络攻击，无法防范内部网络之间的通信，如果把防火墙比作守卫网络大门的门卫，那么还需要可以主动监视内部网络安全的巡警，那就是入侵检测系统（Intrusion Detection System，IDS）。

8.1　入侵检测系统概述

1. 入侵检测系统出现背景

随着信息技术和网络技术的发展应用，网络改变着人们的生活，电子商务、电子政务等成为人类生活中必不可少的一部分，然而黑客攻击日益猖獗，人类面临着信息社会带来的安全威胁。传统的信息安全方法采用严格的访问控制和数据加密策略来防护，但在复杂系统中，这些策略是不充分的。最常见有效的防范技术——防火墙的局限性主要表现在以下几个方面：

1）网络边界设备，只能抵挡外部的入侵行为，然而不是所有的威胁都来自防火墙外部。
2）自身存在弱点，也可能被攻破，对某些攻击保护很弱。
3）即使有防火墙的保护，合法的使用者仍可能非法地使用系统，甚至提升自己的权限。
4）仅能拒绝非法的连接请求，但是对于入侵者的攻击行为仍一无所知。

防火墙技术不能阻止来自内部的攻击，但是根据统计结果，50%的攻击来自于内部，防火墙不具备实时的入侵检测能力。为了有效地应对层出不穷的网络攻击方法，实时的入侵检测至关重要。如果防火墙是"门卫"，那么还需要增加一些"巡警"进行主动巡查以确保安全。入侵检测系统 IDS 是目前最流行的主动网络安全防护技术，它是一种用来发现外部攻击和合法用户滥用特权的方式，是动态安全技术中最核心的技术之一。

2. 入侵检测系统的定义

入侵是指危害计算机、网络的机密性、完整性和可用性或者绕过计算机、网络的安全机制的尝试。入侵通常是由从互联网访问系统的攻击者，或者试图获得额外或者更高的非法权限的授权用户等引起的。入侵检测是对入侵行为的发觉，它通过收集和分析网络行为、安全日志、审计数据、其他网络上可获得的信息以及计算机系统中若干关键点的信息，检查网络或系统中是否存在违反安全策略的行为和被攻击的迹象。进行入侵检测的软件与硬件的结合构成了入侵检测系统。

入侵检测系统是确保信息与网络系统安全的主要设备之一，是防火墙系统的一个重要的补充,是一个实时的网络违规识别和响应系统。它位于被保护的内部网络和不安全的外部网络之间,或位于内部网络的敏感部位,通过实时截获数据流,寻找网络违规模式和未授权的网络访问尝试。当发现网络违规或未授权访问时,入侵检测系统能够根据系统安全策略做出反应,包括实时报警、事件记录、自动阻断通信连接或执行用户自定义的策略程序等。入侵检测系统可以在不影响网络性能的情况下对网络进行实时监控,从而提供对内部攻击、外部攻击和误操作的实时保护,使用户的网络更安全。

与其他安全产品不同的是,入侵检测系统需要更多的智能,它必须可以将得到的数据进行分析,并得出有用的结果。一个合格的入侵检测系统能大大地简化管理员的工作,保证网络安全地运行。

主要的 IDS 生产商与产品有:国外:Cisco 公司的 NetRanger;Internet Security System 公司的 RealSecure。国内:紫光网络的 UnisIDS;重庆爱思软件技术有限公司的 ODD_NIDS;上海金诺网络安全技术发展股份有限公司的 KIDS。

3. 入侵检测系统的基本功能

实现入侵检测的硬件和软件组成了入侵检测系统,入侵检测系统是继防火墙系统之后的第二道安全闸门,是一种实时动态的安全检测技术,可以和防火墙、路由器协同工作,共同应对网络攻击,从而扩展了系统安全管理能力。一个良好的入侵检测系统应该具备的基本功能包括以下几个方面:

1)监测、分析用户和系统的活动。
2)核查系统配置和漏洞。
3)评估重要系统和数据文件的完整性。
4)识别已知的攻击行为并采取适当的措施。
5)统计分析异常行为。
6)审计操作系统日志,识别违反安全策略的行为。

衡量一个入侵检测系统的性能,主要有两个关键参数:误报和漏报。误报是指实际上无害的事件却被 IDS 检测为攻击事件的情况;漏报是指一个攻击事件未被 IDS 检测到或被分析人员认为是无害的情况,对于一个性能良好的 IDS 来说,要求误报率和漏报率越小越好。

4. 入侵检测系统基本结构

入侵检测系统相当于监视器,用于监测计算机网络和系统,发现违反安全策略的事件等。简单地说,入侵检测系统包括三个功能部件:信息收集、信息分析和结果处理。

通用入侵检测框架(Common Intrusion Detection Framework,CIDF)阐述了一个入侵检测系统的通用模型,它将一个 IDS 分为以下四大组件:事件生成器、事件分析器、响应单元和事件数据库。入侵检测系统模型如图 8-1 所示。

CIDF 将入侵检测系统需要分析的数据统称为事件(Event),它可以是基于网络的入侵检测系统中网络中的分组,也可以是基于主机的入侵检测系统从系统日志等途径得到的信息,同时对于各部件之间的

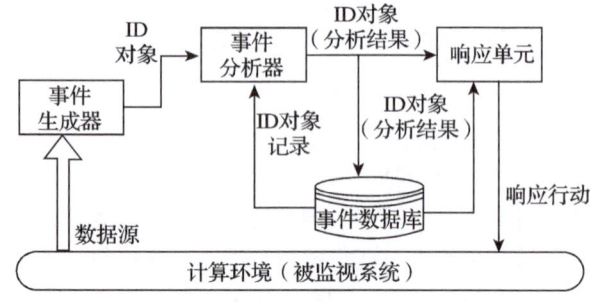

图 8-1 入侵检测系统模型

信息传递格式、通信方法和标准 API 进行了标准化。

1）事件生成器　其作用是从整个计算环境中收集提取信息，入侵检测很大程度上依赖于收集信息的可靠性和正确性。收集内容包括系统、网络、数据及用户活动的状态和行为。而且需要在计算机网络系统中的若干不同关键点（不同网段和不同主机）收集信息，尽可能地扩大检测范围。收集的数据主要来源于：系统或网络的日志文件、网络流量、系统目录和文件的异常变化及程序执行中的异常行为。

收集数据后还需要数据提取。数据提取是从收集到的数据中提取有用的数据信息，以提供分析数据之用。

2）事件分析器　其作用是分析得到的数据，对收集到的有关系统、网络、数据及用户活动的状态和行为等数据信息进行分析。对系统收集到的数据一般通过三种技术手段进行分析：模式匹配、统计分析和完整性分析，其中前两种用于实时的入侵检测技术，而完整性分析则用于事后分析。

模式匹配是将收集到的信息与已知的网络入侵和系统误用模式数据库进行比较，从而发现违背安全策略的行为。这种方法只需收集相关的数据集合，检测技术准确率较高；但是该方法不能检测到未知的攻击，且需要不断升级以对付不断出现的黑客攻击手法。

统计分析技术首先给系统对象创建一个系统描述，统计正常使用时的一些测量属性（如访问次数、操作失败次数和延时等），测量属性的平均值将被用来与网络、系统的行为进行比较，若实时检测值在正常值范围之外时，就认为有入侵发生。这种方法可以检测到未知的和更为复杂的入侵；其缺点是误报率、漏报率较高，不适合用户正常行为的突然改变。

完整性分析技术主要关注某个文件或对象是否被更改，包括文件和目录的内容及属性。完整性分析利用强有力的加密机制能识别微小的变化。其优点是不管模式匹配方法和统计分析方法能否发现入侵，只要是成功的攻击导致了文件或其他对象的任何改变，它都能发现；其缺点是它一般以批处理方式实现，不用于实时响应。

3）响应单元　响应单元是对分析结果做出反应的功能单元。响应技术在入侵检测系统中尤为重要，IDS 在发现入侵后，会及时做出响应。该功能分为主动响应与被动响应两种模式，其中主动响应采用切断网络连接的方式阻止入侵行为；被动响应只是记录事件和报警，并不采取一定的措施来阻止入侵行为。

攻击响应的方法主要有：发出警报、终止连接、断开链路、引入陷阱等。常用的方法是发出警报和终止连接，大多数 IDS 产品都提供了这两种响应模式。

4）事件数据库　事件数据库用于存放各种中间和最终数据，它可以是复杂的数据库，也可以是简单的文本文件。入侵检测系统管理控制台会根据事件数据库的内容智能地形成分析报告。在现有的 IDS 中，一般常用日志来简单地指代事件数据库。

入侵检测系统的数据源主要包括 4 类：系统日志文件信息、目录和文件的完整性信息、程序执行中的异常行为以及物理形式的入侵信息。

5. 入侵检测系统的发展历史

自 1980 年产生 IDS 概念以来，已经出现了基于主机和基于网络的入侵检测系统，出现了基于知识的模型识别、异常识别和协议分析等入侵检测技术，并能够对百兆、千兆甚至更高流量的网络系统执行入侵检测。入侵检测技术的发展主要经历了四个主要阶段。

1）第一阶段是以基于协议解码和模式匹配为主的技术，其优点是对于已知的攻击行为非常有效，各种已知的攻击行为可以对号入座，误报率低；缺点是高水平的黑客采用变形手法或者新技术可以轻易躲避检测,漏报率高。

2)第二阶段是以基于"模式匹配+简单协议分析+异常统计"为主的技术,其优点是能够分析处理一部分协议,可以进行重组;缺点是匹配效率较低,管理功能较弱。这种检测技术实际上是在第一阶段技术的基础上增加了部分对异常行为分析的功能。

3)第三阶段是以基于"安全协议分析+模式匹配+异常统计"为主的技术,其优点是误报率、漏报率和滥报率较低,效率高,可管理性强,并在此基础上实现了多级分布式的检测管理;缺点是可视化程度不够,防范及管理功能较弱。

4)第四阶段是以基于"安全管理+协议分析+模式匹配+异常统计"为主的技术,其优点是入侵管理和多项技术协同工作,建立全局的主动保障体系,具有良好的可视化、可控性和可管理性。以该技术为核心,可构造一个积极的动态防御体系,即 IMS——入侵管理系统。

8.2 入侵检测系统的分类

入侵检测系统是一种主动保护自己免受攻击的网络安全技术,它从计算机网络系统中的若干关键点收集信息,通过分析这些信息做出相应的响应处理。根据数据信息来源的不同,IDS 分为基于主机的入侵检测系统(HIDS)、基于网络的入侵检测系统(NIDS)等类型。

8.2.1 基于主机的入侵检测系统(HIDS)

1. 基于主机的入侵检测系统(HIDS)概念

基于主机的 IDS 出现在 20 世纪 80 年代初期,系统获取数据的依据是系统运行所在的主机,保护的目标也是系统运行所在的主机。HIDS 不对网络数据包或扫描配置进行检查,主要是对该主机的网络实时连接以及系统审计日志进行智能分析,并判断是否为入侵行为。如果其中主体活动十分可疑(特征或违反统计规律),入侵检测系统就会采取相应措施。HIDS 可以精确地判断入侵事件,并对入侵事件及时做出反应,适用于被加密的和交换的环境。HIDS 组网示意图如图 8-2 所示。

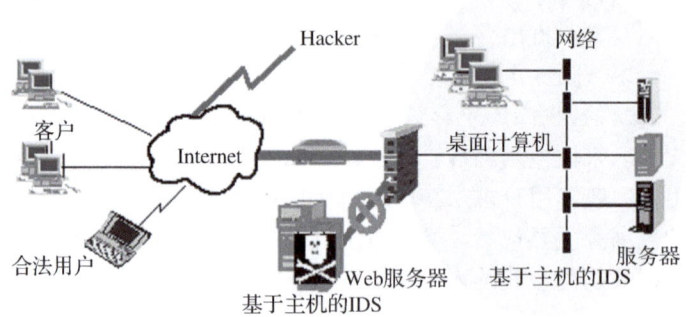

图 8-2 HIDS 组网示意图

2. 基于主机的入侵检测系统(HIDS)特点

基于主机的 IDS 是通过对攻击的事后分析以防止今后攻击的再次发生,主要优点如下:

1)误报率低,检测准确率高。由于基于主机的入侵检测系统使用含有已发生事件的信息,所以它们可以比 NIDS 更加准确地判断攻击是否成功。

2）复杂性小，性能价格比高。因为检测在主机上运行的命令序列比检测网络流来得简单，而且 HIDS 存在于现行网络结构中，包括文件服务器、Web 服务器及其他共享资源，不需要在网络上另外安装硬件设备就可以使得系统效率很高。

3）适用于加密及交换的环境。由于 HIDS 安装在各种主机上，它们比 NIDS 更加适合交换及加密的环境。交换设备可将大型网络分成许多的小型网络段加以管理，从覆盖足够大的网络范围的角度出发，若使用 NIDS 很难确定配置 NIDS 的最佳位置，而基于主机的入侵检测系统可安装在所需的重要主机上，在交换的环境中具有更高的能见度。

4）近于实时的检测和响应。基于主机的 IDS 虽然不能提供真正实时的反应，但如果应用正确，反应速度可以非常接近实时。HIDS 的中断指令，可以立即处理新的记录，减少了从攻击验证到做出响应的时间，大多数情况下，在破坏发生之前，HIDS 就能发现入侵者，并中止其攻击。

5）它对某些特定的攻击十分有效，如缓冲区溢出攻击。

基于主机的入侵检测系统存在的不足之处：

1）影响保护目标：HIDS 安装在需要保护的设备上，会占用主机的系统资源，增加系统负荷；同时会带来一些额外的安全问题。

2）全面部署代价与主机盲点：全面部署主机入侵检测系统代价较大，若选择部分主机保护，那些未装 HIDS 的机器将成为保护的盲点，入侵者可利用这些机器达到攻击目标。

3）依赖性强：它依赖于主机固有的日志与检测能力，故能检测到的攻击类型受到限制，而且主机审计信息易受攻击，入侵者可设法逃避审计。

4）工作量随主机数目线性增加：HIDS 除了检测自身的主机外不检测网络上的情况，对入侵行为分析的工作量随着主机数目的增加而增加。

8.2.2 基于网络的入侵检测系统（NIDS）

1. 基于网络的入侵检测系统（NIDS）概念

基于网络的入侵检测系统是指系统获取的数据是网络传输的数据包，保护的是网络的运行，安装在重要的网段内。NIDS 通常利用一个运行在混合模式下的网络适配器来实时检测、分析通过网络的所有通信业务，依据一定规则对数据流的内容进行分析，从而发现协议攻击、运行已知黑客程序的企图和可能破坏安全策略的特征，做出入侵攻击判断。NIDS 担负着保护整个网段的任务，为了能捕获入侵攻击行为，NIDS 必须位于能够看到所有数据包的位置，其组网示意图如图 8-3 所示。

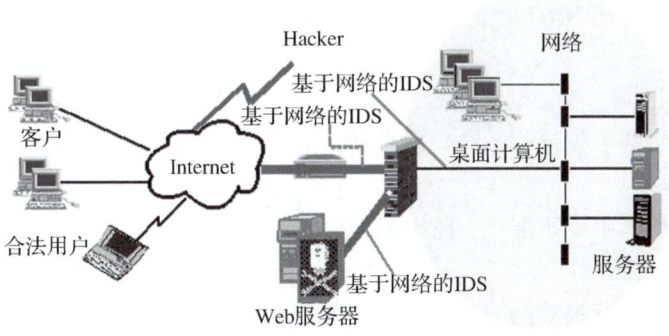

图 8-3　NIDS 组网示意图

2. 基于网络的入侵检测系统构成

基于网络的入侵检测系统一般由两部分构成：控制中心和网络探测器。控制中心即网络探测器的前端操作界面，一个网络探测器可以检测一个共享网络，一个控制中心可以管理一个或多个网络探测器，组成局部独立的预警网络。

网络探测器是入侵检测系统中检测部分的核心。通过对网络进行实时监听，收集网络上的信息，并对这些信息进行实时的分析，看是否对被保护的网络构成威胁，然后按照预先定义的策略规则自动报警、阻断和记录日志等。

控制中心是入侵检测系统的管理和配置工具，同时，它也接收来自网络探测器的实时报警信息，还提供了将实时报警信息转发至邮件信箱的功能。控制中心可以编辑、修改和分发下属网络探测器和下属分控制中心的策略定义，给下属网络探测器升级事件库。

实际组网中 NIDS 由遍及网络的传感器（Sensor）组成，传感器会向中央控制中心报告，传感器通常是独立的检测引擎，能获得网络分组、找寻误用模式，然后报警。其工作原理如图 8-4 所示。

基于网络的入侵检测系统的攻击分析模块通常使用四种常用技术来识别攻击标志：模式匹配、频率或穿越阈值、次要事件的相关性、统计学意义上的异常现象检测。一旦检测到攻击行为，IDS 的响应模块就提供多种选项以通知、报警，并对攻击采取相应的反应。

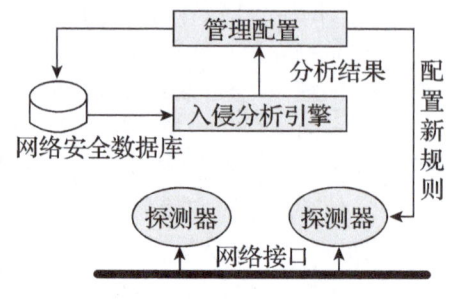

图 8-4　NIDS 系统工作原理

3. 基于网络的入侵检测系统特点

基于网络的入侵检测系统有许多仅靠基于主机的入侵检测系统无法提供的优点，主要表现在以下几个方面。

1）NIDS 的隐藏性较好、能实时检测与响应。

2）操作系统的无关性，NIDS 作为安全检测系统，与目标系统的体系结构无关，可用于监视结构不同的各类系统。

3）NIDS 所收集的审计数据不易被篡改，不影响被保护系统的性能。

4）能够检测未成功的攻击和不良企图，NIDS 增加了许多有价值的数据，以判别不良意图，甚至可以检查出躲在防火墙后的攻击意图。

5）占用资源少，使用 NIDS 时，在被保护的设备上不占用任何资源，不会增加网络上主机的负担。

相对基于主机的 IDS，基于网络的入侵检测系统也存在以下不足之处。

1）由于基于网络的入侵检测系统只能检测通过本网段的活动，不能检测不同网段的网络包，所以其精确度较差。

2）在交换网络环境中难于配置，防欺骗能力也较差。

3）NIDS 处理加密的会话过程时，会参与解密操作，所以难以处理加密会话。

4）缺乏终端系统对待定数据的处理方法等信息，使得从原始的数据包中重构应用层信息困难。

基于主机和基于网络的 IDS 都有其优势和不足之处，单一的方式会造成防御体系的不全面，但综合了基于网络和基于主机的混合型入侵检测系统既可以发现网络中的攻击信息，也可以从系统日志中发现异常情况。一般的网络安全解决方案同时采用基于主机和基于网络的两种入侵检测系统相互补充。

8.2.3 IDS 其他分类

1. 按检测技术分类

入侵检测系统根据分析方法和检测原理还可以分为异常入侵检测和特征入侵检测。

1）异常入侵检测的基本原理：检测与可接受行为之间的偏差。总结正常操作的行为特征（用户轮廓），当用户活动与正常行为有重大偏离时即被认为是入侵。这种检测模式漏报率低、误报率较高。因为不需要对每种入侵行为进行定义，所以能有效检测未知的入侵。

2）特征入侵检测的基本原理：收集非正常操作的行为特征，建立相关的特征库，当检测的用户或系统行为与特征库中的记录相匹配时，系统就认为这种行为是入侵。这种检测模型误报率低、漏报率较高。

2. 按系统结构分类

根据系统的体系结构可以将入侵检测系统分为集中式入侵检测系统和分布式入侵检测系统两类。

1）集中式 IDS 可能有多个分布于不同主机上的审计程序，但只有一个中央入侵检测服务器。审计程序把当地收集到的数据踪迹发送给中央服务器进行分析处理，但这种结构在可伸缩性、可配置性方面存在致命缺陷。

2）分布式 IDS 就是将中央检测服务器的任务分配给多个基于主机的 IDS。这些 IDS 部分按等级，各司其职，负责监控当地主机的某些活动。所以，其可伸缩性、安全性都得到提高，但维护成本也较高，并且增加了所监控主机的工作负荷，如通信机制、审计开销、踪迹分析等。目前主流技术多属于分布式 IDS。

8.3 入侵检测关键技术

入侵检测技术是动态安全技术的核心技术之一，IDS 就是通过对入侵行为的过程与特征的研究，使安全系统对入侵事件和入侵过程能做出实时响应。入侵检测系统主要包括异常检测技术、误用检测技术、协议分析检测技术、入侵诱骗技术以及入侵响应技术。

1. 异常检测技术

异常检测技术是基于行为的检测技术，具体过程：假定所有入侵行为都是与正常行为不同的，总结正常操作应该具有的特征（用户轮廓），检测当前用户活动或系统运行与正常行为是否有重大偏离，如果偏离超出预定的门限即被认为是入侵。异常检测技术的工作过程如图 8-5 所示。

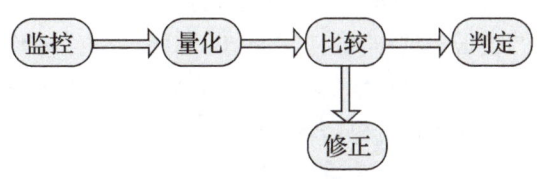

图 8-5　异常检测技术的工作过程

异常检测是根据使用者的行为或资源使用情况来判断是否为入侵，而不依赖于具体行为是否出现来检测，因此能有效检测未知的入侵；系统能针对用户行为的改变进行自我调整和优化，但随着检测模型的逐步精确，异常检测会消耗更多的系统资源。

异常检测基于概率统计方法，用户轮廓由一组统计参数组成，通常包括 CPU 和 I/O 利用率、文件访问、出错率、网络连接等。异常检测的难题在于如何建立"用户轮廓"以及如何设计统计算法，从而不把正常的操作作为"入侵"或忽略真正的"入侵"行为。

常见的基于知识的异常检测方法：基于审计的攻击检测技术、基于神经网络的攻击检测技术、基于专家系统的攻击检测技术以及基于模型推理的攻击检测技术。

2. 误用检测技术

误用检测技术是基于知识的检测技术，常采用模式匹配方法，它假定所有入侵行为和手段都能表达为一种模式或特征，其工作过程：收集非正常操作的行为特征，建立相关的特征库，当监测的用户或系统行为与库中的记录相匹配时，系统就认为这种行为是入侵。系统的目标是检测主体活动是否符合这些模式或标识，当被审计的事件与已知的入侵事件模式相匹配时报警，误用检测技术工作过程如图 8-6 所示。

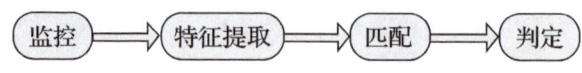

图 8-6　误用检测技术工作过程

误用检测技术最大的优点是只需收集相关的数据集合，减少了系统负担，而且检测准确率和效率相当高，即误报率非常低。但是，该技术的缺点是需要不断地升级以对付不断出现的黑客攻击手法，不能检测到从未出现过的黑客攻击手段，漏报率较高。误用检测的关键问题是如何设计入侵的模式，使得既能够表达"入侵"现象又不会将正常的活动包含进来，从而减少误报率。

3. 协议分析检测技术

这种检测方法是针对协议的攻击行为实现的，其基本思想是：首先把各种可能针对协议的攻击行为描述出来，其次建立用于分析的规则库，最后利用传感器检查协议中的有效载荷，并详细解析，从而实现入侵检测。

这种检测技术能检测出更为广泛的攻击，包括已知的和未知的攻击行为。

4. 入侵诱骗技术——蜜罐技术

入侵诱骗技术是一种主动防御技术。它用特有的特征吸引攻击者，试图把攻击者从关键系统引诱开，同时对各种攻击行为进行分析，从现存的各种威胁中提取有用的信息，以发现新型的攻击工具、确定攻击的模式并研究攻击者的攻击动机，进而找到有效的应对方法。蜜罐技术是入侵检测技术的一个重要发展方向，它已经发展成为诱骗攻击者的一种非常有效而实用的方法，它不仅可以转移入侵者的攻击，保护主机和网络不受入侵，而且还可以为入侵的取证提供重要的线索和信息。

蜜罐（Honeypot）技术是一种欺骗手段，也是一种资源，是故意被攻击的目标，从而引诱攻击者前来攻击。它可以用于诱导攻击者，也可以用于收集攻击信息，并将信息提供给管理人员进行分析,以改进防御能力。蜜罐能采集的信息量由自身能提供的手段以及攻击行为数量决定。蜜罐并非一种安全的解决方案,它只是一种工具,而且只有蜜罐受到攻击时,它的作用才能发挥出来。

蜜罐有四种不同的配置方式:诱骗服务、弱化系统、强化系统和用户模式服务器。蜜罐的一个特征是它的包含级别,包含级别用来衡量攻击者与操作系统之间交互的程度,根据蜜罐与攻击者之间进行的交互对蜜罐进行分类,可以将蜜罐分为三类:低交互蜜罐、中交互蜜罐和高交互蜜罐。

5. 入侵响应技术

在入侵检测系统中,完成系统安全状况分析并确定系统所出问题之后,需要让管理员知道这些问题的存在,必要情况还要采取行动,这在入侵检测处理过程模型中称为响应。响应包括主动响应和被动响应。

1) 主动响应 入侵检测系统在检测到入侵后,能自动地与管理员配合,采取行动阻断攻击或影响攻击进程,包括隔离入侵者 IP、禁用被攻击对象的特定端口和服务、隔离被攻击对象、告警被攻击者、跟踪攻击者、断开危险连接、攻击报复攻击者等。主动响应是主要的应用方式,主动响应可以采取比较严厉的方式,如入侵追踪技术;也可以采取比较温和的方式,如入侵报警和预防、修正系统环境等。

2) 被动响应 入侵检测系统仅仅简单地报告和记录所检测出的问题。它是发现入侵时最常见的行动类型,作为一般规则,被动响应采取收集更多信息或者向有权在必要时采取更严厉行动的人发送通知的方法。

在网络站点安全处理措施中,入侵检测的关键部分除了确定使用哪一种入侵检测响应方式以外,还有一个关键点就是根据响应结果来决定采取哪些行动,即响应策略的部署。常用的响应策略有:弹出窗口报警、Email 通知、切断 TCP 连接、执行自定义程序、与其他安全设备交互(如防火墙、SNMP 陷阱等),IDS 与防火墙交互的工作过程如图 8-7 所示。

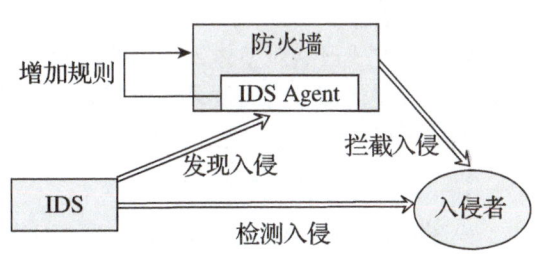

图 8-7 IDS 与防火墙交互的工作过程

8.4 入侵检测系统的部署

每一种入侵检测系统都有自己特有的部署方式和特点,应根据所掌握的网络风险评估报告和安全需求分析,根据企业网络安全整体解决方案,选取各种类型的入侵检测系统,周密部署,确保每个入侵检测系统都能在相应部署点上发挥作用,共同防护、保障网络的安全运行。下面以基于网络的入侵检测系统为例,分析几种不同的部署方式。

基于网络的入侵检测系统中,检测器(或传感器)的部署主要有四种情况:放在边界防火墙之外、放在 DMZ 内、放在边界防火墙之内、放在一些安全级别需求高的子网,网络检测器部署位置如图 8-8 所示。

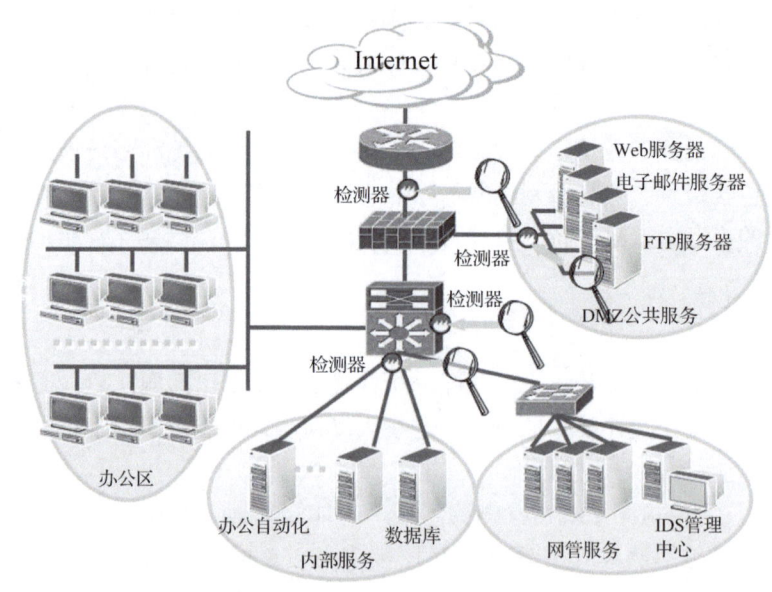

图 8-8　网络检测器部署位置

1. 检测器放置于边界防火墙之外

检测器部署在防火墙之外，即部署在外网接口区。这种方式下，检测器检测所有进出防火墙外网接口的数据，可以审计所有来自 Internet 上面对保护网络的攻击数目和攻击类型，并进行记录，这些攻击包括对内部服务器的攻击、对防火墙本身的攻击以及内部网络机器不正常的数据通信行为。

该部署方式虽然对整体入侵行为记录有帮助，但由于网络检测器本身性能上的局限性，该部署点的入侵代理目前的效果并不理想，系统管理员在处理攻击行为上存在一定难度，导致检测的入侵误报率偏高。

2. 检测器放置于防火墙的 DMZ

检测器放置在 DMZ 的接口处，这是网络检测器最常见的部署位置，这种方式下，可以查看受保护区域主机被攻击状态，可以看出防火墙系统的策略是否合理，而且还可以看出 DMZ 被攻击的重点。对于用户来说，由于 DMZ 中的服务器对外网是可见的，比较容易受到外面的攻击，所以必须对进出的网络数据进行分析。

3. 检测器放置于边界防火墙之内

检测器部署在防火墙之内，即部署在内网接口区，检测器主要检测可信任内网流出和经过防火墙过滤后流入可信任内网的网络数据。这种部署方式下，检测器可以监控大量的网络数据，可提高检测被攻击的可能性，同时可通过授权用户的权利周界来发现授权用户的行为。检测器可以检测所有防火墙不能检测的攻击以及内网向外网的不正常操作，并且准确地定位攻击的地址，方便系统管理员进行有针对性的网络管理。

由于防火墙的过滤作用，防火墙已经根据过滤规则要求抛弃了大量的非法数据分组，阻断了部分攻击，所以网络检测器并不能记录所有的入侵行为，导致网络检测器的入侵漏报率偏高。

4. 检测器放在关键子网区

该方式是针对非常重要的系统和资源的入侵检测，如数据中心、财务子网、员工档案子网等这些整个网络系统中的关键子网。为了有效保护这些网络资源系统不被侵入，避免造成关键数据的泄露与丢失，必须对这些子网进行安全检测，过滤来自内部及外部的所有不正常的网络行为。

该位置点部署的优势：检测对关键系统和资源的攻击，将有限资源集中在被认为具有最大价值的网络资产上。

8.5 入侵检测技术发展趋势

入侵检测技术是为保证计算机系统的安全而设计与配置的一种能够及时发现并报告系统中未授权或异常现象的技术，是一种用于检测计算机网络中违反安全策略行为的技术。入侵检测并不能很好地检测所有的分组，目前入侵技术发展具有几个特点：综合化、复杂化、间接化、规模化、分布式和范围广等。IDS 的检测模型始终落后于攻击者的新知识和技术手段，检测技术面临的问题主要有以下几个方面：

1）不能及时更新攻击特征库，检测分析方法单一。随着入侵技术水平的提高，入侵者会研制更多的攻击工具，以及使用更为复杂精致攻击手段，对更大范围的目标类型实施攻击；而且入侵者采用加密手段传输攻击信息，目前的入侵检测系统已经不能有效地发现、阻拦多种多样的攻击手段。

2）日益增长的网络流量导致检测分析难度加大，高速网络环境导致很难对所有数据进行高效实时分析。

3）缺乏统一的入侵检测术语和概念框架。入侵检测不是安全的终极武器，一个安全的网络中应该根据安全政策使用多种安全设备。目前很多入侵检测系统不能很好地与其他安全设备协作，不同入侵检测系统之间不能交换信息，导致给入侵者制造了攻击的漏洞。

4）存在对入侵检测系统自身的攻击，过高的错报率和误报率，导致很难确定真正的入侵行为。

5）结构存在问题，现在很多入侵检测系统都是从原来的基于网络或基于主机的入侵检测系统不断改进而来的，在体系结构等方面不能满足分布、开放等要求。

在入侵检测技术发展的同时，入侵技术也在更新，一些地下组织已经将如何绕过入侵检测系统（IDS）或攻击 IDS 作为研究重点。入侵检测技术发展趋势是向深度、广度、性能和协同工作几个方面发展：

1）高速网络的数据分析能力。高速网络尤其是交换技术的发展以及通过加密信道的数据通信使得通过共享网段侦听的网络数据采集方法显得不足，而大量的通信量对数据分析也提出了新的要求。

2）分布式入侵检测技术与通用入侵检测架构。传统的 IDS 一般局限于单一的主机或网络架构，对异构系统及大规模的网络的检测明显不足，同时不同的 IDS 之间不能协同工作，为解决这一问题，需要分布式入侵检测技术与通用入侵检测架构。例如，CIDF［KPCT 98］以构建通用的 IDS 体系结构与通信系统为目标，GrIDS［CCDF 99］可跟踪与分析分布式系统入侵，EMERALD［NP 99］实现在大规模的网络与复杂环境中的入侵检测。

3）应用层入侵检测。许多入侵的语义只有在应用层才能被理解，而目前的 IDS 仅能检测如 Web 之类的通用协议，而不能处理如 Lotus Notes、数据库系统等其他的应用系统。许多基于客户、服务器结构与中间件技术及对象技术的大型应用，需要应用层的入侵检测保护。

4）智能的入侵检测。入侵方法越来越多样化与综合化，尽管已经有智能体、神经网络与遗传算法在入侵检测领域应用研究,但这只是一些尝试性的研究工作,需要对智能化的 IDS 加以进一步的研究以解决其自学习与自适应能力。

5)入侵检测的评测方法。用户需对众多的 IDS 进行评价,评价指标包括 IDS 检测范围、系统资源占用、IDS 自身的可靠性与鲁棒性。因此设计通用的入侵检测测试与评估方法及平台,实现对多种 IDS 的检测已成为当前 IDS 的另一重要研究与发展领域。

6)与其他网络安全技术相结合,如结合防火墙、PKIX、安全电子交易 SET 等新的网络安全与电子商务技术,提供完整的网络安全保障。

入侵检测技术是一门综合性技术,既包括实时检测技术,也有事后分析技术。尽管用户希望通过部署 IDS 来增强网络安全,但不同的用户需求也不同。由于攻击的不确定性,单一的 IDS 产品可能无法做到面面俱到。因此,IDS 的未来发展必然是多元化的,只有通过不断改进和完善才能更好地协助网络进行安全防御。

8.6 实训项目

实训项目一:端口扫描工具的使用

SuperScan 软件是一款强大的扫描工具,能通过本地和远程主机的 IP 地址扫描该主机相关的软件、端口和服务等的安全状况,并能生成详细的扫描报告提供给用户。

实训环境准备:网络互连的 PC 机若干,SuperScan 4.0 工具。

实训步骤

1. 软件的界面

运行 SuperScan 4.0 后,主界面如图 8-9 所示。SuperScan 主界面有 6 个选项卡:"扫描"选项是用来进行端口扫描的;"主机和服务扫描设置"选项是用来设置主机和服务选项的,其中包括要扫描的端口类型和端口列表;"扫描选项"选项是用来设置扫描的各项具体参数以及扫描速度等详细信息;"工具"选项包含一些特殊的扫描工具,可以借助这些工具对特殊服务进行扫描;"Windows 枚举"选项是用来对目标主机的一些主机信息进行扫描的;"关于"选项主要显示 SuperScan 的版本信息。

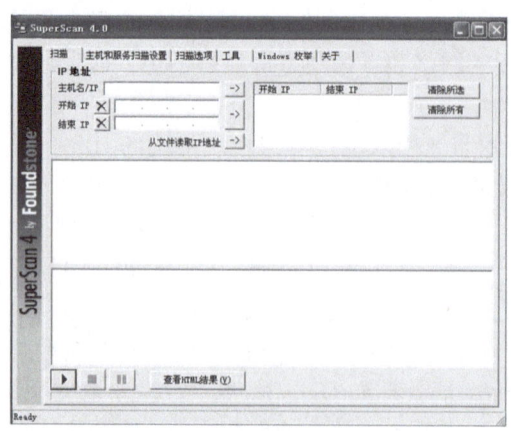

图 8-9 SuperScan 主界面

2. 对本地主机进行扫描

在图 8-9 中，输入本地主机的主机名/IP 地址"192.168.136.130"，单击"开始"按钮▶，程序在默认设置下开始对本地主机进行扫描，扫描结果如图 8-10 所示。

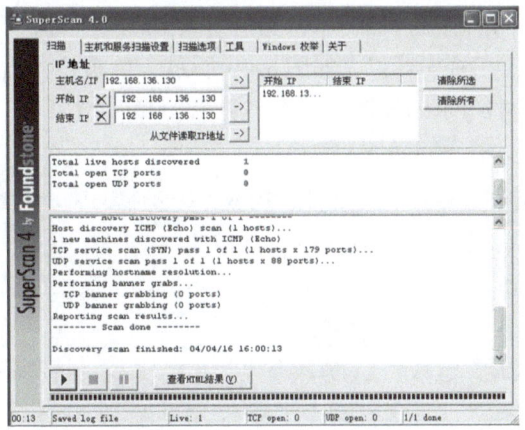

图 8-10　地主机扫描结果

单击"查看 HTML 结果"，将出现图 8-11 所示的扫描结果。

图 8-11　本地主机 HTML 结果

3. 对远程主机进行扫描

在"扫描"选项下，输入远程服务器的主机名/IP"www.taotaole.com"，开始 IP"192.168.136.129"，结束 IP"192.168.136.129"，开始扫描，结果如图 8-12 所示。

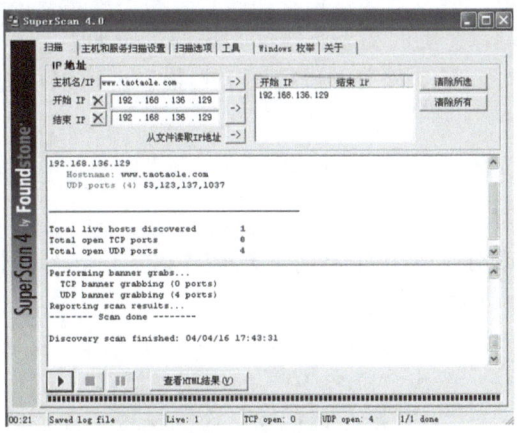

图 8-12　远程主机扫描结果

在图 8-12 中，扫描结果显示，TCP 端口扫描的结果为 0，这是由于主机禁止了扫描器的 ICMP 扫描响应，因此需要修改对主机的扫描方式。

单击"主机和服务扫描设置"选项卡，在该选项卡中去掉"查找主机"复选框；选中"UDP 端口扫描"复选框，并将"扫描类型"设置为"Data"；选中"TCP 端口扫描"复选框，并将"扫描类型"设置为"直接连接"，如图 8-13 所示。单击"扫描"选项，重新进行扫描，查看扫描结果与图 8-12 所示结果的异同。单击"查看 HTML 结果"，观察远程主机扫描报告结果与扫描本地主机的 HTML 结果的异同。

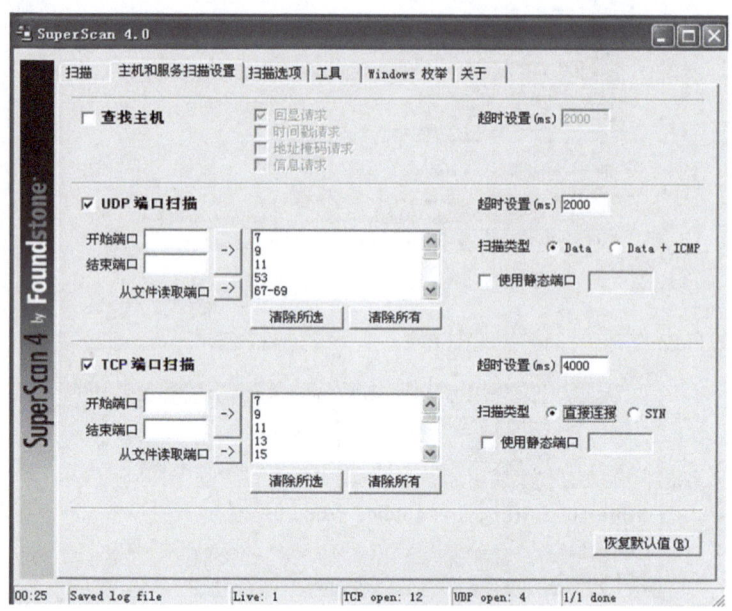

图 8-13　主机和服务扫描设置

SuperScan 不仅可以对远程主机的所有端口进行扫描，也可以针对特定端口进行扫描。如在"主机和服务扫描设置"选项中，对扫描端口进行定义，可以检测目标计算机是否存在木马，因为所有的木马必须打开一定的端口，只要检测这些特定的端口就可以知道计算机是否被种植了木马。需要注意的是，木马不仅数量多，而且更新速度快，因此，有必要时常注意最新出现的木马和它们使用的端口，随时更新自定义扫描的端口列表。

对目标主机进行扫描时，可以对主机进行逐个扫描，也可以通过设置"起始 IP"和"结束 IP"同时扫描多个主机。

4．"工具"选项的使用

在"工具"选项中，可以查询本地和远程主机相关的信息。在"主机名/IP/URL"中输入网络中主机的主机名、IP 或对应的 URL 地址，选择左边的信息标识按键，在右边显示框中将显示相应的各项具体信息，如图 8-14 所示。

"工具"选项提供了查找目标主机名，进行 Ping 测试操作、ICMP 跟踪、路由跟踪，查询 HTTP 头请求等功能。其中，"查找主机名/IP"的作用是取得域名，如获取 taotaole.com 的 IP，或者根据 IP 地址取得域名；"Ping"的主要作用是检测目标计算机是否在线和通过反应时间判断网络状况。

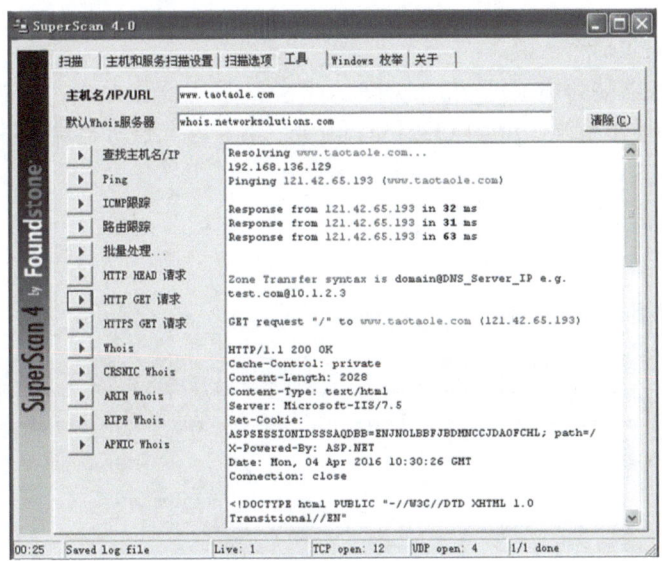

图 8-14 "工具"选项中显示结果

5. "Windows 枚举"选项的使用

"Windows 枚举"选项用于对目标主机的一些主机信息进行扫描。在"主机名/IP/ URL"中输入要探测的主机名、IP 或对应的 URL 地址,并选择要扫描的选项,然后单击"Enumerate"按钮,界面右边将会出现被扫描主机的用户信息、共享文件夹信息以及与左边选项对应的具体信息,如图 8-15 所示。

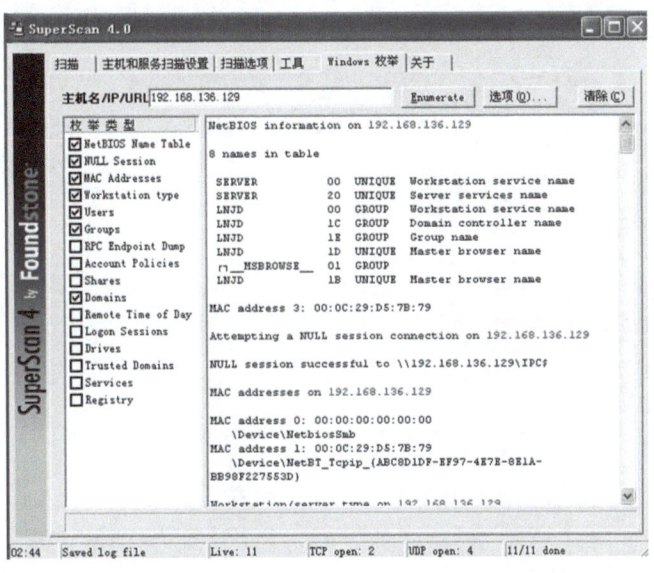

图 8-15 远程主机的"Windows 枚举"结果

系统默认开放的许多不常用的端口,给人们带来了很多安全隐患,同时也给黑客们带来了方便之门,所以应该用相应的工具来打造一个相对安全的系统。而 SuperScan 等扫描工具正好可以做这样的工作,同样也可以用它们检测网络中不安全的因素,这样可以让用户的系统和网络环境更加安全。

实训项目二：NET 命令入侵

实训环境：服务器端为虚拟机 Windows Server 2003 以上操作系统，IP 为 192.168.53.102；客户端为 Windows7 操作系统，IP 为 192.168.53.96；客户端与服务器端能够 ping 通。

实训步骤

1. Windows7 安装 Telnet 服务

1）打开控制面板，选择"程序"，如图 8-16 所示。

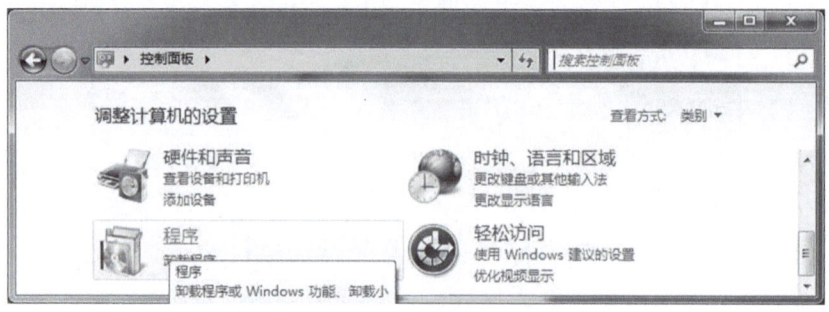

图 8-16　控制面板界面

2）单击"程序"，选择"程序和功能"，在 Windows 功能界面，选择"Telnet 客户端"，单击"确定"按钮后开始安装，如图 8-17 所示。

图 8-17　选择 Telnet 客户端服务

3）在服务器端开启 Telnet 服务，打开"开始"→"程序"→"管理工具"→"服务"，找到 Telnet 服务，启动该服务，如图 8-18 所示。

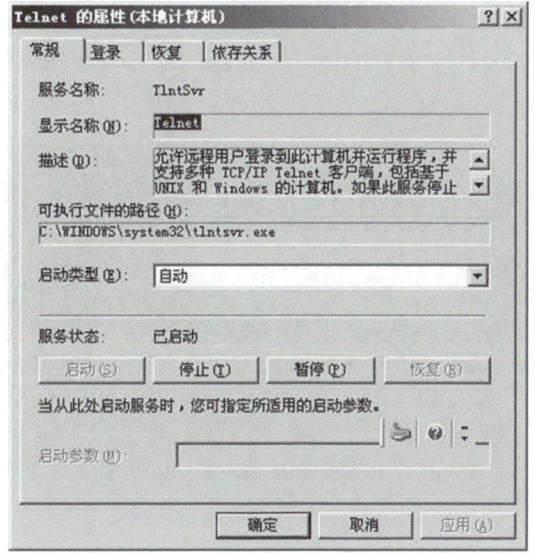

图 8-18　服务器端开启 Telnet 服务

4）在客户端使用 Telnet 登录服务器，出现图 8-19 所示的登录提示，输入"y"后确认登录，然后输入用户名和密码（用户名为 administrator，密码为 123456），成功登录，如图 8-20 所示。

图 8-19　Telnet 登录提示

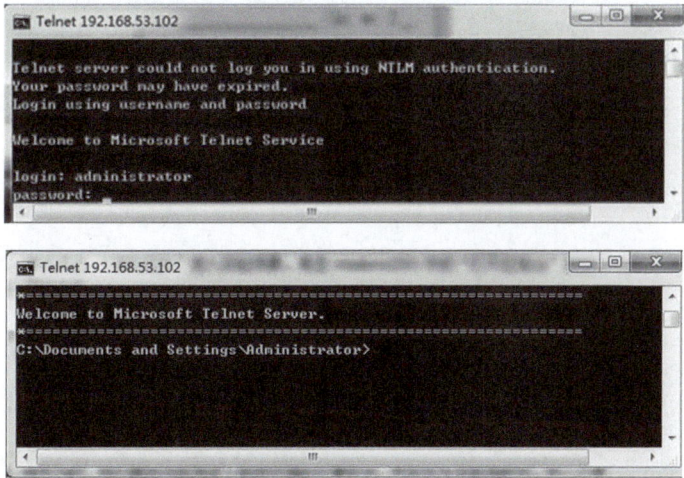

图 8-20　Telnet 登录成功

2. 创建用户

1)使用命令"net user user1 123456 /add",创建用户 user,密码为 123456,如图 8-21 所示。使用命令 net user 可查看该用户。

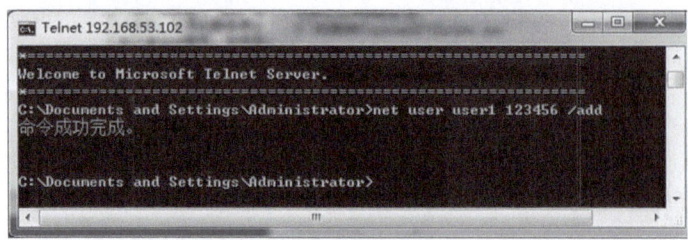

图 8-21 创建用户

2)使用命令"net localgroup administrators user1 /add"将该用户添加到管理员组,如图 8-22所示。

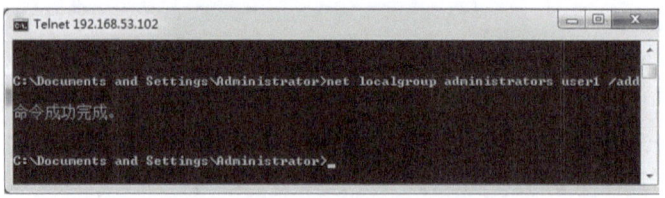

图 8-22 修改用户所属组

3. 自动开启 Telnet 服务

1)打开服务器的 Telnet 服务,使用命令"net start telnet",如图 8-23 所示。"net start telnet"命令正常情况下可以开启对方的 Telnet 服务,如果对方将该服务禁用了,需要先把禁用给去掉,然后再启动。

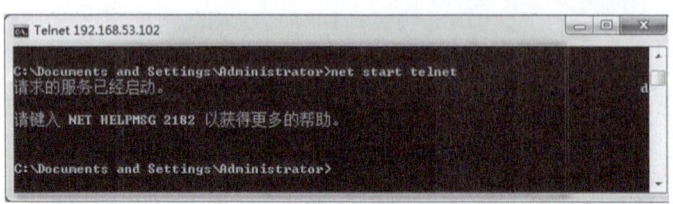

图 8-23 启动 Telnet 服务

2)使用命令"sc config tlntsvr start = auto"将 Telnet 服务设置为自动,注意"="号后边和"auto"之前要有一个空格,如图 8-24 所示。

图 8-24 设置 Telnet 自动启动

3）激活 guest 用户（guest 是 Windows 的默认用户），输入命令"net user guest /active：yes"，如图 8-25 所示。

图 8-25　激活 guest 账户

4）把 guest 的密码改为 123456。只要有权限，也可以修改其他用户的密码。执行"net user guest 123456"命令为 guest 设置密码，如图 8-26 所示。

图 8-26　为 guest 设置密码

练习与实训题

一、选择题

1. 按照检测数据的来源可将入侵检测系统（IDS）分为（　　）。
   A. 基于主机的 IDS 和基于网络的 IDS
   B. 基于主机的 IDS 和基于域控制器的 IDS
   C. 基于服务器的 IDS 和基于域控制器的 IDS
   D. 基于浏览器的 IDS 和基于网络的 IDS
2. 一般来说，入侵检测系统由三部分组成，分别是事件生成器、事件分析器和（　　）。
   A. 控制单元　　　　B. 检测单元　　　　C. 解释单元　　　　D. 响应单元
3. 按照技术分类可将入侵检测系统分为（　　）。
   A. 基于标识和基于异常情况　　　　　　B. 基于主机和基于域控制器
   C. 基于服务器和基于域控制器　　　　　D. 基于浏览器和基于网络
4. 入侵检测的基础是（　　），入侵检测的核心是（　　）。
   A. 信息收集　　　　B. 信号分析　　　　C. 入侵防护　　　　D. 检测方法
5. 信号分析有模式匹配、统计分析和完整性分析等三种技术手段，其中（　　）用于事后分析。
   A. 信息收集　　　　B. 统计分析　　　　C. 模式匹配　　　　D. 完整性分析
6. 在网络安全中，截取是指未授权的实体得到了资源的访问权，这是对（　　）。
   A. 可用性的攻击　　B. 完整性的攻击　　C. 保密性的攻击　　D. 真实性的攻击
7. （　　）系统是一种自动检测远程或本地主机安全性弱点的程序。
   A. 入侵检测　　　　B. 防火墙　　　　　C. 漏洞扫描　　　　D. 入侵防护

8. 网络入侵检测系统和防火墙是两种典型的信息系统安全防御技术，下面关于网络入侵检测系统和防火墙的说法正确的是（　　）。
   A. 防火墙是入侵检测系统之后的又一道防线，防火墙可以及时发现入侵检测系统没有发现的入侵行为
   B. 入侵检测系统通常是一个旁路监听设备，没有也不需要跨接在任何链路上，无须网络流量流经它便可以工作
   C. 入侵检测系统可以允许内部的一些主机被外部访问，而防火墙没有这些功能，只是监视和分析系统的活动
   D. 防火墙必须和安全审计系统联合使用才能达到应用的目的，而入侵检测系统是一个独立的系统，不需要依赖防火墙和安全审计系统

9. 以下关于入侵检测系统的描述中，说法错误的是（　　）。
   A. 入侵检测系统能够对网络活动进行检测
   B. 入侵检测系统能简化管理员的工作，保证网络安全运行
   C. 入侵检测系统是一种主动保护网络免受攻击的安全技术
   D. 入侵检测系统是一种被动保护网络免受攻击的安全技术

10. IDS 处理过程分为（　　）等四个阶段。
    A. 数据采集阶段　　　　　　　　　　B. 数据处理及过滤阶段
    C. 入侵分析及检测阶段　　　　　　　D. 报告以及响应阶段

11. 入侵检测设备所面临的挑战主要有（　　）。
    A. 黑客的入侵手段多样化　　　　　　B. 大量的误报和漏报
    C. 恶意信息采用加密的方法传输　　　D. 客观地评估与测试信息的缺乏

12. 入侵检测系统的主要功能有（　　）。
    A. 监测并分析系统和用户的活动
    B. 核查系统配置和漏洞
    C. 评估系统关键资源和数据文件的完整性
    D. 识别已知和未知的攻击行为

二、填空题

1. 入侵检测系统根据信息源的不同，可以分为（　　　　）和（　　　　）两大类；根据分析方法的不同，可以分为（　　　　）和（　　　　）。
2. 公共入侵检测框架 CIDF 阐述了一个入侵检测系统 IDS 的通用模型。它将一个入侵检测系统分为四个组件，分别是（　　　）、（　　　）、（　　　）和（　　　）。
3. 基于网络的入侵检测系统的攻击分析模块通常使用四种常用技术来识别攻击标志，它们是（　　　）、（　　　）、（　　　）和（　　　）。
4. 入侵者进入我们的系统主要有三种方式：（　　　）、（　　　）和（　　　）。
5. 入侵检测系统是进行入侵检测的（　　　　）与硬件的组合。

三、判断题

1. 有了入侵检测系统以后，我们可以彻底获得网络的安全。（　　）
2. 最早关于入侵检测系统的研究是 James Anderson 在 1980 年的一份报告中提出的。（　　）
3. 基于网络的入侵检测系统比基于主机的入侵检测系统性能优秀一些。（　　）
4. 现在市场上比较多的入侵检测设备是基于网络的入侵检测系统。（　　）

四、简答题

1. 什么是入侵检测？简述入侵检测的工作流程。
2. 入侵检测系统弥补了防火墙的哪些不足？
3. 简述基于网络的入侵检测系统和基于主机的入侵检测系统的区别。
4. 分别叙述误用检测与异常检测的原理。
5. 基于网络的入侵检测系统中传感器的部署位置一般有哪些？简述其各自特点。

五、实训题

1. 使用 SuperScan 软件扫描自己的操作系统，检查其存在的安全隐患，并根据扫描结果采取相应防护措施提高操作系统的安全性。
2. 上网了解目前在电子商务中网络黑客入侵的主要方式，并掌握防范这些入侵行为的措施。
3. 观察自己所在院校的校园网，总结校园网的安全漏洞。假设学校要购买入侵检测设备，而你是学校的网络管理员，你将如何选择市场上的设备？请阐述选择该设备的依据以及该设备的实施方式。

参 考 文 献

[1] 张玉清. 网络攻击与防御技术［M］. 北京：清华大学出版社，2011.
[2] 陈孟建，等. 电子商务网络安全与防火墙技术［M］. 北京：清华大学出版社，2011.
[3] 马春光，郭方方. 防火墙、入侵检测与 VPN［M］. 北京：北京邮电大学出版社，2013.
[4] 鲜永菊. 入侵检测［M］. 西安：西安电子科技大学出版社，2009.
[5] 张蒲生. 网络安全应用技术［M］. 北京：电子工业出版社，2011.
[6] 韦文思，徐津. 信息安全防御技术与实施［M］. 北京：电子工业出版社，2009.
[7] 陈忠平. 网络安全［M］. 北京：清华大学出版社，2011.
[8] 胡昌振. 网络入侵检测原理与技术［M］. 2版. 北京：北京理工大学出版社，2010.
[9] 吴辰文. 网络安全教程及实践［M］. 北京：清华大学出版社，2012.
[10] 王占京，等. VPN 网络技术与业务应用［M］. 北京：国防工业出版社，2012.
[11] 弗拉海. SSL 与远程接入 VPN［M］. 王喆，罗进文，白帆，等译. 北京：人民邮电出版社，2009.
[12] 曾勍炜，等. 防火墙技术标准教程［M］. 北京：北京理工大学出版社，2011.
[13] 郭帆. 网络攻防技术与实战［M］. 北京：清华大学出版社，2018.
[14] 王丽芳. 电子商务安全技术［M］. 北京：电子工业出版社，2015.